高等学校通用教材

口 语 训 练

（第 2 版）

主　　审　李平德
主　　编　刘桂传　刘　敏
副 主 编　葛　星　刘志敏　戴维一
　　　　　刘晓林　郑效军
编写人员　黄　洁　刘志敏　李慧青
　　　　　牛玉屾　葛　星　戴维一
　　　　　刘清香　任　勇　王　惠
　　　　　兰　玲　刘晓林　郑效军

山 东 大 学 出 版 社

图书在版编目(CIP)数据

口语训练/刘桂传,刘敏主编.—2版.—济南:山东大学出版社,2007.8(2017.3重印)
高等学校通用教材
ISBN 978-7-5607-2156-9

Ⅰ.口...
Ⅱ.①刘...②刘...
Ⅲ.汉语—口语—语言教学—专业学校—教材
Ⅳ.H193.2

中国版本图书馆CIP数据核字(2000)第38850号

山东大学出版社出版发行
(山东省济南市山大南路27号　邮政编码:250100)
山 东 省 新 华 书 店 经 销
泰安农大印刷有限公司印刷
850×1168毫米　1/32　10.5印张　271千字
2007年8月第2版　2017年3月第18次印刷

定价:16.80元

编写说明

在省教育厅职教处的大力支持下，根据国家教育部“九五”中专语文教学大纲要求，山东省中专教育学会语文专业委员会经过实地考察，遴选了学术水平高、有丰富教学经验的副教授、高级讲师、资深讲师，由他们编写了山东省中等专业学校语文教材。经审定，现予以出版。

本套教材分《语文》、《应用写作》、《口语训练》三册，在编写过程中，贯彻以全面提高学生素质为基础，以培养学生创新精神和实践能力为重点的教学指导思想，遵循语文教学规律和学生认识规律，针对职业教育文化基础课程的特点，充分考虑了培养学生独立思考和创新思维能力的实际需要，做到人文性与实用性相结合。

本套教材是全省各类中等专业学校的必备教材，也可供各高等职业院校、成人高等院校选用，还可作为业务岗位培训用书以及各类文秘人员的自学读物。

在编写过程中，参阅了有关专著、报刊、文献，引用了其中部分例文，在此深表感谢。

本教材的编写，可能存在不完善之处，敬请广大读者不吝赐教，以便于修订，使之日臻完善。

编　者

2000 年 5 月

目 录

第一章 概 述

第一节 口语的含义和口语训练的意义

一、口语的含义

口语，指一般所说的有声语言。人类在应用文字之前，交际活动主要靠口语，并局限在很小的范围内。口语由声音和意义两个因素组成。声音是口语的形式，离开了声音，口语无从存在。据考查，人类在 6 万年前就有了说话的能力。意义是口语的内容，缺了意义，口语也就失去了存在的必要。

在远古时代，人类的祖先从在树上筑巢栖息移居到地面，他们为了生存，抵抗猛兽的袭击，只得结队觅食，集群而居，以共同抵抗猛兽，同自然灾害作斗争，获取生活资料。这种共同的劳动、生活，使他们逐渐感到需要彼此交换看法，以便提高劳动效率。恩格斯说："随着手的发展，随着劳动，人开始了对自然的统治。……另一方面，劳动的发达必然帮助各个社会成员更紧密地结合起来，因为它使相互帮助和共同协作的场合增多了，并且使这种共同协作的好处对于每一个人都一目了然了。简单讲来，这些在形成中的人已经到了彼此间有什么东西非说不可的地步了。”开始，他们只能利用一些单调的声音去充当某些行动的信号，或者表达某种感情。

劳动巩固和完善了手脚分工和直立行走，使人类的祖先能够自由自在地运用肺和声带，使口腔内的发音器官有更大的活动余地，使口腔与喉部气流的通道形成了一个直角，这样便有助于发音时构成更多式样的阻碍，控制气流，发出更多式样的声音。

劳动产生了口语的需要，劳动完善了口语器官，劳动促进了口语的形成与发展。正如恩格斯所说，语言是从劳动中并和劳动一起产生出来的。

远古时代的口语情形，已无可察考，不得而知。但是，我们可以推断，它经历了一个由简单到复杂、由不成熟到成熟的过程：一个由单音节词表达一个简单的内容，到由几个词组成一个短句表达一个较完整的内容，再由几个短句组成一段话来表达一个较复杂的内容的过程。

口语一经形成，便成了人们交流思想的重要工具。人们不仅运用口语交流思想，传播信息，阐明事理，发表见解，同时还开设口语课程，进行口语训练，培养人才。在广泛实践的基础上，对口语的特征、口语的要求以及如何训练口语等问题进行研究和阐述，形成了口语的初步理论。

当今社会，口语和书面语是交际的主要语言。和书面语相比，口语有许多不同于书面语的特殊的语言结构形式和语法现象，具体表现在：

1. 词汇丰富，用词面广。使用丰富的熟语材料，包括成语、谚语、歇后语、格言、警句等，生活词语的地方色彩浓郁，更接近生活，通俗易懂。

2. 句子结构比较简单。常活用各种不完整的句式，如独词句、省略句等，重复现象多，口头禅多，句子成分易位多，没有繁复的句子修饰成分，但有鲜明的感情色彩和描绘色彩。

3. 语音、语调等变化，对表情达意起很大作用。

二、口语训练的意义

人类学家经过研究认为：几万年前过着“穴居生活”的旧石器时代的人与我们现代文明人的大脑并没有什么区别，但现代人与原始人的智能和素质却有着不可比拟的天壤之别。迄今在地球上依然存在的过着原始生活的部族，尽管其风俗习惯各有不同，但他们都有一个共同的特征，就是语言极不发达，语言能力极差。如果他们有条件发展自己的语言能力和语言文明，那么他们就会大大地开发潜能，提高素质。

【范例一】

1938 年，法国学者维拉尔曾去巴拉圭的一个古爱亚基部族考察。这个部族的人发觉有人接近他们就躲开了，结果，维拉尔收获不大。但他在一个村落里发现了一个两岁的女孩，便把这个女孩带回法国当作自己的孩子抚养。二十年后，这个长大的姑娘与现代欧洲的知识妇女没有什么区别。她成了一个聪明能干的民族志学者，会讲法语、西班牙语和葡萄牙语三种语言。这个事例足以证明：发展语言能力，加强信息刺激与交流，对开发人的潜能，提高人的素质具有多么重大的意义。

随着人类社会的发展和人类文明的进步，口语使用的频率越来越高，口语已作为人才所必备的一种重要能力而被称之为“口才”，在社会竞争中发挥着巨大的作用。如果有人问：当今世界上什么最重要？口才、金钱和电脑！——美国人乃至整个西方世界和发达国家所推崇的这个口号，也很值得我们正处于社会转型时期的中国人参考。这里所说的口才、金钱和电脑当然应该理解为代表了文化教育、经济基础和科学技术的发展水平，但它确实显示出口才的重要性。于是人们常常根据一个人的讲话水平和风度来判断其学识、修养和能力。在美国最受尊重、能赚大钱的政治家、企业家、律师、教授、牧师、商人和医生等几种人都具备出众的口才，善于演讲和交际。其中的奥秘使我们清楚地看到：是人才者未必有口才；而有口才者必定是人才，而且是不可多得的通才。所以，近些年来，我国不少人才学家主张把口语交际能力作为选拔人才的一个重要依据，作为创造型人才所必备的能力之一。这是适应社会发展需要的一项重要举措。

俗话说："若要口语好，脑子要灵活。"口语具有"随想随说"的特点，这就特别要求思维敏捷，反应迅速，机智灵活，应变力强。可见，语言和思维的联系是密不可分的，思维是语言的具体内容，语言是思维的表达形式。所以，加强口语训练可以促进我们思维能力的发展，开发潜能，提高素质，是我们驾驭生活、改善人生的无价之宝。

思考与练习

1. 口语在现实生活中有怎样的地位和作用？

2. 内尔和桑克曼小的时候，是德国某校两位思维非常敏捷的学生。一次在上生物课时，老师讲过什么是细胞之后，内尔立刻问老师："人体内到底有多少细胞？"老师告诉他是五十万亿个。桑克曼接着也问："您是怎么知道的？数过吗？"老师告知说："这是科学家通过实验计算出来的。"内尔又问："那么一个细胞由多少个分子组成？"老师没有回答上来，鼓励大家今后去研究。十年后，内尔和桑克曼分别考入大学，后来又考取硕士、博士和博士后。二十年后，他们成了著名的细胞学专家，两人合作创造出一种全新的测量细胞的尖端仪器，荣获了 1991 年诺贝尔医学奖。

问：内尔和桑克曼勤于思考和善于思考的习惯对我们有何启

发？联系自己的实际，说说应该怎样提高自己的思维能力。

第二节 口语的特征和表达的基本要求

一、口语的特征

（一）使用广泛，交流迅速

在人类社会生活中，口语是第一位的交际工具。“口，人所以言食也。”这是《说文解字》的解释。许慎认为口有两个功用：一是进食，一是说话。进食是为了维系生命，保持健康的体魄和旺盛的精力。说话是为了交流思想，传播信息，统一行动，发展生产。人要活着，就不能不进食；要生活得愉快，活得潇洒，活得有意义，就不能不说话。每一位发音器官健全的人，每天都在运用语言进行交流。据统计，人平均每天有一个小时在说话，如果按六十岁的寿命计算，一生就有九百天在说话。假如把这些话用文字记录下来，可以编成每本厚达四百页的著作一千多部。

运用书面语言进行交流，会受到书写工具和文化水平的限制，在文化教育落后的时期，尽管文字已经产生，绝大多数老百姓是不具备运用书面语言的能力的。即使是在文化教育事业相当发达的今天，也仍然有不少人不习惯、不善于运用书面语言。也正是因为书面语言受到客观因素的限制，又因为口语在交流思想、传播信息时比书面语言更迅捷、更具体，它可以随见随说，随想随说，尤其是随着现代科技的高速发展，口语使用广泛、交流迅速这一特征将进一步得到显示，因此，它具有广泛的实用性。

（二）以声传意，直接交流

语言的表达不是写给人看，就是说给人听的。你书写时，应当把字体写得工整像样，不要出现错别字，让人一看就懂；同样，说话时，也应当把每个音节说准确，把每句话说清楚，叫人一听就明白。以声传意便成了口语的基本特征之一。

运用口语交流，一般都是面对面的直接交流。这种交流往往是双向的（如两人交谈），或多向的（如众人讨论或闲聊），表达者可以当即得到信息反馈。这种表达即使在通讯技术比较发达的今天，可以越过空间的限制（如打电话），但仍须依赖声波传递，表达者同样可以迅速地直接得到信息反馈。

（三）即兴构思，语随口出

一个人说话总要告诉别人某种意思，传递某种信息。由于说话具备表达与反馈的双重性，就不可能像写那样在动口之前反复构思，字斟句酌，反复推敲。如果措辞不当，语句有歧义，那么别人不是听不明白，就是会发生误解，这就是交流的障碍。由于在双向交流的过程中，可以随意插补，经常转换话题，这就要求说话者迅速感应，即兴构思，语随口出，而一旦出口就不便更改，难以收回。中国有句古话："君子一言，驷马难追。"美国哈佛大学教授杜维明也说："作为口语，话一说出口便进入信息圈，脱离了控制，成为'公产'。这时亡羊补牢往往会弄巧成拙。"

（四）通俗易懂，生动直观

口语的一大特点就是依靠声音传播信息，进行交流，而声音是以音节为单位的，每个音节又是转瞬即逝的，某些音节又很近似，容易混淆。一般人听连续的语流，将其精确地留在记忆里大约不超过七八秒钟，听众不可能对每一句话都进行反复思考。这就决定了口语必须做到通俗易懂，语言准确，吐字清晰，停连得当，有节奏感，这样才能言出意达。如谚语、俗语、歇后语、成语、格言等，这些结构简单、语句简短的句式的使用，会使语言更接近生活，表意更为清晰、易懂。

口语表达是双向交流，它有一定的规定情景。因此，说话者因受时间与空间的限制，常有言难尽意之感，为了帮助表达，往往辅之以手势、眼神、表情。这样，一挥手，一注目，一扬眉，一微笑，形成动态直观的可视性，听众不但能听到你在说什么，而且还看到了你怎么说，显得生动直观。

二、表达的基本要求

（一）态度诚恳，谦逊有礼

说话者要想达到理想的谈话效果，就应该以良好的说话态度来调动听者积极的情绪，而诚恳的态度最容易取得对方的信任，使双方感情融洽，使你的言谈更容易被听众所接受。

“诚于中而形于外”，说话者要谦逊有礼，态度诚恳，就要保持说话人的自我本色，说话时不矫揉造作，不敷衍客套。那种假意应酬、言辞虚浮的人，不管是谁，一见面就拍拍打打，拉拉扯扯，一说话就是“久仰大名，如雷贯耳”，“不胜荣幸，多多包涵”，会使人觉得呆板生硬，市侩俗气。而平易近人、和蔼可亲、自然大方的言谈会给人以亲近之感，可以解除防御、恐惧、紧张、对立的心理状态，调动积极情绪，使说话取得最佳的效果。

（二）说话要看对象

说话要有强烈的对象意识，而这些对象有数量、知识水平、生活阅历、个性特征、接受能力、职业职务、兴趣爱好、性别、年龄、关系等差异。说话的人要根据不同的对象确定说话的内容和方式。一般来说，主要注意以下几个方面的情况。

1. 根据年龄的不同差别，确定讲话的内容和方式

不同年龄的人，文化基础和性格特征也不一样，从而形成了交谈内容和交谈形式的区别。少年儿童天真活泼，单纯幼稚，好奇，求知欲强，喜欢富于故事性、趣味性、知识性的交谈，与他们说话时应多运用平易、富有启发性的打比方、说笑话的方式，语言要浅显易懂，生动形象。

青年人往往对前途理想、婚姻恋爱、科学文化、文艺体育等话题有兴趣，交谈时应当多运用科学性、哲理性、鼓动性的语言，要声情并茂，以情感人，以理服人。

中年人多热衷于专业学术、社会新闻、家庭伦理、人际关系的交流，他们都有一定的社会经验，对事物都有自己的认识和看法，交谈时应当既讲究语言的平实，又注意风趣幽默，谈出自己的真知灼见。

老年人一般对退休生活、防病治病、保健强身、书法棋画颇感兴趣，与他们交谈应当多用平实、含蓄、委婉的语言，音量要稍大，速度要稍慢，发音力求清楚准确。

2. 根据文化程度和思想修养的差异，确定讲话的内容和方式

知识水平与人的经历、职业、文化教养等是紧密相关的。文化水平和思想修养大体上可以体现一个人的基本素质。而素质的高低，又往往影响着对话语的理解。

对知识水平较高的人，语言应文雅一点，如果太俗气，他会觉得你肤浅而话不投机；对知识水平较低的人，应当尽量做到说话浅显明白，通俗易懂，如果文绉绉的，会让人听不明白。

【范例一】

人口普查员问一位没有文化的乡村老太太：“你有配偶吗？”

老太太听不懂，反问："卖什么藕?"普查员只好又说："你有老伴吗?"这样，双方才能明白交流。对专家学者说话，可引经据典、旁征博引，并多征求他们的意见、建议。对文化水平低的人，如果也谈深奥的哲理问题，让对方听后不知你在说什么，那是在浪费自己和别人的宝贵时间。

3. 根据兴趣爱好和习惯的差异，确定讲话的内容和方式

由于受文化教育和生活环境的影响，人们的兴趣爱好存在着很大的差别。说话时为了达到理想的交流效果，就要找到对方感兴趣的话题。

【范例二】

美国前总统罗斯福以口才著称，无论是牛仔或骑士，政治家或外交家，商人或农民，他都能找到恰当的话题并选择有效的谈话方式与之交谈。他之所以如此高明，其中的奥妙就在于：他接待某个人之前，必须要翻阅那个人的档案及有关材料，研究对方最感兴趣的问题。只有选择双方都感兴趣的话题，才能有话可说，才能你一言我一语畅所欲言。如对方的字写得很好，你如果说："我很想练练字，你能不能在这方面给我一些帮助?"对方自然很高兴，这样一来二往，谈笑风生，双方的谈话进行得非常自然，而且关系也能迅速融洽。

4. 根据生活经历和身份、职务特点的差异，确定讲话的内容和方式

由于各种因素的影响，人们的生活经历有很大的不同。有的人一帆风顺，事事称心如意，有的人曲折坎坷，事事不顺心；有的人可能经过艰难跋涉、克服重重困难最后获得成功，也有的人一生屡受挫折，很少有幸福体验。千差万别，不尽相同。正是因

为每个人的经历不同，他们对谈话的内容、方式和要求不同，对谈话意义的理解也有差异。

【范例三】

在一家医院的病房里，医务人员正在抢救一个重病人。这时，一位前来接班的医生指着病人问另一位医生："他还有戏没戏？"这句话被在场的病人家属听到了，一下子火了，人家不依不饶地责怪："怎么，你们拿我们的性命当儿戏呀！""有戏"起了一场风波。"有戏没戏"本是句随便使用的惯用语，但在抢救病人这种紧张严肃的场合就容易产生不应有的言外之意，引起别人的误解。

吕叔湘先生说得好："语言的确是一种奇妙的、神通广大的工具，可又是一种不保险的工具。听话的人的了解和说话的人的意思不完全相符，甚至完全不相符的情形是常常会发生的。"所以，吕先生又说："语言的地面是坎坷不平的，'过往行人，小心在意'。说话的人和写文章的人，要处处为听者和读者着想，竭力把话说清楚，不要等人家反复推敲。"

这番话告诉我们：说话一定要看对象，看对方的经历、心态，还要看他的身份与职务特点。

【范例四】

如果你请朋友到一家饭店吃饭，在点菜时问服务员："你们这儿的红烧鲤鱼好不好？"服务员的身份、职务使其分明只能说好，这样提问就不恰当。你可以问："今天有什么海鲜？"或是问："你们这儿什么鱼最好？"这样问话便于服务员为你当参谋。

5. 根据性格特征的差异，确定讲话的内容和方式每个人都有自己的个性。有的勇敢，有的怯懦；有的外向，有的内向；有的喜清静，有的好热闹，等等。了解并注意讲话对象的个性特征，对于交谈是十分有益的。

对于性格孤僻、心胸狭窄的人，使用的语言就要柔和一些，使你说的话像春风化雨，沁人心脾，交谈中要特别认真地听他讲话，仔细品味其中的含义，以便寻找话题。对于心胸豁达、直爽开朗的人，如果讲话转弯抹角，对方会感到别扭，甚至不耐烦，因此，你说话应当坦率而富有情趣。对沉默寡言之人，在语言上要热烈些，多方面激发或挑起他讲话的兴趣，否则，你与他交谈就会“黑夜摸石头”，难以得到反馈。性格急躁的人，讨厌喋喋不休的长篇大论，与他说话应当干脆利索。对思想固执的人，你若正面强攻，往往会碰得鼻青脸肿，不妨采用迂回战术。如此等等，才能使说话取得最佳效果。

6. 根据性别差异，确定讲话的内容和方式

男女之间不但在生理和心理上有较大的差异，而且在思维方式和性格情趣方面，也存在着明显的差别，加之受传统世俗观念的束缚，因此，异性之间的交谈不可不选择恰当的方式。

与异性交谈，言语要注意分寸，把握好一个“度”字，切忌言辞轻佻，卿卿我我。对双方都很敏感的话题，或女方不愿涉及的话题，要尽量避免提及，改谈一些学习上、工作上的事情，以免发生误解。

一般说来，女性的自尊心较强，很爱面子，尤其不肯在男人面前丢面子，与之讲话时要特别注意这一点。如果你是诚心实意地帮助她，就让她在自我感觉平等的基础上来实现，否则，可能事与愿违。对男人讲“你显得老了”，一般没多大关系；若对女性讲，十有八九会得罪人的。

【范例五】

冬天在大西北的电影院里，常有年轻的女观众入场后不肯脱帽子，影响后面观众的视线。为此，放映员多次打出字幕："影片放映时，请勿戴帽子。"但许多人不予理睬。后来电影院出了绝招，打出字幕通告："本电影院为了照顾年老体弱的女观众，允许她们照常戴帽子，不必摘下。"结果，所有戴帽子的年轻女观众全都摘下了帽子，因为她们谁都不愿成为衰老之人。

异性之间有事商量，最好是在公开场合，时间也应选择在白天，尽量不要晚上登门造访，如遇急事，也宜有人相陪，这样可避免不必要的麻烦。

总之，人与人的各种差异在交往中有其和谐的一面，也有其排斥的一面。这样的两重性，就要求我们说话一定要看对象。但是，应当注意的是，说话看对象是为了遵循交际规律，进行有效的交流，它不同于那种"看碟下菜"、"逢场作戏"等投机取巧、见风使舵的手段。那种"看碟下菜"、"曲意逢迎"的虚伪和圆滑，虽然也有见什么人说什么话的灵活应变性，但它的出发点不是为了把表现自我与适应他人统一起来，不是为了直接交流，沟通心灵，而是为了依附、讨好对方，或是蒙蔽、诱骗对方。这种人性的扭曲和虚伪的丑态与谈话一定要看对象的表达要求有本质的区别。我们应当能够划清这两者的界限，在真诚待人、平等互利的基础上来看对象说话，以科学的态度掌握人际交流的艺术。

（三）说话要看场合

任何说话总是在一定场合进行的，并受其影响和制约。说话不顾场合，再好的意思、再优美的话语也收不到好的效果，甚至会适得其反。所以，说话前，首先要分清这是什么样的场合：正式与非正式，涉外还是内部，大庭广众还是个别接触，气氛严肃还是轻松愉快。试想：在喜庆、欢乐的礼仪上用悲怆、凄婉的语调说话，在调查访问的场合，用官腔、长辈的语气问人，将会产生怎样的后果？因此，说话时无论是话题的选择、内容的安排，还是语言形式的采用，都要根据特定场合的表达需要来决定取舍。如果你去医院看望病人，你应当谈有关健康、营养、治疗等方面的问题，对病人给予安慰。你如果身处悲痛场合，说话就要婉转，尽量文雅一点，千万不能说些逗乐的话，如果一脸笑容，哼唱小曲，会给人“你在幸灾乐祸”的感觉。

场合是决定说话效果的重要因素，特定的话题只能在特定的场合下说。俗话说“到什么山上唱什么歌”，说的就是这个意思。

说话不仅要根据不同的场合确定说话的内容和方式，而且还要学会利用场合的有利条件，灵活发挥，以取得最佳效果。比如借助天气变化、景物陈设、挂图书刊等等说话，可以见景生情，可以借物言志，可以调节气氛，引导、诱发听者产生相应的感受，使双方在融洽、亲切的气氛中进行信息和情感的交流，并增强某些话语的形象性、说服力和感染力。

【范例六】

1999 年 4 月 7 日，朱镕基总理应邀如期对美国进行了访问。这是在中美关系出现诸多新矛盾之际，朱总理肩负着恢复中美关系发展势头的重任而进行的访问。8 日上午，风和日丽，在白宫举行的欢迎仪式上，朱总理的即兴演讲让大家为之一惊，因为他没有照本宣科。朱总理说：“春天是播种的季节，是希望的季节。当我们到达你们的‘日光之城’洛杉矶的时候，是春雨连绵；当我们离开的时候，是雨过天晴；当我们到达华盛顿的时候，是阳光灿烂！”这话巧妙地利用了时境因素，含蓄婉转地表达了我方的诚恳态度和殷切期望：只要中美双方共同努力，两国的友好关系就不会受到离间，只会越来越好。可以说是言简意赅，意味深长。

当然，借助场景谈话，也要适当掌握分寸，不要就景论景，就物论物，以免喧宾夺主，离题太远。如果你到同事家谈件什么事，一见面话题常常从眼前的家庭陈设或主人养的花、画的画谈起。话匣子打开后，就要转入正题。如果题外话谈得过多，那就成了言不及义，胡拉乱扯，从而使对方感到奇怪和厌烦。

说话要看场合，既要顺从环境，又要利用环境，同时还应当学会积极选择适合自己的话题的场合。领导干部下乡考察，调查研究，最好的谈话地点是在农民干活的地里，放下架子，有礼有貌，让对方感到亲切和尊重，就能畅所欲言。若把农民请到办公室，虚心请教，可能会因为身处生疏之地，而使他们感到气氛严肃，很不习惯，难以进行深入的交谈。领导者和管理者在布置工作时，大都要把下级请到自己的办公室里谈话，因为办公室的环境、气氛给人的心理感受无形之中有一种“下级服从上级”、“认真完成任务”、“一定要顾全大局”之类的意味，从而使领导者处于较主动的地位。同样是安排公务，如果是请有关单位协助配合，开始时就不宜把人家叫到自己的办公室来谈情况，提要求，而应当主动登门拜访。这样显得对别人更为尊重，也显得更有诚意，使对方容易接受你的要求。如果领导者不是谈公务，而是关心、了解某个同志，那就最好到这个同志的家里去看望，至少也要约请对方到一个较为清静和轻松的场合去聊聊。

说话要看场合，还要做到因地而异。我国是一个多民族的国家，各民族均有自己的风俗习惯，各地有各地的风土人情，崇尚忌讳。因此，我们每到一个陌生的地方，在与人交谈之前，应当先了解一下当地的生活习惯和语言忌讳，言谈之中力求避免使用当地禁忌的词语。例如，在济南、北京等地，带上几斤苹果到医院去看望病人，显得很得体。但如果在上海就很不合适，因为上海话中“苹果”与“病故”语音相近，一谈苹果就等于提到“病故”，这种不吉利的话，将会使病人心灰意冷。又如，时下人们对“八”、“九”等数字偏爱有加，因为“八”与“发”谐音，“九”与“久”谐音。最不受欢迎的要算“四”，因为“四”与“死”谐音。虽然这些数字与人们的事业没有丝毫关系，但人们习惯于讨个吉利，满足心理的需要。既成习惯，也就应当尊重，以免令人不快，妨碍交谈。

（四）说话要把握时机

说话除了要注意对象、场合外，还要注意时机，就是要注意说话的时间与机会。该说的时候要抓住机会，趁热打铁，而不要坐失良机；而不该谈的时候，要少说为妙，有意回避，甚至主动转变话题。有的评论家这样评论：何谓高明的人？就是在当说话的时候说话，在不当说话的时候不说。可见把握时机的重要。无论说话者的态度如何诚恳，内容多么精彩，倘若时机把握不好，也是无法达到目的的。

1. 掌握扭转话题的时机

当对方口若悬河，漫无边际地东拉西扯时，就需要找准切入话题的机会，以使对方不再侃下去。切入话题必须找到双方共同关心的基本点。

【范例七】

班干部开会，讨论新学期全班的活动计划，有个班干部大侃他的假期见闻，当他侃到暑假去曲阜游玩时，班长机智地插话说：“曲阜的孔庙、孔林确实很有特色，很多同学没去过，怎么样？这学期就组织全班去游曲阜好吗？”这样说，既不挫伤那个班干部的自尊心，又及时扭转话题，使讨论继续下去。

2. 掌握提出话题的时机

在反映情况、提出要求的时候，最好选择对方心情平和、情绪较好之时。如对方本已不顾一切大发雷霆，此时你若大声责备，无情批评，无异于火上加油；对方正处于困境之时，你再提出条件，无异于刁难，趁火打劫。这样说话不仅实现不了说话的目的，还会影响、破坏双方的人际关系。

3. 控制好讲话的时间

交谈时要控制好说话的次数、频率以及时间的长短。例如，班主任和新同学的交谈，一般地说，在前几个星期不应同个别同学频繁交谈，更不可长时间促膝谈心（特殊情况例外），而应多和一些同学谈话，多了解情况。如果仅和一些同学频频交谈，置多数同学于不顾，就会和多数同学产生隔阂，不利于做好班级工作。再如，当领导忙于处理某一事务时，不可能有时间听你详细介绍情况，你的汇报务必极其简练。不仅对领导如此，对任何交谈对象都要注意说话时间的长短。

把握说话时机固然重要，但也还应当注意安排说话时机。对一些可能预见其发生的事情，应当“有言在先”，为一旦出现这种情况事先安排一个说话的时机。否则可能会发生冲突，甚至不欢而散。

（五）主旨明确，条理清楚

正像任何一个行动都会有目的一样，人只要说话也总有一定的目的。说话的目的、意图决定了任何一次谈话都有一个中心意思，这就是主旨。主旨明确了，才能解决说话的集中性、连续性和条理性的问题。因而，日常说话不论是简单的还是复杂的，都要主旨明确，要言不烦。

为了明确主旨，就要明确话题，抓住话题，也就是每当说话的时候，心里都要有个准谱儿，搞清楚准备说什么。如果没有准谱儿，说起话来就会信口开河，东拉西扯，说得杂乱无章，叫人越听越糊涂。所以，我们要给自己立一个规矩：没有话题不说话，主旨不明慢开口。

【范例八】

一个学生解释“祸起萧墙”这个成语，竟然啰里啰唆一大串，跑题千万里。他跟人家说：“今天上语文课，老师问我‘祸起萧墙’怎么讲，我本来知道，可当时怎么也想不起来了。怪事，明明知道，就是想不起来！咳！我这个记性呵，太糟糕了！我经常忘这忘那，丢三落四，钢笔、眼镜、笔记本什么的不知丢了多少回。有一次，我二姨送给我一支美国的金笔，可高级了，我用了没几天，不知丢在哪儿了，结果怎么也找不到，真可惜！我二姨对我可好了，我们一家人对她也可好了。过去，她每次到济南来出差，就住在我家里。现在，她去美国了，你知道，她是怎么去美国的吗？……”这真是节外生枝，胡拉乱扯。一件简单的事，三言两语就能说清楚，却让他说得云山雾罩，漫无边际。

说话的随机性很大，难免会插入一些题外话，有时会显得杂乱。高明的说话者，就在于能随时把握中心，纠正说话偏离中心的现象，使说话按意图进行下去。

另外，说话还有一个序的问题，既要做到中心明确，又要做到条理清楚，先后有序。在比较严肃的场合发言，要先列出一个提纲，要考虑怎样开头，怎样结尾，中间怎样衔接，哪些地方需要交代，哪些地方需要什么材料等。切忌颠三倒四，枝蔓芜杂。

总之，目的明确，把握中心，思路清晰，前后连贯，这些是说话的前提，是好口语的必备技巧。

（六）清晰规范，流利自如

口语的一大特点就是以声传意。它虽然包括许多方法和技巧，但首要的一条是吐字清晰、语音规范。要做到这一条，关键在于说好普通话。因为普通话是现代汉民族口头交际的共同语言，它能使我们的语言在国内通行无阻，为广泛的交际对象所接受，能尽快缩短彼此间的距离，达到相互交流思想、传递信息的目的。

1．清晰

主要是指说话者的语言要符合普通话的标准。说话时做到吐字清楚，音量适度。说好每一个词语、每一句话、每一个语段，直至整篇说话内容能清晰、准确地传达给对方，并且使对方听得真切，迅速予以接受。

2．规范

是指说话要符合本民族的语言规范，符合全人类共有的逻辑规范。民族语言是全民族共同创造的，对整个民族的每一个成员都有着制约作用。使用者只有遵守它的规律，使之规范化，才能互相交流思想，传递信息。语言的规范包括语音、词汇、语法几个方面。逻辑规范对全人类都有着制约作用。全人类都要使用概念、判断、推理、论证这些思维形式。不同的语言形式都要接受同一律、不矛盾律和排中律等逻辑规律的制约。如果口语表达不符合上述两种规范，听众就失去了共同理解的基础，削弱甚至失去口语交际的效果。

3．流利

主要是指口语表达流畅，没有滞塞阻碍，没有迟疑沉吟，没有欲言又止、结结巴巴等毛病。流利的另一方面是指口语本身结构上的通畅，即没有成分不全、搭配不当、句式杂糅等语病。只有言语行进的语流畅达，语法结构畅通，才能达到较好的交际效果。

4. 自如

主要是指运用口语表达思想感情达到比较纯熟的程度。应做到得心应手，从心所欲，运用自如。这是一种比较高的要求。要做到这一点，首先，要对所表达的事物有充分的认识和深刻的理解，这是表述的基础，否则不可能选择相应的思维形式和语言材料。其次，不企求尽善尽美，不害怕当场出丑，相信自己的实力，相信自己的潜质，增强自信意识，就会表现得从容自如，获得讲话的成功。

思考与练习

1. 口语有哪些特征和基本要求？

2. 根据以下材料，准确地扮演几个不同角色，在模拟的情景中成功地进行“自我推销”。

【材料】

我尝到了轻视交际的苦果

1990 年我大学毕业，参加了统计委的招聘考试。笔试名列榜首，面试却栽了跟头，一个好机会便与我匆匆擦肩而过。

面试那天，我徘徊在考场门外。我知道十分钟就决定我的命运，心狂跳不停。在学校，我从不敢在全班同学面前讲话，此次笔试第一的桂冠也并没有给我多少自信，总觉得紧张。又一想，成败在此一举，一定要拿出大学生的样子来。

像喝醉了酒，我软绵绵地走进了考场，我的第一句话是：

“各位老师辛苦了，我看咱尽量快一点，不耽误大家时间。”（我本想恭维一下，但弄巧成拙。在座的考官中，有主任有专家，我算老几？怎么能以领导的口气向考官提出要求呢?）

下面“哄”地一阵大笑，我觉得好像说得不妥，坐在椅子上，双手不停地颤抖，总感觉几十双眼睛似利箭向我射来，不敢抬头，心跳得更厉害。

“第一个问题，四项基本原则是什么?”

“坚持社会主义道路，坚持人民民主专政，坚持共产党领导，坚持……（沉思一会）记不起来了。”

（主考官把完整的答案说一遍后）“你再复述一遍。”

“既然你回答了，我就不用再说了。”

（主考官让我再说一遍，是看我是否记住了，我却以为重复是多余的。我的回答无疑是对主考官的顶撞，是拒绝回答）

“第二个问题：现在全省向谁学习?”（当时正学孔繁森）

“不知道，但我可以学习。”（我确实不知道）

“不知道怎么学习?”

“我好好工作，就是向先进学习，对我来说，学不学都一样。”

（我以为英雄人物的基本精神都是相同的，诸如无私奉献、一心为公、刻苦钻研等，我正向这个方向努力，所以我说学不学都一样。我说的是实话，但别人听后的感觉是：无理狡辩，知之不多，却故步自封，高傲自大）

…………

不用多说，以上几个洋相也够别人谈论一阵子了。几天后，录取名单下来了，没有我。开始我总以为有人走后门，但不断的传闻与事实却证明，其领导珍惜人才，两袖清风，善管理，论著颇丰，在全国统计系统也有名气。笔试后对我印象不错，面试后虽觉可惜仍将我的名字划掉了。

【训练方法】

（1）由四位学生扮演考官，一名学生扮演大学毕业生，其他学生扮演观众。

(2) 四位考官性格各异。甲考官性格温和，问话亲切，富有启发性；乙考官性格内向，问话言简意赅，表情严肃；丙考官感情外露，问话中含有鲜明的情绪倾向；丁考官思维富有独创性，问话多是逼问式。

(3) 大学毕业生以稳健的谈话风格、质朴的语言、饱满的精神状态，向考官推销自己的学识、才干、品行和青年知识分子普遍具有的事业心。

(4) 由学生观众评出最佳扮演者。

(5) 对五名角色扮演者与言谈举止相符程度进行评价，并讨论口语表达、准确表现角色应注意哪些问题。

3. 把班上你最熟悉的三位同学的特点用三五句说明性的话介绍给别的同学听。

【提示】

(1) 可以从外貌、思想、能力、性格、习惯、风度等各方面去说。

(2) 不要求全面，突出一两点就行，但一定要符合被说的同学的实际。

(3) 只说好的方面，不说不足的地方。

(4) 可以两个人合作说，一人说，一人作评价，看介绍的是否准确，用语是否恰当。

第二章　普通话

第一节　普通话常识

一、普通话概说

（一）普通话的定义

普通话是以北京语音为标准音，以北方话为基础方言，以典范的现代白话文著作为语法规范的现代汉民族的共同语，是现代汉语的标准语。

（二）普通话的产生和发展

普通话产生于方言，又高于方言，是目前能在全国不同方言区域、不同民族之间起沟通作用的通用语言。

我国汉语历史悠久，方言众多，为了交际沟通的需求，我们的民族在推广共同语言方面进行了长期的不懈努力。早在春秋时期，伟大的思想家、教育家孔子，在编写诗书和主持祭祀时，只用雅言，不用方言。汉代提倡使用“通语”、“凡语”。到了明清，大力推行“官话”，而且规定：凡不懂“官话”者，不准参加科举考试。这种“雅言”、“通语”、“凡语”和“官话”就是各朝代当时的共同语。

现代汉民族的共同语即现代汉语的提倡和推行，始于五四新文化运动时期。但“普通话”真正被确定为现代汉民族的共同语，是在中华人民共和国建立以后。

1955 年，在北京召开的“全国文字改革会议”和“现代汉语规范问题学术会议”上，将现代汉语共同语正式定名为“普通话”，定义为“普通”、“共同”之语，并从语音、词汇和语法三个方面确立了它的内涵，即“以北京语音为标准音，以北方话为基础方言，以典范的现代白话文著作为语法规范”。普通话第一次有了被普遍认同的明确的含义。

（三）普通话的特点

北京师范大学出版社 1994 年出版的《教师口语》一书，曾对普通话的特点作了科学明确的阐述：

1. 声调变化高低分明，高、扬、转、降区分明显，调值高音成分多，没有短促的入声调，只有四个调类。

2. 音节响亮。音节中元音占优势，音节结尾是元音或有鼻腔共鸣的韵尾 n、ng。清声母多，发音清脆。

3. 节律感强。普通话的音节界限分明，搭配和谐，富有节奏感和韵律感。轻重音、儿化韵突出，语气活泼。

4. 语汇丰富精密，句式灵活多样，能适应社会发展的需要。

（四）学习推广普通话的现实意义

1. 是现代经济文化发展的需要

我国改革开放不断深入，社会经济和文化教育事业发展迅速，作为重要交际工具的语言必须适应时代的需要。我国民族众多，方言复杂，尤其南北方差异很大。如广东话、福建话，北方人根本听不懂，甚至有的只有一山一水之隔的乡村之间，有时也有言语不通的现象。如果大家不会讲普通话，就会妨碍言语交际的正常进行，严重影响我国经济和文化的发展，也不能适应信息化社会和21世纪现代高科技发展的要求。

2. 是弘扬民族文化的需要

半个多世纪以前，台湾光复时，魏建功先生即带领一干人赴台推行国语，用了不到十年时间，就在曾被日本占领多年的台湾普及了现代汉语共同语。如今香港已经回归，澳门也已经回到祖国的怀抱，据报载，香港、澳门各类普通话培训班无不爆满，到内地来学习者也络绎不绝。港澳如此，内地更当奋力，我们学生更是义不容辞，这是弘扬、发展我们民族文化的需要，也是我们提高口语表达水平的基础。

3. 是扩大国际文化交流的需要

汉语是联合国规定的五种通用语（英语、俄语、法语、中国语、西班牙语）之一，世界上许多国家都在学习、运用和研究。说好普通话不仅是国内语言交际的需要，对扩大国际交往也有着重要意义。

二、我国推广普通话的方针、目标、法规和测试标准

（一）方针

在不同的历史时期，我国推行普通话的方针、要求也有所不同。1956年，国务院发出《关于推广普通话的指示》，并制定了“大力提倡，重点推行，逐步普及”的推广普通话的工作方针。在以陈毅副总理为主任的国务院推广普通话工作委员会的统一领导下，掀起了新中国成立后的第一个推广普通话的热潮。到了90年代，国家把推广普通话的方针调整为“大力推行，积极普

及，逐步提高”，与50年代相比，对推广普通话提出了更高的要求，并采取了一系列措施来推进普及进程。

（二）推广普通话的目标

1992年，国家政府明确提出了推广普通话的目标：到20世纪末，要使普通话成为教学语言、宣传语言、工作语言、交际语言。其中，对学校提出的目标是：要使普通话成为城市幼儿园和乡中心小学以上以汉语授课为主的各级各类学校的教学用语，成为师范学校、初等和中等学校的校园用语。

（三）推广普通话的法规

1982年，重新修订的《中华人民共和国宪法》总纲第十九条明文规定：“国家推广全国通用的普通话。”把推广普通话列入国家根本大法，以法律的形式保证了推广普通话工作的实施。

1986年颁布的《中华人民共和国义务教育法》第六条明确规定：“学校应当推广使用全国通用的普通话。”1995年，八届人大第三次会议通过的《中华人民共和国教育法》第十二条又对此重新作了规定：“学校及其他教育机构进行教学，应当推广使用全国通用的普通话和规范字。”这些规定为在各类学校及教育机构中进行普通话教学和工作提供了法律的保证。

（四）普通话水平测试等级标准

1994年10月，国家语言文字工作委员会、国家教育委员会和广播电影电视部三家联合下发了《关于开展普通话水平测试工作的决定》，颁布了《普通话水平测试实施办法》（试行）和测试标准。现将测试标准介绍给大家，供大家作为衡量自己普通话水平的依据。

普通话水平测试等级标准（试行）

一　级

甲等　朗读和自由交谈时，语音标准，词汇、语法正确无误，语调自然，表达流畅。测试总失分率在3%以内。

乙等　朗读和自由交谈时，语音标准，词汇、语法正确无误，语调自然，表达流畅。偶然有字音、字调失误。测试总失分率在8%以内。

二　级

甲等　朗读和自由交谈时，声韵调发音基本标准，语调自然，表达流畅。少数难点音（平翘舌音、前后鼻音、边鼻音等）有时出现失误。测试总失分率在13%以内。

乙等　朗读和自由交谈时，个别调值不准，声韵母发音有不到位现象。难点音较多（平翘舌音、前后鼻尾音、边鼻音、fu——hu、z——zh——j、送气不送气、i——ü不分，保留浊塞音、浊塞擦音，丢介音，复韵母单音化等），失误较多。方言语调不明显。有使用方言词、方言语法的情况。测试总失分率在20%以内。

三　级

甲等　朗读和自由交谈时，声韵母发音失误较多，难点音超出常见范围，声调调值多不准。方言语调较明显。词汇、语法有失误。测试总失分率在30%以内。

乙等 朗读和自由交谈时，声韵调发音失误多，方音特征突出。方言语调明显。词汇、语法失误较多。外地人听其谈话有听不懂的情况。测试总失分率在40%以内。

三、掌握学习普通话的工具

学习普通话要有工具，这个工具就是《汉语拼音方案》。《汉语拼音方案》是依据普通话语音系统制定的一套拼音字母，用来为汉字注音和拼写普通话。我们只要掌握了它和一些拼写规则，就为我们学好普通话奠定了踏实的基础。现在我们将《汉语拼音方案》介绍给大家。

汉语拼音方案

（1958年2月11日，第一届全国人民代表大会第五次会议批准推行）

一、字母表

字母：	Aa	Bb	Cc	Dd	Ee	Ff	Gg
名称：	ㄚ	ㄅㄝ	ㄘㄝ	ㄉㄝ	ㄜ	ㄝㄈ	ㄍㄝ
	Hh	Ii	Jj	Kk	Ll	Mm	Nn
	ㄏㄚ	ㄧ	ㄐㄧㄝ	ㄎㄝ	ㄝㄌ	ㄝㄇ	ㄋㄝ
	Oo	Pp	Qq	Rr	Ss	Tt	
	ㄛ	ㄆㄝ	ㄑㄧㄡ	ㄚㄦ	ㄝㄙ	ㄊㄝ	
	Uu	Vv	Ww	Xx	Yy	Zz	
	ㄨ	ㄪㄝ	ㄨㄚ	ㄒㄧ	ㄧㄚ	ㄗㄝ	

V只用来拼写外来语、少数民族语言和方言。

字母的手写体依照拉丁字母的一般书写习惯。

二、声母表

b	p	m	f	d	t	n	l
ㄅ玻	ㄆ坡	ㄇ摸	ㄈ佛	ㄉ得	ㄊ特	ㄋ讷	ㄌ勒

g	k	h		j	q	x
ㄍ哥	ㄎ科	ㄏ喝		ㄐ基	ㄑ欺	ㄒ希

zh	ch	sh	r	z	c	s
ㄓ知	ㄔ蚩	ㄕ诗	ㄖ日	ㄗ资	ㄘ雌	ㄙ思

在给汉字注音的时候，为了使拼式简短，zh、ch、sh可以省作ẑ、ĉ、ŝ。

三、韵母表

	i ㄧ 衣	u ㄨ 乌	ü ㄩ 迂
a ㄚ 啊	ia ㄧㄚ 呀	ua ㄨㄚ 蛙	
o ㄛ 喔		uo ㄨㄛ 窝	
e ㄜ 鹅	ie ㄧㄝ 耶		üe ㄩㄝ 约
ai ㄞ 哀		uai ㄨㄞ 歪	
ei ㄟ 欸		uei ㄨㄟ 威	
ao ㄠ 熬	iao ㄧㄠ 腰		
ou ㄡ 欧	iou ㄧㄡ 忧		

续表

an ㄢ 安	ian ㄧㄢ 烟	uan ㄨㄢ 弯	üan ㄩㄢ 冤
en ㄣ 恩	in ㄧㄣ 因	uen ㄨㄣ 温	ün ㄩㄣ 晕
ang ㄤ 昂	iang ㄧㄤ 央	uang ㄨㄤ 汪	
eng ㄥ 亨的韵母	ing ㄧㄥ 英	ueng ㄨㄥ 翁	
ong （ㄨㄥ）轰的韵母	iong ㄩㄥ 雍		

（1）“知、蚩、诗、日、资、雌、思”七个音节的韵母用i，即：知、蚩、诗、日、资、雌、思等字拼作zhi、chi、shi、ri、zi、ci、si。

（2）韵母儿写成er，用作韵尾的时候写成r。例如：“儿童”拼作ertong，“花儿”拼作huar。

（3）韵母ㄝ单用的时候写成ê。

（4）i行的韵母，前面没有声母的时候，写成yi（衣）、ya（呀）、ye（耶）、yao（腰）、you（忧）、yan（烟）、yin（因）、yang（央）、ying（英）、yong（雍）。

u行的韵母，前面没有声母的时候，写成wu（乌）、wa（蛙）、wo（窝）、wai（歪）、wei（威）、wan（弯）、wen（温）、wang（汪）、weng（翁）。

ü行的韵母，前面没有声母的时候，写成yu（迂）、yue（约）、yuan（冤）、yun（晕）。ü上两点省略。

ü行的韵母跟声母j、q、x拼的时候，写成ju（居）、qu（区）、xu（虚），ü上两点也省略；但是跟声母l、n拼的时候，仍然写成 lü（吕）、nü（女）。

(5) iou、uei、uen 前面加声母的时候，写成 iu、ui、un。例如 niu（牛）、gui（归）、lun（论）。

(6) 在给汉字注音的时候，为了使拼式简短，ng 可以省作 ŋ。

四、声调符号

阴平	阳平	上声	去声
ˉ	ˊ	ˇ	ˋ

声调符号标在音节的主要母音上，轻声不标。例如：

妈 mā	麻 má	马 mǎ	骂 mà	吗 ma
（阴平）	（阳平）	（上声）	（去声）	（轻声）

五、隔音符号

a，o，e 开头的音节连接在其他音节后面的时候，如果音节的界限发生混淆，用隔音符号（'）隔开，例如 pi'ao（皮袄）。

【附】汉语拼音字母名称读音

（1982 年 8 月 17 日国家标准局、中国文字改革委员会联合发出的国标〔1982〕339 号文件）

汉语拼音字母	字母名称读音		
	汉语拼音	注音字母	国际音标
A	ɑ	ㄚ	[a]
B	bê	ㄅㄝ	[b̥ɛ]
C	cê	ㄘㄝ	[ts ‘ɛ]
D	dê	ㄉㄝ	[d̥ɛ]
E	e	ㄜ	[ɤ]

F	êf	ㄝㄈ	[ɛf]
G	gê	ㄍㄝ	[g̊ɛ]
H	ha	ㄏㄚ	[xa]
I	yi	ㄧ	[i]
J	jie	ㄐㄧㄝ	[tɕiɛ]
K	kê	ㄎㄝ	[k‘ɛ]
L	êl	ㄝㄌ	[ɛl]
M	êm	ㄝㄇ	[ɛm]
N	nê	ㄋㄝ	[nɛ]
O	o	ㄛ	[o]
P	pê	ㄆㄝ	[p‘ɛ]
Q	qiu	ㄑㄧㄡ	[tɕ‘iu]
R	ar	ㄚㄦ	[ar]
S	ês	ㄝㄙ	[ɛs]
T	tê	ㄊㄝ	[t‘ɛ]
U	wu	ㄨ	[u]
V	vê	ㄪㄝ	[vɛ]
W	wa	ㄨㄚ	[wa]
X	xi	ㄒㄧ	[ɕi]
Y	ya	ㄧㄚ	[ja]
Z	zê	ㄗㄝ	[tsɛ]

注：[b̥ɛ]、[d̥ɛ]、[g̊ɛ] 中的“。”是清音化符号。

[ts‘ɛ]、[k‘ɛ]、[p‘ɛ]、[tɕ‘iu]、[t‘ɛ]中的“‘”是送气符号，表示“‘”前的音是送气音。

思考与练习

1. 什么是普通话？简述其特点和推广的意义。

2. 我国现阶段推广普通话的方针和目标是什么？

3. 什么是汉语拼音方案？有什么作用？

4. 按普通话水平测试等级标准的要求，努力提高普通话水平。

第二节 语音训练

一、语音概况

（一）什么是语音

语音是人的发音器官发出来的有一定意义的声音。它不同于自然界的各种声音，也区别于其他动物的声音。

语音是语言的三要素（语音、词汇、语法）之一，是语言的外在表现形式，是口语训练的基础，是语义的依托。要学好一种语言，要练好口语，首先要学好语音。

（二）语音的属性

1. 语音的生理性

语音是由人的发音器官发出来的。发音器官及其运动决定语音的生理性质。

人的发音器官可以分为三大部分：（1）肺和气管；（2）喉头和声带；（3）口腔和鼻腔。声音的生理活动过程大致是这样的：由肺部呼出气流，顺着气管来到喉头，冲击声带，再到口腔、鼻腔进行调节、共鸣，就成了我们听到的声音。这些发音器官各自所起的作用不同：肺和气管为发音提供气息，充当动力站的角色；肺是呼吸气流的活动风箱，呼吸的气流是语音的原动力，喉头和声带直接关系到声音的耐久力；口腔和鼻腔作为共鸣器直接影响到声音的质量。我们应有意识地进行锻炼，提高我们有声语言的质量。

2. 语音的物理性

语音的高低、强弱、长短以及一个声音不同于另一个声音的音色，都是一种物理现象。

（1）音高　音高指的是声音的高低。它决定于发音体振动的快慢。发音体在一定时间里振动的次数叫做“频率”。如果在一定时间里振动快，频率就大，声音就高，反之则低。

（2）音强　音强指的是声音的强弱。它决定于发音体振动幅度的大小。振动的幅度叫“振幅”。振幅大，声音就强，反之则弱。

（3）音长　音长指声音的长短。它决定于发音体振动时间持续的长短。振动的时间长，声音就长，反之则弱。

（4）音色　指的是声音的个性特色，也是声音的本质，所以又叫“音质”。音色的差别决定于振动形式的不同，造成音色不同的条件主要有三个：一是发音体不同；二是共鸣器开头不同；三是发音方法不同。

3. 语音的社会性质

语音要表达什么意义，什么样的语音形式表达什么样的意义，必须是社会约定俗成的，所以语音又具有社会性。社会性是语音的本质属性。

（三）语音的基本概念

1. 音节和音素

（1）音节　音节是汉语语音的自然单位。人们说话都是以音节为单位的。例如 tuán jié jiù shì lì liàng 是六个音节，写出来就是：团结就是力量。一般说来一个汉字就是一个音节。

（2）音素　音素是语音的最小单位。如“主”这个音节，可以分析为 zh—u 两个音素。有的一个音素为一个音节，如阿姨（ā í）。

也有的普通话音节由三个以上的音素组成。如“庄”就包含 zh—u—a—n—g 五个音素。我们学习普通话要从最小的单位——音素学起，汉语普通话有 32 个音素。

2. 元音和辅音

普通话 32 个音素根据其发音性质不同，可以分为元音和辅音两大类。

（1）元音　气流振动声带，声音响亮，可以延长，而在口腔或咽头不受阻碍而形成的音叫“元音”，又叫“声母”。普通话的元音音素有 10 个。

（2）辅音　气流在口腔或咽头受阻碍而形成的音叫“辅音”，也叫“子音”。同元音比，辅音大多不响亮，不可以延长，多数声带不颤动。普通话有 22 个辅音音素。

3. 声母、韵母和声调

（1）声母　声母是音节开头的辅音。普通话 21 个声母都由辅音充当，只有“ng”不当声母，只做韵尾。例如：在“海”（hǎi）这个音节中，辅音“h”就是它的声母。也有的音节开头没有声母，我们习惯上叫做“零声母音节”。如“鹅”（é）开头没有辅音，就是零声母音节。

（2）韵母　韵母就是音节中声母后面的部分。如“大”（dà）这个音节里，“a”就是它的韵母。零声母音节整个由韵母构成，例如“欧”（ōu）。

韵母与元音不相等。它可以由单元音和复元音构成，如“ā（啊）、jiā（家）、shuài（帅）”中的“a、ia、uai”；也可由元音带辅音构成，如“gān（甘）、gēng（耕）、guān（关）”中的“an、eng、uan”。

声母和韵母是从音节的结构特点来分析的。

(3) 声调　声调指音节的高低升降、曲直长短的变化。普通话声调有阴平、阳平、上声和去声四个声调。

二、发准普通话声母

普通话有 21 个辅音声母，它们是 b、p、m、f、d、t、n、l、g、k、h、j、q、x、zh、ch、sh、r、z、c、s。声母的发音由发音部位和发音方法决定。

（一）掌握声母的发音部位

发音时，气流受到阻碍的位置叫做“发音部位”。普通话声母按发音部位不同可分为七类，具体见下表：

表 2—1　　普通话声母分类表

序号	名称	形成阻碍的部位	声母
1	双唇音	双唇阻塞	b、p、m
2	唇齿音	下唇接近上齿	f
3	舌尖前音	舌尖抵住或接近上齿背	z、c、s
4	舌尖中音	舌尖抵住上齿龈	d、t、n、l
5	舌尖后音	舌尖上翘，抵住或接近硬腭前部	zh、ch、sh、r
6	舌面音	舌面前部抵住或接近上齿龈和硬腭前部	j、q、x
7	舌根音	舌根抵住或接近软腭	g、k、h

【课堂训练一】

练习 21 个声母的读音及例词，注意找准发音部位，纠正不正确的发音习惯。

【课堂训练二】

绕口令，注意舌头的灵活性和嘴唇的动作。

A：四是四，十是十，十四是十四，四十是四十，谁要是把四十说成十四，就打谁十四，谁要是把十四说成四十，就打谁四十。

B：桌上有个盆，盆里有个瓶，乒乒乒，乓乓乓，不知是瓶碰盆，还是盆碰瓶。

C：八百标兵奔北坡，北坡炮兵并排跑。
炮兵怕把标兵碰，标兵怕碰炮兵炮。

(二) 掌握发音方法

1. 按发音部位的器官阻碍气流的方式和气流冲破阻碍的方式，可把普通话 21 个声母的发音分为塞音、擦音、塞擦音、鼻音、边音五类，具体见下表：

表 2—2　　普通话声母发音分类表

序号	名称	发音方法	声母
1	塞音	上下两个发声部位紧闭，然后突然打开，气流冲出，爆发成音	b 、d、g、p、t、k
2	擦音	上下两个部位接近，形成窄缝，气流从窄缝中透出，摩擦成音	f 、s、sh、r、x、h
3	塞擦音	上下发音部位先紧闭，后稍松开，成一狭缝，气流从缝中透出，摩擦成音	z、zh、j、c、ch、q

续表

4	鼻音	上下发音部位紧闭，气流从鼻腔中通过而发出声音	m、n
5	边音	舌尖抵住上齿龈，舌头两边留有空隙，让气流透出	l

2. 按发音时声带是否颤动可把声母分为清音和浊音。发音时声带颤动的是浊音，共有 m、n、l、r 4 个。反之都是清音，有 17 个。

3. 按发音时呼出气流的强弱，可把普通话声母中的 12 个塞音和塞擦音分为送气音和不送气音两类。

送气音：发音时呼出的气流较强。有 p、t、k、q、ch、c 6 个。

不送气音：发音时呼出的气流较弱。有 b、d、g、j、zh、z 6 个。

根据以上三种分类，概括出普通话 21 个声母的发音要领，列表如下：

表 2—3　　普通话声母发音要领表

<table>
<tr><td colspan="2" rowspan="3">发音方法 / 声母 / 发音部位</td><td colspan="2">擦音</td><td colspan="2">塞擦音</td><td colspan="2">擦音</td><td>鼻音</td><td>边音</td></tr>
<tr><td colspan="2">清音</td><td colspan="2">清音</td><td rowspan="2">清音</td><td rowspan="2">浊音</td><td rowspan="2">浊音</td><td rowspan="2">浊音</td></tr>
<tr><td>不送气音</td><td>送气音</td><td>不送气音</td><td>送气音</td></tr>
<tr><td rowspan="2">双唇音</td><td>上唇</td><td rowspan="2">b</td><td rowspan="2">p</td><td rowspan="2"></td><td rowspan="2"></td><td rowspan="2"></td><td rowspan="2"></td><td rowspan="2">m</td><td rowspan="2"></td></tr>
<tr><td>下唇</td></tr>
<tr><td rowspan="2">唇齿音</td><td>上齿</td><td rowspan="2"></td><td rowspan="2"></td><td rowspan="2"></td><td rowspan="2"></td><td rowspan="2">f</td><td rowspan="2"></td><td rowspan="2"></td><td rowspan="2"></td></tr>
<tr><td>下齿</td></tr>
<tr><td rowspan="2">舌尖中音</td><td>上齿龈</td><td rowspan="2">d</td><td rowspan="2">t</td><td rowspan="2"></td><td rowspan="2"></td><td rowspan="2"></td><td rowspan="2"></td><td rowspan="2">n</td><td rowspan="2">l</td></tr>
<tr><td>舌尖</td></tr>
</table>

续表

舌根音	软腭	g	k			h			
	舌根								
舌面音	硬腭前			j	q	x			
	舌面前								
舌尖后音	硬腭前			zh	ch	sh	r		
	舌尖								
舌尖前音	上齿背			z	c	s			
	舌尖								

【课堂训练三】

声母发音练习。

b 八白摆不　p 拍陪捧破　m 摸埋秒木　f 翻防法付　d 呆读点顿

t 汤疼铁退　n 摆难你耐　l 拉梨领绿　g 该隔古过　k 开扛肯困

h 黑含很货　j 家决讲进　q 期前抢却　x 西闲小向　zh 摘直煮撞

ch 搀肠愁串 sh 伤蛇甩受　r 扔如忍弱　z 灾杂组在　c 擦丛此脆

s 三随所岁

【课堂训练四】

声母组词练习。

b——宝贝、辨别　　　p——偏僻、澎湃

m——磨灭、弥漫　　　f——丰富、芬芳

d——等待、道德　　　t——推脱、忐忑

n——牛奶、能耐　　l——流利、理论
g——骨干、尴尬　　k——可靠、慷慨
h——缓和、黄昏　　j——解决、经济
q——确切、恰巧　　x——虚心、形象
zh——政治、主张　　ch——惆怅、驰骋
sh——神圣、闪烁　　r——仍然、柔软
z——藏族、自尊　　c——猜测、草丛
s——思索、松散

【课堂训练五】

标出下面诗中每个字的声母。

回乡偶书

贺知章

少小离家老大回，乡音未改鬓毛衰。
儿童相见不相识，笑问客从何处来。

三、发准普通话韵母

普通话 39 个韵母按结构可分为三类。

(一) 单韵母

单韵母是由一个元音构成的韵母。普通话单韵母有 a、o、e、i、u、ü、ê、-i（前）、-i（后）、er，共 10 个。

这类韵母的发音特点是：发音时舌位、唇形及开口度按发音要求维持发音状态，始终不变，没有动程。单韵母的不同音色是由以下三个原因决定的：

第一，口腔的开合度不同；

第二，舌位前后高低不同；

第三，唇形的圆扁不同。

1. 舌面元音韵母 a、o、e、ê、i、u、ü 的发音

发音时舌头的高点在舌面上，舌面起主要作用的是元音韵母。

a（啊）　发音时，舌位下降，口大开，唇不圆。例词：发达（fādá）、喇叭（lǎba）。

o（喔）　发音时，舌后半高，口半合，双唇略呈圆形。例词：薄膜（bómó）、婆婆（pópo）。

e（鹅）　发音时，舌后半高，口半开，唇不圆，嘴角左右展开。例词：特色（tèsè）、合格（hégé）。

ê（硃）　发音时，舌前半降，口半开，唇不圆。一般不单独给汉字注音，常在 i、ü 后组成 ie（揶）、üe（约）两个复韵母，组合时省去头上的“ˆ”。

i（衣）　发音时，舌前高起，上下唇放平，嘴角左右展开。例词：集体（jítǐ）、利益（lìyì）。

u（乌）　发音时，舌头后缩，舌后高起，双唇向前突出，口圆形，中间有一小孔。例词：朴素（pǔsù）、互助（hùzhù）。

ü（迂）　发音时，舌位高起，舌位和 i 相同，圆唇，但不十分突出。例词：区域（qūyù）、语句（yǔjù）。

2. 舌尖元音韵母-i［ɿ］（前）、-i［ʅ］（后）的发音

-i［ɿ］（前），舌尖前高不圆唇韵母。

发音时，舌尖微伸，对着门齿背，舌尖部位紧张，唇形不圆。例词：自私（zìsī）、字词（zìcí）、四次（sìcì）（［ɿ］只和 z、c、s 组成音节）。

-i［ʅ］后，舌尖后高不圆唇韵母。

发音时，舌尖上翘，靠近上齿龈后部，舌尖部位紧张，唇形不圆。例词：知识（zhīshi）、时事（shíshì）、支撑（zhīchēng）（［ʅ］只和 zh、ch、sh、r 组成音节）。

[ʅ]、[ʅ] 都用字母 i 表示，因为舌面韵母不可能出现在 z、c、s、zh、ch、sh、r 之后，而舌尖韵母不可能出现在其他场合，因此 i 和-i [ʅ]（前）、-i [ʅ]（后）不会产生混淆。

3. 卷舌韵母 er 的发音

er（儿），卷舌韵母，念 e 时把舌尖轻轻往上一卷就是 er。例如：儿、耳、而、二十。不和声母相拼，自成音节。

【课堂训练六】

练习下面各单韵母的发音，注意口形。

ɑ 八查傻煞　　o 播膜筐迫　　e 车隔者腭

i 底泥几弋　　u 书幅古雾　　ü 居徐女遇

-i（前）资辞丝　　-i（后）知迟史日　　er 而耳二

ê 䜣

【课堂训练七】

词语发音练习。

发达 fādá	沙发 shāfā	哪怕 nǎpà
马达 mǎdá	薄膜 bómó	这么 zhème
合格 hégé	特色 tèsè	比例 bǐlì
机器 jīqì	脾气 píqi	提议 tíyì
不如 bùrú	服务 fúwù	粗鲁 cūlǔ
区域 qūyù	私自 sīzì	语句 yǔjù
支持 zhīchí	知识 zhīshi	试制 shìzhì

（二）复韵母

复韵母是由两个或三个元音复合而成的韵母。普通话里有 ɑi、ei、ɑo、ou、iɑ、ie、uɑ、uo、üe、iɑo、iou、uɑi、uei 共 13 个复韵母。

复韵母的发音特点在于：一是发音时舌位、唇形及开口度有变化，即有动程；二是几个元音之间有主次，可分为韵头、韵腹、韵尾三部分。

韵头只有 i、u、ü 三个，都是高元音，位于主要元音之前，发音轻且短，往往只表示发音的起点。韵头常介于声母和韵腹之间，所以又叫“介音”或“介母”。如“jiā（家）”中的“i”，“guāi（乖）”中的“u”，“jué（绝）”中的“ü”。

韵腹是韵母的主干，是开口度较大，声音最清晰、响亮的主要元音，一般由 a、o、e、ê 充当，有时 i、u、ü、-i 也作韵腹。

韵尾限于元音后头的 i、u（o），只表示复韵母滑动的方向，音值含混而不固定。

根据韵腹处的位置，复韵母可分为三种：

1. 前响复韵母：ai、ei、ao、ou

发音时，前面的元音清晰响亮，音值稍长，后面的元音轻短而模糊。

2. 后响复韵母：ia、ie、ua、uo、üe

发音时，前面的元音轻短模糊，后面的元音清晰响亮。

3. 中响复韵母：iao、iou、uai、uei

发音时，中间的元音清晰响亮，前后元音轻短模糊。

【课堂训练八】

复韵母发音练习。

ai 猜白矮派	ei 杯雷北费	ao 包熬搞召
ou 沟稠走后	ia 家霞俩亚	ie 跌茄且叶
ua 刮滑耍袜	uo 锅夺左握	üe 约决雪却
iao 飘乔鸟要	iou 丢球久又	uai 乖怀拐外
uei 归回嘴谓		

【课堂训练九】

朗读下列绕口令，注意体会复韵母的动程。

小艾和小戴，一起来买菜。小艾把一斤菜给小戴，小戴有比小艾多一倍的菜；小戴把一斤菜给小艾，小艾、小戴就有一般多的菜。请你想想猜猜：小艾和小戴各买了多少菜？

(三) 鼻韵母

由元音和鼻辅音韵尾构成的韵母叫“鼻韵母”。普通话有16个鼻韵母，发音时，元音响亮清晰地发出，气流不中断，舌头向鼻辅音滑动，直至鼻音发完为止。

根据鼻辅音韵尾的不同，鼻韵母可分为两种：

1. 前鼻韵母

有an、en、ian、in、uan、uen、üan、ün8个，由元音和前鼻辅音（舌尖鼻用鼻腹音）韵尾n构成。

2. 后鼻韵母

有ang、eng、ong、iang、ing、iong、uang、ueng8个，由元音和后鼻辅音（舌根辅音）韵尾ng构成。

鼻韵母书写规则：

(1) uen与声母相拼，中间的e应省去。

(2) ian、iang、iong自成音节时，i改写作y。

(3) uan、uen、uang、ueng自成音节时，u改写作w。

(4) in、ing、üan、ün自成音节时，在韵母前加y，ü上两点省去。

【课堂训练一〇】

练习下列声母发音，注意韵尾。

an 班谈赶按　　ian 边田简雁　　uan 关船转腕

üan 捐泉选愿　　en 奔痕枕摁　　in 拼民紧印
uen 吨轮准问　　ün 君裙允训　　ang 帮航嗓藏
iang 江娘想样　　uang 光黄爽望　　eng 崩仍梗郑
ing 兵亭井硬　　ueng 翁
ong 工从肿弄　　iong 兄穷窘用

【课堂训练一一】

读下列绕口令，注意发准前鼻韵母的韵尾。

石崖村挨门住着两个人，一高一矮都姓孙。高个子是调解委员解纠纷，街坊邻居关系和谐没矛盾；矮个子爱当婚姻介绍人，“白头偕老”的祝愿暖人心。

【课堂训练一二】

朗读下面诗歌，读准后鼻韵母的韵尾。

Qiū jú néng ào shuāng, fēng shuāng chóng chóng è。
秋菊能傲霜，风霜重重恶。

Běn xìng néng nài hán, fēng shuāng qí nài hé?
本性能耐寒，风霜其奈何？

(四) 复韵母的四呼分类

普通话的复韵母按其口形可以分成四大类，即：开口呼、齐齿呼、合口呼、撮口呼。

1. 开口呼

韵母或韵母开头是 a、o、e、ê、er、-i 等字母的叫“开口呼”。如：dǎng（党）、zhōu（周）、shè（社）、běi（北）、ér

(儿)、shī（诗）等音节中的韵母都是开口呼。在普通话语音中有 15 个韵母是属于开口呼的：a、o、e、ê、er、-i、ai、ei、ao、ou、an、en、ang、eng、ong。

2. 齐齿呼

韵母或韵母开头是 i 的叫“齐齿呼”。如：qīnqiè（亲切）、xiāoxi（消息），四个音节的韵母都是齐齿呼。在普通话语音中共有 i、ia、ie、iao、iu、ian、in、iang、ing、iong10 个韵母属于齐齿呼。

3. 合口呼

韵母或韵母的开头是 u 的称为“合口呼”。如：tuán（团）、guāng（光）、huá（华）、kuài（快）等音节的韵母都是合口呼。在普通话语音中有 u、ua、uo、uai、ui、uan、un、uang、ueng9 个韵母属于合口呼。

4. 撮口呼

韵母或韵母开头是 ü 的称为“撮口呼”。如：lǚ（吕）、xuān（宣）两个音节的韵母都是撮口呼。在普通话语音中有 4 个韵母属于撮口呼：ü、üe、üan、ün。

【课堂训练一三】

朗读下面这段文章，请注意念准全部声韵母。

Wǒ shēn shēn de tǐ huì dào “lǜ” shì xiàng
我 深 深 地 体 会 到 “绿” 是 象

zhēng： nóng yù de chūn tiān， péng bó de qīng
征： 浓 郁 的 春 天， 蓬 勃 的 青

chūn， chóng gāo de lǐ xiǎng， rè qiè de xī
春， 崇 高 的 理 想， 热 切 的 希

wàng……
望……

Lǜ， shì rén shēng zhōng de qīng nián shí
绿，是人生中的青年时
dài。
代。

Gè rén、 shè huì、 guó jiā、 mín zú、 rén lèi
个人、社会、国家、民族、人类
dōu yǒu qí shēng mìng zhōng de qīng nián shí
都有其生命中的青年时
dài。
代。

Wǒ yuàn yǐ zhè zhī “lǜ de gē” xiàn gěi
我愿以这支“绿的歌”献给
shēng huó zài qīng nián de shè huì zhǔ yì zǔ
生活在青年的社会主义祖
guó de qīng nián men！
国的青年们！

四、发准普通话声调

（一）什么是声调

声调也叫“字调”，是说话时一个音节的高低升降变化。声调有区别意义的作用，例如：“qiān（千）”、“qián（钱）”、“qiǎn（浅）”、“qiàn（欠）”，四个音节的声母、韵母相同，但意义各异，是由于声调不同所致。

（二）普通话的四声

普通话的声调共有四个，分别是阴平、阳平、上声和去声。

1. 阴平

又叫“第一声”，高平调。发音时又高又平。例如：

章 zhāng　标 biāo　穿 chuān　居 jū　天 tiān　钟 zhōng

2. 阳平

又叫“第二声”，中升调。发音时由中升高。例如：

茶 chá　前 qián　团 tuán　胡 hú　红 hóng　人 rén

3. 上声

又叫“第三声”，降升调。发音时先降后升。例如：

早 zǎo　九 jiǔ　总 zǒng　涌 yǒng　管 guǎn　走 zǒu

4. 去声

又叫“第四声”，全降调。发音时由高到低。例如：

正 zhèng　过 guò　亚 yà　唱 chàng　做 zuò　灭 miè

普通话的四个声调区别较大，人们把它们归纳为“一声高平二声扬，三声弯曲四声降”。

为了方便而又形象地记录、描绘普通话声调的实际读法，一般语音书采用了“五度标记法”。这种方法是画一条竖线，分四格五度，在上面把声调的相对音高标记出来，由下而上：（1）低；（2）半低；（3）中度；（4）半高；（5）高。然后再用另一横线或斜线表示声音升降起止的变化形式。如下图：

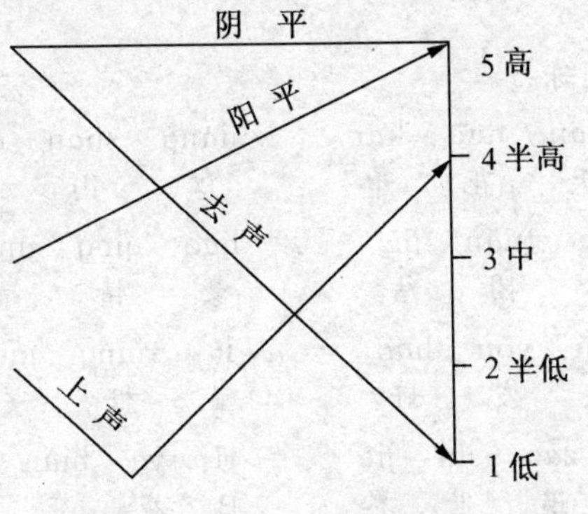

图 2—1　声母五度标记图

从图中可以看出四个声调所呈现的不同形状，我们称之为“调形”。而55、35、214、51是四个声调的实际读法，我们称之为“调值”。

《汉语拼音方案》的四个声调符号，就是去掉了五度标记法的竖线，使其简化为一、/、V、\，它们象征着声调的升降变化，在练习时要加以注意。

5. 声调符号的位置

声调符号应标在主要元音上，其口诀是：有 a 别放过，无 a 找 e、o，i、u 并列标在后，单个韵母不必说。

【课堂训练一四】

韵母发音练习。

ā á ǎ à　ō ó ǒ ò　ē é ě è　ī í ǐ ì

ū ú ǔ ù　ǖ ǘ ǚ ǜ　ān án ǎn àn

ēn én ěn èn　uī uí uǐ uì

【课堂训练一五】

同调集句练习。

chūn tiān huā kāi　jiāng shān duō jiāo
春 天 花 开　江 山 多 娇

rén mín tuán jié　háo qíng áng yáng
人 民 团 结　豪 情 昂 扬

yǒng jiǔ yǒu hǎo　lǐ xiǎng měi hǎo
永 久 友 好　理 想 美 好

chuàng zào shì jiè　rì yè biàn huà
创 造 世 界　日 夜 变 化

【课堂训练一六】

四声顺序集句练习。

zhōng huá wěi dà　　shān hé měi lì
中 华 伟 大　　山 河 美 丽

huā hóng liǔ lǜ　　zī yuán mǎn dì
花 红 柳 绿　　资 源 满 地

gāo liáng xiǎo mài　　shān chán guǒ shù
高 粱 小 麦　　山 茶 果 树

yīn yáng shǎng qù　　fēi cháng hǎo jì
阴 阳 上 去　　非 常 好 记

【课堂训练一七】

四声逆序练习。

rè huǒ cháo tiān　　dà hǎo hé shān
热 火 朝 天　　大 好 河 山

miào shǒu huí chūn　　hòu gǔ bó jīn
妙 手 回 春　　厚 古 薄 今

wàn lǐ cháng zhēng　　chì dǎn zhōng xīn
万 里 长 征　　赤 胆 忠 心

nì shuǐ xíng zhōu　　tù sǐ hú bēi
逆 水 行 舟　　兔 死 狐 悲

【课堂训练一八】

朗读诗歌，请读出声调的抑扬起伏。

Liǎng gè huáng lí míng cuì liǔ, yì háng bái
两 个 黄 鹂 鸣 翠 柳，一 行 白

lù shàng qīng tiān。
鹭 上 青 天。

Chuāng hán xī lǐng qiān qiū xuě, mén bó
窗 含 西 岭 千 秋 雪，门 泊
dōng wú wàn lǐ chuán。
东 吴 万 里 船。

五、语音辨正

我们要正确发准普通话的声母、韵母和声调，就必须找出普通话与自己方言的对应规律，有效地纠正方言，力求使自己的语言准确、规范。我们主要结合山东方言谈谈这个问题。

(一) 声母辨正

1. 分辨 zh、ch、sh 和 z、c、s

两者最显著的区别在于发音时舌尖状态不同：zh、ch、sh 发音时舌尖翘起，故称“翘舌音”；z、c、s 发音时舌尖略平，故称“平舌音”。有的书上把此项辨正称为“区分平翘”，也源于此。

有些方言不分平翘，把两套声母的字混成一套 z、c、s（或接近 z、c、s 的声母），如上海话、苏州话、广州话、成都话等。也有些地方把声母 zh、ch、sh 的一部分字读成 z、c、s，如天津话、西安话等，山东的聊城、胶东地区多数县市也是如此。但也有例外，把普通话平舌音声母的字读成翘舌音，如“走”、“凑”、“嫂”、“叟”等声母的 z、c、s 都读成了 zh、ch、sh。上述情况要特别引起注意。

【课堂训练一九】

字词的对比。

z——zh 早——找、增——争、自立——智力

c——ch 仓——场、擦——插、粗布——初步

s——sh 三——山、苏——梳、五岁——午睡

【课堂训练二〇】

平翘音组词的练习。

z——zh 作者 滋长 zh——z 种族 转载

c——ch 残春 操场 ch——c 冲刺 揣测

s——sh 飒爽 私事 sh——s 疏松 世俗

【课堂训练二一】

辨读练习。

找到不念早到，遭到不念早稻，乱草不念乱吵，制造不念自造。

收不念搜，昌不念仓，张不念脏，栽花不念摘花。

自力不念智力，暂时不念战时，大字不念大志，一层不念一成。

草木不念炒木，参加不念掺加，四十不念事实，三哥不念山歌。

塞子不念筛子，俗语不念熟语，散光不念闪光，撒网不念纱网，三山不念山山。

【课堂训练二二】

绕口令练习。

四十四个字和词，组成一首“子词丝”的绕口令：

桃子李子梨子橘子柿子槟子和榛子，

栽满院子村子和寨子。

刀子斧子锯子凿子锤子刨子尺子，

做出桌子椅子和箱子。

名词动词数词量词代词副词助词连词，

造成语词诗词和唱词。

蚕丝生丝熟丝缫丝染丝晒丝纺丝织丝，

自制粗丝细丝人造丝。

2. 分辨 n 和 l

同：发音部位相同，都是舌尖中阻。

异：发音方法中阻碍方式不同，n 是鼻音，气流从鼻腔透出，l 是边音，气流从舌两旁由口腔透出。

【课堂训练二三】

字词对比。

老——脑　另——宁　路——怒　泪——内

旅客——女客　新粮——新娘　留恋——恼怒

荷兰——河南　无赖——无奈　褴褛——男女

【课堂训练二四】

组词练习。

n——l　　能量　奴隶　浓烈　年龄　努力　凝练

l——n　　冷暖　老年　辽宁　乱闹　烂泥

【课堂训练二五】

绕口令练习。

路东住着刘小柳，路南住着牛小妞。刘小柳拿着九个红皮球，牛小妞抱着六个大石榴。刘小柳把九个红皮球送给牛小妞，牛小妞把六个大石榴送给刘小柳。牛小妞脸儿乐得像红皮球，刘小柳脸儿笑得像开花的大石榴。

3. 分清 f 和 h

两个音发音方法相同，都是清擦音。区别在于发音部位：f是唇齿音，h是舌根音，不能混淆。

【课堂训练二六】

字词对比发音练习。

hā——fā há——fá hǎ——fǎ hà——fà

huán——fán huó——fó hūn——fēn

héng——féng

【课堂训练二七】

词语对比练习。

fā xiàn——huā zhǎn 发现——花展	fú xiǎng——hú xiǎng 浮想——胡想
gōng fèi——gōng huì 公费——工会	fù lì——hù lì 富丽——互利
fǎng fú——huǎng hū 仿佛——恍惚	fáng fàn——hǎo hàn 防范——好汉
fāng fǎ——fáng fàn 方法——防范	fù fāng——hù háng 复方——护航

【课堂训练二八】

绕口令练习。

A. 洪湖荷花好绘画，画好洪湖画荷花。

B. 粉红墙上画凤凰，凤凰画在粉红墙。

红凤凰、粉凤凰，粉红凤凰花凤凰。

4. r声母

普通话的r声母，在不同的方言里有不同的读法。山东青岛、烟台和潍坊地区的部分县市把普通话的r声母全部读成了零声母，而淄博、青州等地则把普通话的 r 声母读成了 l 声母，应注意辨正。

【课堂训练二九】

发音练习。

re　rao　rou　ren　rang　reng

rong　ru　ruo　rui　ruan　run

【课堂训练三〇】

下列汉字的声母都是 r，请记住。

ruò　rú　rú　róng　rè　rě　rú　rú　róng　rǔ　ruò
若　如　儒　容　热　惹　茹　孺　榕　汝　箬

rèn　rú　róng　rǔ　rén　rèn　rén　róng　rù　rèn　rèn
刃　蠕　溶　乳　人　纫　壬　熔　入　认　韧

rèn　rǒng　rì　ráo　rěn　rèn　róng　rǎo　róu　ráng　róng
任　冗　日　饶　忍　饪　荣　扰　柔　瓤　嵘

ròu　rǔ　róu　rǎng　ruǎn　ruì　rù　róu　rǎng　rén　ruì
肉　辱　揉　嚷　软　锐　褥　蹂　壤　仁　瑞

rùn　rēng　rǎng　ràng　rǎn　rùn　réng　ruǎn　róng
闰　扔　攘　让　染　润　仍　阮　茸

róng
融

【课堂训练三一】

绕口令练习，注意 r 的发音。

尤大嫂去买肉，冉大妈去买油。尤大嫂买肉不买油，冉大妈买油不买肉，两人集上碰了头。尤大嫂请冉大妈到家吃炖肉，冉大妈请尤大嫂去她家喝蜜白糖加香油。

5. 合尖团

有些方言中有尖音、团音之分。声母 z、c、s 与 i、ü 开头的韵母相拼，叫“尖音”；声母 j、q、x 跟 i、ü 或以 i、ü 开头的韵母相拼，叫“团音”。普通话里没有尖音，只有“团音”。山东胶东等地有尖音，这些地区的人凡是遇到 z、c、s 与 i、ü 开头的韵母相拼合的音时，一律把声母改为 j、q、x，就和普通话一致了。

【课堂训练三二】

发音练习。

ji	jia	jie	jiao	jiu	jian	jin
jiang	jing	jiong	ju	jue	juan	jun
qi	qia	qie	qiao	qiu	qian	qin
qiang	qing	qiong	qu	que	quan	qun
xi	xia	xie	xiao	xiu	xian	xin
xiang	xing	xiong	xu	xue	xuan	xun

【课堂训练三三】

下列词语中的声母，不少方言区念作 z、c、s，请一律念成 j、q、x。

qīngjié	qīnxìn	jiéqì	xiǎngxiàng
清洁	亲信	节气	想象
jùnqiào	jùjí	xúexí	qiānqiū
俊俏	聚集	学习	千秋

xìxīn	xiūxi	qíngxù	qīnqiè
细心	休息	情绪	亲切
qīngxǐng	qiáojiàn	xiùqí	qiǎnjìn
清醒	瞧见	绣旗	浅近

【课堂训练三四】

朗读绕口令，注意 j、q、x。

(1) 七加一，七减一，加完减完等于几？七加一，七减一，加完减完等于七。

Qījiāyī，qījiǎnyī，jiāwánjiǎnwánděngyújǐ?

Qījiāyī，qījiǎnyī，jiāwánjiǎnwánděngyúqī。

(2) 氢气球，气球轻，轻轻气球轻擎起，擎起气球心欢喜。

Qīngqìqiú，qìqiúqīng，qīngqīngqìqiúqīng qíngqǐ，qíngqǐqì qiúxīnhuānxǐ。

(二) 韵母辨正

1. 分辨前鼻音尾韵母 n 和后鼻音尾韵母 ng

有的方言没有鼻韵母 ng，或者前后鼻韵母混同，应注意两类鼻韵母发音部位不同：n，舌尖上抵成阻；ng，舌根上抵成阻。

n 和 ng 混同现象，多表现为 en 和 eng、in 和 ing 不分，要特别注意。

【课堂训练三五】

词语对比。

长针（zhēn）——长征（zhēng）

开饭（fàn）——开放（fàng）

人民（mín）——人名（míng）

盐（yán）水——扬（yáng）水

惋（wǎn）惜——往（wǎng）昔

yǐn jìn____qíng xíng
引 进 情 形

shēn chén____shēng chéng
深 沉 生 成

xīn qíng____qīng xīn
心 情 倾 心

xīn yǐng____yíng xīn
新 颖 迎 新

zhēn chéng____chéng zhèn
真 诚 城 镇

rén chēng____shèng rèn
人 称 胜 任

jīng shén____ēn qíng
精 神 恩 情

zhèng yīn____yìn zhèng
正 音 印 证

【课堂训练三六】

绕口令练习。

生身亲母亲，谨请您就寝，请您心宁静，身心很要紧。新星伴明月，银光澄清清，尽是清静境，警铃不要惊。您请我进来，进来敬母亲。

2. 读准 o 和 e

普通话单韵母 o，有的方言读成了 e 韵母。如把“玻（bo）、坡（po）、摸（mo）”读作“玻（be）、坡（pe）、摸（me）”。注意两点：一是 o 和 e 的主要区别是唇形圆展不同；二是普通话双唇音声母 b、p、m 只跟圆唇的 o 相拼，不跟不圆唇的 e 相拼。

山东方言普通话 e 韵母字的读音有几种情况：一是读成 a。如“割（gē）、渴（kě）、喝（hē）、蛇（shé）”等字读成了“割（ga）、渴（ka）、喝（ha）、蛇（sha）”。二是一部分读成了 ei。如把“刻（kè）、则（zé）”读成了“刻（kei）、则（zei）”。三是一部分读成了 uo。如普通话的“哥（gē）、河（hé）”读成了“哥（guo）、河（huo）”。注意辨正。

【课堂训练三七】

朗读下面普通话 e 的韵母字，记清记牢。

de　得　德

ge　哥　歌　割　胳　格　革　隔　葛

ke　科　棵　颗　苛　磕　瞌　咳　可　渴　课

he　喝

ze　责　泽　择　则

ce　策　侧　测　册

se　色　涩　瑟　啬

3. 读准 üe 和 ie

普通话的 üe、ie 韵母的字，山东有的方言读成了 üo 和 [iæ] 韵母。

如把“约（yuē）、觉（jué）、确（què）、学（xué）”读成了“约（yuo）、觉（juo）、确（quo）、学（xuo）”。üe 和 üo 的区别是：收音时一个是扁唇的 ê，一个是圆唇的 o。注意辨正。

山东某些方言区对“姐”、“借”、“接”等字读 ie 韵母，而对“解”、“介”、“街”等字读 [iæ] 韵母，而普通话中这些字的韵母相同，都是 ie。ie 和 [iæ] 的区别在于：收音时前者开口度小，后者开口度大。注意：发 ie 音时只要把舌位稍升高一点，开口度小一点就可以了。

【课堂训练三八】

反复练习朗读下面 ie 韵母的字。

jie 阶 街 皆 秸 接 解 姐 介 戒 届 借

xie 鞋 斜 械 懈 蟹 谢

4. 分清 ong 和 eng

山东有的方言中没有 ong 韵母，把普通话的 ong 韵母字都读成了 eng 韵母。如把“中东（zhōngdōng）、通红（tōnghóng）”读成了“中东（zhengdeng）、通红（tengheng）”。二者的区别在于：发音时唇形一个是 o，一个是 e。请注意分辨。

【课堂训练三九】

词语对比练习。

chéng fēng——chōng gōng
成 风 充 公

héng shēng——hóng zhōng
横 生 洪 钟

dēng chéng——zhōng dōng
登 程 中 东

kēng shēng——kǒng lóng
吭 声 恐 龙

chěng néng——chōng dòng
逞 能 冲 动

shēng téng——tóng gōng
升 腾 童 工

lěng fēng——lǒng tǒng
冷 风 笼 统

【课堂训练四〇】

注意下面歌词中 ong 的发音。

东方红，太阳升，中国出了个毛泽东。

他为人民谋幸福，他是人民大救星。

【课堂训练四一】

绕口令练习。

A. 东洞庭，西洞庭，洞庭山上一条藤，藤上藤下挂铜铃。
   风吹藤动铜铃动，风停藤停铜铃停。

B. 瓶顶停红蜂，瓶底停青虫；青虫攻红蜂，红蜂叮青虫；
   虫攻红蜂蜂不动，蜂叮青虫虫不疼。

5. 不要丢失韵头 u

普通话的声母 d、t、z、c、s 与复韵母 uei，鼻韵母 un、uan 相拼时，山东胶东方言把韵母读成了 ei、en 和 an，丢失了韵头 u。如把“崔（cuī）、村（cūn）、团（tuán）”读成“崔（cei）、村（cen）、团（tan）”。这需要首先掌握 uei、un、uan 的发音，然后注意普通话里有 u 韵头的字。

【课堂训练四二】

牢记下列各词的发音，不要丢掉 u。

ui　对　队　退　腿　最　醉　摧　脆　随　碎

un　顿　吨　屯　吞　尊　樽　村　寸　孙

uan　断　短　团　攥　蹿　蒜　算

【课堂训练四三】

熟读下列绕口令，注意防止韵头 u 的丢失。

一只青蛙一张嘴，两只眼睛四条腿，扑通跳下水。两只青蛙两张嘴，四只眼睛八条腿，扑通、扑通跳下水。三只青蛙三张嘴，六只眼睛十二条腿，扑通、扑通、扑通跳下水。四只青蛙四张嘴，八只眼睛十六条腿，扑通、扑通、扑通、扑通跳下水。

（三）声调辨正

与普通话相比，山东方言发音时声调有两个特点：一是阳平升不上去，多读降调；二是去声下降幅度不够。普通话去声是全降调，起点高，终点低，而山东方言去声多是低降调。要注意克服这两个难点，反复练习，准确读出普通话声调。

【课堂训练四四】

看音节，读汉字。

（1）四声顺序排列

shān míng shuǐ xiù
（山 明 水 秀）

yīng míng guǒ duàn
（英 明 果 断）

shēn móu yuǎn lǜ
（深 谋 远 虑）

xīn míng yǎn liàng
（心 明 眼 亮）

bīng qiáng mǎ zhuàng
（兵 强 马 壮）

suān tián kǔ là
（酸 甜 苦 辣）

jīng shén bǎi bèi
（精 神 百 倍）

xīn zhí kǒu kuài
（心 直 口 快）

（2）四声逆序排列

rè huǒ cháo tiān
（热 火 朝 天）

miào shǒu huí chūn
（妙 手 回 春）

dà hǎo hé shān
（大 好 河 山）

wàn gǔ liú fāng
（万 古 流 芳）

nòng qiǎo chéng zhuō
（弄 巧 成 拙）

mù gǔ chén zhōng
（暮 鼓 晨 钟）

bì　cǎo　rú　yīn　　　shòu　bǐ　nán　shān
（碧　草　如　茵）　　（寿　比　南　山）

【课堂训练四五】

看拼音，注出四声汉字。

xiang　乡　祥　想　象
qiao　敲　乔　巧　俏
shi　师　食　使　是
tan　贪　坛　坦　叹
ji　绩　急　己　计
he　喝　河　贺
mang　絵　忙　莽
sun　孙　损

【课堂训练四六】

看汉字，读出声韵母。

(pèi　fú)　(zǔ　náo)　(shì　hé)　(yùn　niàng)
佩　服　阻　挠　适　合　酝　酿
(chǔ　xù)　(wǔ　rǔ)　(xuǎn　jǔ)　(zhěng　jiù)
储　蓄　侮　辱　选　举　拯　救
(zhū　rú　cǐ　lèi)　(qián　yí　mò　huà)
诸　如　此　类　潜　移　默　化
(jīn　jīn　lè　dào)　(huì　jí　jì　yī)
津　津　乐　道　讳　疾　忌　医
(cēn　cī　bù　qí)　(yuè　yuè　yù　shì)
参　差　不　齐　跃　跃　欲　试

【课堂训练四七】

下列词语先用方言念，然后再用普通话念，注意声调有何区别。

pāishè	zhíjiē	jí gé	xiázhǎi
拍摄	直接	及格	狭窄
shìhé	jí sù	qī hēi	mǒshā
适合	急速	漆黑	抹煞
jiǎoluò	è dú	dí què	mù lù
角落	恶毒	的确	目录
shè lì	bì lǜ	fà là	géshì
设立	碧绿	发蜡	格式
bì yè	jiēfā	qūzhé	hēi sè
毕业	揭发	曲折	黑色

六、掌握音变规律

我们在说话的时候，由于相连音节的相互影响，音值发生变化，我们称这种现象为“音变”。普通话音变主要包括变调、轻声、儿化、语气词“啊”的变化。

（一）变调

普通话的“四声”是四种主要的基本声调，它们的调值相对来说是固定的：阴平 55，阳平 35，上声 214，去声 51。念一个音节时，四个声调很明显。但在实际口语活动中，音节之间相连，就发生一些变化。普通话的变调主要有以下几种：

1. 上声的变调

普通话上声的调值为 214，单念或处于句末时念原调，其他情况要变调。

（1）在非上声前变半上，调值由 214 变为 21，只降不扬。例如：

在阴平前	首都	北京	指挥	普通
在阳平前	祖国	海洋	语言	朗读

在去声前　　解放　　土地　　巩固　　伟大

在轻声前　　尾巴　　起来　　宝贝　　老了

(2) 两个或三个上声相连，前一个变直上，调值由 214 变成 24，近似阳平。在原为上声改读轻声的字音前，有的变阳平，调值为 35，有的变半上，调值为 21。例如：

在上声前　　党委　　美好　　指导（像阳平）

在轻声前　　想起　　讲讲　　本领（像阳平）

　　　　　　姐姐　　椅子　　谷子（变半上）

(3) 三个上声相连，前两个变直上，调值由 214 变为 24。例如：

很勇敢　　展览馆　　小老虎　　洗脸水

(4) 一句话全是上声，按两个音节或三个音节一段分开，再按上面规律变化。例如：

请你‖往北走，找‖柳厂长。

注音时，调号不变。

【课堂训练四八】

朗读短文，正确处理上声的变调。

Mǎ yǐ zhěng tiān xīn qín de láo dòng, méi yǒu yí gè tōu lǎn de。Tā men yě hěn tuán jié, jiàn le miàn jiù hù xiāng yáo zhe chù jiǎo dǎ zhāo hu。Wǒ hěn xǐ huān tā men, yǒu shí zhuō chóng gěi tā men chī。

蚂蚁整天辛勤地劳动，没有一个偷懒的。它们也很团结，见了面就互相摇着触角打招呼。我很喜欢它们，有时捉虫给它们吃。

Yǒu yí cì, wǒ zhuō le yì tiáo xiǎo chóng,
有一次，我捉了一条小虫，
fàng zài mǎ yǐ dòng kǒu。Yì zhī mǎ yǐ fā
放在蚂蚁洞口。一只蚂蚁发
xiàn le, lì kè pá dào chóng zi shēn shàng,
现了，立刻爬到虫子身上，
yì kǒu bǎ tā yǎo zhù。Chóng zi téng de zhí
一口把它咬住。虫子疼得直
dǎ gǔn, mǎ yǐ gēn zhe fān guò lái fān guo
打滚，蚂蚁跟着翻过来翻过
qù, jiù shì bù sōng kǒu。Huǒ bàn men gǎn lái
去，就是不松口。伙伴们赶来
le, yì zhī, liǎng zhī, sān zhī…… lái le yí dà
了，一只，两只，三只……来了一大
qún, tā men bǎ chóng zi tuō jin dòng li。
群，它们把虫子拖进洞里。

2. “一”和“不”的变调

(1) 单念或句末读本调，“一”仍读阴平，“不”仍读去声。例如：

一、二、三　十一　第一　统一　划一

不　来不　决不　偏不

(2) 在去声前，一律变阳平。例如：

一样　一向　一定　一段　一切

不对　不配　不乱　不像　不够

(3) 在非去声前，“一”变去声，“不”仍读去声。例如：

一般　一尺　一年　一间　一时

不听　不安　不公　不学　不想

(4) 夹在词中间念轻声。例如：

想一想　查一查　试一试　听一听　读一读

看不看　甜不甜　说不说　肯不肯　平不平

可以通过下面的口诀记规律：

单念句末念本调（“一”、“不”都不变），

去声之前念阳平（“一”、“不”都变），

非去声前念去声（“一”变“不”不变），

夹在中间念轻声（“一”、“不”都变）。

注意：注音时，可按变化以后的声调注。

【课堂训练四九】

读下面“刻舟求剑”的故事，读准“不”音。

从前有个人坐船过江，一不小心，身上挂的剑掉进水里去了。那个人一点儿不着急，拿出小刀，在船舷上刻了一个记号。有人问他：“为什么不赶快捞，你在船舷上刻个记号有什么用?”那个人不慌不忙地说：“不用着急，我的剑是从这个地方掉下去的。等船靠了岸，我从刻记号的地方跳下水去，就能把剑捞上来。”

【课堂训练五〇】

读下面的儿歌，注意“一”的变调。

一个大，一个小，一件衣服一顶帽。

一边多，一边少，一打铅笔一把刀。

一个大，一个小，一只西瓜一颗枣。

一边多，一边少，一盒饼干一块糕。

一个大，一个小，一头肥猪一只猫。

一边多，一边少，一群大雁一只鸟。

一边唱，一边跳，大小多少记得牢。

3. “七”、“八”的变调

“七”、“八”在去声前变阳平，在其他场合念原调阴平。

例如：

在去声前　　七岁　七件　七次　八岁　八件　八次（念阳平）。

其他场合　　七天　七瓶　七亩　八株　八斗　八天（念阴平）。

（二）轻声

1. 什么是轻声

汉语的每个音节都有一定的声调。有的音节在一定场合里失去原调，变成一种既短又轻的调子，这就叫“轻声”。

2. 轻声的规律

普通话中，下面一些成分常读轻声。

（1）句末语气词“啊”、“吗”、“呢”、“吧”、“哇”、“嘛”等。

（2）助词“的、地、得、着、了、过、么”等。

（3）名词、代词的后缀“子、头、巴”等。

（4）部分方位词和趋向词“上、下、边、里、来、去”等。

（5）叠音词和动词的重叠形式后头的字，如：

爸爸、妈妈、看看、读读、考虑考虑、研究研究、合计合计、商量商量等。

（6）构词用的虚词系“子、头”和表示多数的“们”等。

但是“原子、电子、中子、质子”等科学名词和“窝窝头”等词的“子”、“头”是实词，不读轻声。

（7）部分常用的双音节词，第二个音节习惯上读轻声。如：萝卜、葡萄、玻璃、消息、先生、西瓜等。

（8）量词“个”常读轻声。

轻声有区别词义和词性的作用。

【课堂训练五一】

朱自清《荷塘月色》第四段共195字，轻声出现46次。体会轻重有致的节奏，读准并标出轻声音节。

曲曲折折的荷塘上面，弥望的是田田的叶子。叶子出水很高，像亭亭的舞女的裙。层层的叶子中间，零星地点缀着些白花，有袅娜地开着的，有羞涩地打着朵儿的；正如一粒粒的明珠，又如碧天里的星星。微风过处，送来缕缕清香，仿佛远处高楼上渺茫的歌声似的。这时候叶子与花也有一丝的颤动，像闪电般，霎时传过荷塘的那边去了。叶子本是肩并肩密密地挨着，这便宛然有了一道凝碧的波痕。叶子底下是脉脉的流水，遮住了，不能见一些颜色；而叶子却更见风致了。

（三）儿化

1. 什么是儿化

普通话中元音 er 除了自成音节外，还可以与前一个韵母结合在一起，变成一个具有卷舌性质的韵母，这种现象叫“儿化”。儿化了的韵母叫“儿化韵”。

带儿化韵的音节，一般用两个汉字表示。用汉语拼音字母拼写时，只需在这些音节之后加上“r”就可以了。

例如：门儿——ménr　　馅儿——xiànr　　猫儿——māor。

在普通话的39个韵母中，除 ê、er 不能儿化外，37个韵母都可以儿化。儿化韵不是平舌韵与元音 er 简单的相加，而是在发主要元音或韵尾的时候加了一个卷舌动作，变成了一个音节，使原来的韵母发生音变。

2. 普通话韵母儿化的规律

（1）音节末尾是 a、o、ê、u（包括 ao、iao）的，这些元音上直接加卷舌动作。其中 e、ê 有央化的趋向，如：nènyár（嫩芽儿）、fěnmòr（粉末儿）、táijiēr（台阶儿）、xiǎohóur（小猴儿）、miántáor（棉桃儿）、màimiáor（麦苗儿）。

（2）韵尾是 i、n 的，丢掉韵尾，在韵腹上卷舌，其中 in、ün 去 n 后换 er。如：gàir→gàr（盖儿）、bèir→bèr（辈儿）、gānr→gār（杆儿）、běnr→běr（本儿）、jìnr→jièr（劲儿）、huāqúnr→huāqúer（花裙儿）。

（3）韵母是 i、ü 的，后面加 êr。如 xiǎojīr→xiǎojiêr（小鸡儿）、jīnyúr→jīnyúêr（金鱼儿）

（4）韵母是-i（前）（后）的，去-i 换 er。如 guāzǐr→guāzěr（瓜子儿）、méishìr→méishèr（没事儿）。

（5）韵尾是 ng 的，丢掉 ng，韵腹鼻化后卷舌，其中 ing 丢 ng 后换 ŋ 后卷舌。如 yàofāngr→yàofār（药方儿）、bǎndèngr→bǎndēr（板凳儿）、yǐngr→yiěr（影儿）、xiǎoxióngr→xiǎoxiēr（小熊儿）。"～"，鼻化音的符号。

3. 儿化的作用

（1）用来形容事物之"小"。如：

米儿　火儿　丝儿　枝儿　棍儿　条儿

（2）用来形容事物之"少"。如：

一点儿　一会儿　一堆儿　几片儿　一段儿　一捆儿

（3）表达轻松、喜爱、亲切的情感。如：

小孩儿　鲜花儿　花篮儿

油画儿　没事儿　小猫儿

（4）帮助确定词性，区别意义。如：

画——动词　　画儿——名词

盖——动词　　盖儿——名词

尖——形容词　　尖儿——名词

【课堂训练五二】

快速读下面一段顺口溜，读准儿化韵。

进了门，倒杯水，喝两口运运气儿，顺手拿起小唱本儿。唱一曲儿，又一曲儿，练完嗓子练嘴皮儿，绕口令儿练字音儿。还有单弦儿，牌子曲儿，小快板，大鼓词儿，越说越唱越带劲儿。

（四）语气词“啊”的变化

语气词“啊”是我们语言中常用的一个音。“啊”用在句前是叹词，仍念 *a* 的声音。

“啊”在句子末尾出现时，就是句末语气词。它常常受前一个音节最后一个音素的影响而发生变化。

1. 前面的音素是 *a*、o（*ao*、i*a*o 除外）、e、ê、i、ü 时读作 y*a*，汉字写作“呀”。如：

原来是他呀！

赶快回家呀！

来的人真多呀！

今天真热呀！

2. 前面的音素是 u（包括 *ao*、i*a*o）时，“啊”读作“w”，汉字写作“哇”。如：

今天有大雾哇！

个子真不小哇！

他英语真好哇！

你还不走哇！

这么小的球哇！

3. 前面音素是 n 时，“啊”读作 n*a*，汉字写作“哪”。如：

这里空气真新鲜哪！

这个人不简单哪！

枪打得真准哪！

心里真不安哪！

快来看哪！

小声点哪！

4. 前面音素是 ng 时，“啊”读作 nga，汉字仍写作“啊”。如：

放开喉咙唱啊！

多么可爱的小生灵啊！

一点不管用啊！

千万不要忘啊！

5. 前面音素是-i（前）和 er 时，“啊”读作 za，汉字仍写作“啊”。如：

这是什么字啊！

这是第几次啊！

上公司啊！

今天星期四啊！

6. 前面音素是-i（后）、er 时，“啊”读作 ra，汉字写作“啊”。如：

你快点吃啊！

钢笔真好使啊！

这么多花儿啊！

全是嫩树枝啊！

【课堂训练五三】

朗读下列句子，注意“啊”的变读。

1. 事情真多啊（ya）！

2. 雨下得真大啊（ya）！

3. 天气可真热啊（ya）！

4. 你快瞧啊（wa）！

5. 大家快跑啊（wa）！

6. 他看不见啊（na）！

7. 你快开门啊（na）！

8. 屋里真静啊（nga）！

9. 你去过几次啊（za）！

10. 我求你办点事啊（ra）！

思考与练习

1. 名词解释。

（1）元音　（2）辅音　（3）音节

（4）音素　（5）声母　（6）韵母

2. 写出 21 个声母，并掌握其发音要领。

3. 韵母可以分为几类？把分类情况详细列出。

4. 什么是声调？它有什么作用？写出普通话四个声调的调类、调形和调值。

5. 什么是音变？普通话的音变现象主要有哪几种？掌握各类音变的规律。

6. 自己选择两段短文，进行语音发音练习。

第三章　口语基础训练

第一节　朗读与朗诵

一、概述

我国电影界流传着这样一段趣事：在一次朋友聚会的时候，著名电影艺术家赵丹用方言为大家绘声绘色地吟诵了一段文字，结果使满堂宾客为之动容，有的女宾竟泪流满面。当他告诉大家自己朗诵的只不过是宴会的菜谱时，大家都拍案叫绝。这个故事告诉我们，无论是什么作品，出色的朗读朗诵会使你情不自禁地被吸引，会在不知不觉中进入一种美好的意境之中，获得高尚的艺术享受，甚至触动心灵，丰富情感，陶冶美好的情操。这，就是朗诵朗读的感人魅力。通过朗诵练好自己的声音，做到发声美，这是口才好的重要方面，也是口语训练的重要内容。

（一）朗读与朗诵的含义

所谓朗读，就是把书面的文字作品转化为发音规范的有声语言的再创作活动。

朗诵与朗读比较，除了在文字作品转化成为有声语言方面存在相同之处外，在某些方面有着明显的区别。

1. 材料要求不同

朗诵的材料一般必须是文学作品，而朗读材料还包括除文学作品外的其他实用文章。

2. 对作品熟练程度的要求不同

朗诵是供欣赏的表演艺术，所以一般要求必须脱离文稿，用有声语言代替作者说话。而朗读虽要求必须熟练掌握文稿内容，但可照本念读，不必脱稿。

3. 表现形式不同

朗诵是一种表演艺术，它要求朗诵者运用的有声语言具有更强烈的艺术感染力，并要求运用表情和形体配合进行表演。朗读是基本的有声语言的表现形式。朗诵是在朗读基础上的进一步升华。

（二）朗读与朗诵的特点

朗读与朗诵具有许多共同的特点。

1. 声音性

朗读与朗诵运用的都是有声语言，所以声音性是它们同书面语的根本区别。朗读朗诵是自觉地运用语音技巧，对书面语言进行再加工，把静止的视觉形象的文字，转变为生动活泼的听觉可以接受的有声语言。人们就是从朗读朗诵的语流声中“听”到作者对社会生活的认识、感受、志趣和情怀的。

2. 规范性

朗读朗诵必须体现有声语言的规范性。这主要体现在三个方面，即：

（1）规范的语言——以北京语音为标准音；

（2）规范的语汇——以北方方言为基础方言；

(3) 规范的语法——以典范的现代白话文著作为语法规范。

3. 创造性

国外文学家曾说过“语言不等于言语”,“言语要比语言的材料(词汇、语法)丰富得多”。这里所说的“言语”,指口头语言。所谓“言语比语言丰富”,就在于它可使人们直接感受到语音所赋予的动感。朗读朗诵者把书面语言无法表达的内容,如语气、语调、语势、语感和情感的变化等生动地再现出来,并以此感染听众,这本身就是一种创造,所以说朗读朗诵具有创造性。

4. 表演性

这一点是针对朗诵而言的。

朗诵不仅是诉诸听觉的有声语言艺术,而且是诉诸视觉的造型艺术,它和戏剧表演相近,有很强的表演性。

(三) 朗读与朗诵的作用

1. 能培养敏锐的语感

所谓语感,有两方面的含义:既指对语言信息接受和储存的能力,又指对语言信息发出、驾驭的能力。汉语语法复杂多变,通过对典范作品的诵读,可以在潜移默化中受到严格的、规范性的书面语言的指导和熏陶,使人感受到汉语的丰富和优美,从而培养其敏锐的语感,使口语语流更加畅通。

2. 能促使普通话水平提高

朗读和朗诵要求普通话语音必须准确规范。在朗读朗诵练习中,将已学过的语音知识应用于实践,可以完成普通话音素——音节——字词——句子整个综合训练过程,帮助我们纠正发音。

朗读在推动语言规范化方面的作用不可低估。我们常发现这样一种现象:有人平日说话,满口方言,可一拿起文章朗读,却基本符合普通话的语音要求,这不正说明朗读的规范化作用吗?由此我们可以得出这样的结论,学习和掌握普通话,达到语言规范化的要求，完全可以通过朗读来实现，我们决不可放过这条捷径。同时，朗读可以使声带、语调等得到全面锻炼，使说出的话更加优美动听，从而提高普通话的表达水平。

3. 能提高我们的鉴赏力和语言表现力

俗话说："书读百遍，其义自现。"一方面，反复的诵读，不仅使我们准确地把握了文章的构思立意、布局谋篇，而且进一步熟悉了作品的思想内容、感情基调，加深了对作品深层次的理解，从而提高了我们对各种作品的鉴赏能力。

另一方面，在朗读的过程中，我们仔细分析和深深体味了作品反映现实、阐明事理、抒发感情的艺术技巧。当我们通过自己的有声语言加以表达时，绝不仅仅是"念字出声"的无思维活动，而是动员了自己全部能力的再创作，作品的精华会被吸收、储存，积累到一定程度时，其效果就会显现出来。慢慢地，我们感到，自己的词汇丰富了，思维敏捷了，下笔有神了，出口成章了，表达生动了。总之，我们的语言表现力明显提高了。

4. 能陶冶我们的素养情操

文字作品是作者对现实生活亲身体验和思索的结晶。常用来作朗读材料的作品，多出自古今中外的名家高手，是脍炙人口的佳作。其中所体现的那种文章的结构美、艺术形象美、风格情调美、理想境界美等等，不仅使我们获得了生活知识，丰富了阅历，拓展了视野，提高了文化素养，而且还获得了艺术美的享受；使我们的灵魂得到净化，情操得以陶冶，道德人格更加完善，人生的价值目标更加明确；激发我们奋发向上、拼搏进取，对我们成长为跨世纪的新人有着十分积极的意义。

(四) 朗读朗诵的要求

1. 准确

准确包含以下内容：

（1）用普通话朗读，声、韵、调准确。普通话是汉民族的共同语，优美动听，表现力强，用普通话朗读，能给人以美感。如果普通话不准，或者满口方言，就会影响听众对原文的理解，更谈不上美感。

（2）忠于原作，不丢字，不添字，不改字，不错字，不吃字（即字音含糊不清带过）。应该熟悉作品，对把握不准的字音要通过字典查清楚。

2. 流利

朗读朗诵时，一定要做到不破句，不破词，不重复，不打顿，有层次，有节奏，流利通畅，让人听清楚，听明白。把词拆开读，或者句子读不连贯，就会大大影响朗读效果。

3. 响亮清楚

朗读时发音要响亮，口齿要清楚，吐字要清晰。就是要把每个字都清清楚楚地传到听众耳中。响亮清楚是朗读的基本要求，也是朗读者必须掌握的基本功。要做到这一点必须掌握科学的发声方法，加强吐字归音的练习，使声音圆润优美、响亮清晰，提高发音质量，努力增强朗读效果。

4. 把握好感情基调

文字作品的感情基调是朗读的依据，要把握好。朗读要带感情，要结合内容，运用自己的有声语言，以情带声，以声传情，声情并茂。但感情的表达必须受主题和基调的制约。语调的装腔作势，缺乏理性的“感情泛滥”，对表演效果的过度追求，都违背了朗读的基本要求，是不可取的。

5. 正确运用朗读技巧

停顿、重音、升降、快慢是语调的四大要素，都属于朗读技巧。朗读时要求做到重音准确鲜明，停顿适当，句调自然，快慢相宜，从而给听众以抑扬多变、错落有致、和谐悦耳的美感。运用好朗读技巧，是提高朗读效果的有力保证。

【课堂训练一】

根据要求，朗读下面两篇作品，注意人物语言和情节描写。

狼和小羊

狼来到小溪边，看见小羊正在那儿喝水。

狼非常想吃小羊，就故意找碴儿，说："你把我的水弄脏了！你安的什么心？"

小羊吃了一惊，温和地说："我怎么会把您喝的水弄脏呢？您站在上游，水是从您那儿流到我这儿来的，不是从我这儿流到您那儿去的。"

狼气冲冲地说："就算这样吧，你总是个坏家伙！我听说，去年你在背地里说我的坏话！"

可怜的小羊喊道："啊，亲爱的狼先生，那是不会有的事，去年我还没有生下来哪！"

狼不想再争辩了，龇着牙，逼近小羊，大声嚷道："你这个小坏蛋！说我坏话的不是你就是你爸爸，反正都一样。"说着就往小羊身上扑去。

落花生

许地山

我们家的后园里有半亩空地，母亲说："让它荒着怪可惜的，你们那么爱吃花生，就开辟出来种花生吧。"我们姐弟几个都很高兴，买种、翻地、浇水，没过几个月，居然收获了。

母亲说："傍晚我们过一个收获节，请你们父亲也来尝尝我们的新花生，好不好？"我们都说好。母亲把花生做成了好几样食品，还吩咐就在后园的茅亭里过这个节。

晚上天色不太好，可是父亲也来了，实在很难得。

父亲说："你们爱吃花生么？"

我们争着答应："爱！"

"谁能把花生的好处说出来？"

姐姐说："花生的味美。"

哥哥说："花生可以榨油。"

我说："花生价钱便宜，谁都可以买来吃。这就是它的好处。"

父亲说："花生的好处很多，有一样最可贵：它的果实埋在地里，不像桃子、石榴、苹果那样，把鲜红嫩绿的果实高高地挂在枝头上，使人一见就生爱慕之心。你们看它矮矮地长在地上，等到成熟了，也不能立刻分辨出来它有没有果实，必须挖出来才知道。"

我们都说是，母亲也点点头。

父亲接下去说："所以你们要像花生，它虽然不好看，可是很有用，不是外表好看而没有实用的东西。"

我说："那么，人要做有用的人，不要做只讲体面，而对别人没有好处的人了。"

父亲说："对。这是我对你们的希望。"

我们谈到夜深才散。花生做的食品都吃完了，父亲的话却深深地印在我的心上。

二、朗读前的准备

朗读前，要做好以下准备工作。

（一）念准字音

朗读是通过有声语言形式将文字作品的丰富内涵再现出来，声音是看不见、摸不着的，而且稍纵即逝。如果字音念不准，听众会莫名其妙，不知所云，甚至会产生误解，闹出笑话。因此，必须不放过一个生字、生词，对多音多义字、异读字、特殊读音字，要认真查阅工具书，把每个字弄清楚，弄明白。

【课堂训练二】

朗读下文，注意念准字音。

可爱的小鸟

王文杰

没有一片绿叶，没有一缕炊烟，没有一粒泥土，没有一丝花香，只有水的世界，云的海洋。

一阵台风袭过，一只孤单的小鸟无家可归，落到被卷到海里的木板上，乘[1]流而下，姗姗[2]而来，近了，近了！……

忽然，小鸟张开翅膀[3]，在人们头顶上盘旋了几圈，“噗啦”[4]一声落到船上。许是累了？还是发现了“新大陆”？水手撵[5]它不走，抓它，它乖乖地[6]落在掌心。可爱的小鸟和善良的水手结成了朋友[7]。瞧，它多美丽，娇巧的小嘴，啄[8]理着绿色的羽毛，鸭子样的扁脚，呈现出春草的鹅黄。水手们把它带到舱里，给它“搭铺”，让它在船上安家落户。每天，把分到的一塑料桶淡水匀给它喝，把从祖国带来的鲜美的鱼肉分给它吃，天长日久，小鸟和水手的感情日趋笃厚[9]。清晨，当第一束[10]阳光射进舷窗[11]时，它便敞开美丽的歌喉，唱啊[12]唱，嘤嘤[13]有韵，宛如春水淙淙[14]。人类给它以生命，它毫不悭吝[15]地把自己的艺术青春奉献给了哺育[16]它的人。可能都是这样？艺术家们的青春只会献给尊敬他们的人。

小鸟给远航生活蒙上了一层浪漫色调[17]，返航时，人们爱不释手，恋恋不舍地想把它带到异乡。可小鸟憔悴[18]了，给水，不喝！喂肉，不吃！油亮的羽毛失去了光泽。是啊[19]，我们有自己的祖国，小鸟也有它的归宿，人和动物都是一样啊[20]，哪儿[21]也不如故乡好！

慈爱的水手们决定放开[22]它，让它回到大海的摇篮去，回到蓝色的故乡去。离别前，这个大自然的朋友与水手们留影纪念。它站在许多人的头上、肩上、掌上、胳膊[23]上，与喂养过它的人们，一起融进那蓝色的画面……

【语音提示】

①乘 chéng	②姗姗 shānshān	③翅膀 chìbǎng
④噗啦 pūlā	⑤撵 niǎn	⑥乖乖地 guāiguāide
⑦朋友 péngyǒu	⑧啄 zhuó	⑨笃厚 dǔhòu
⑩束 shù	⑪舷窗 xiánchuāng	⑫啊 nga
⑬嘤嘤 yīngyīng	⑭淙淙 cóngcóng	⑮悭吝 qiānlìn
⑯哺育 bǔyù	⑰色调 sèdiào	⑱憔悴 qiáocuì
⑲啊 ra	⑳啊 nga	㉑哪儿 nǎr
㉒放开 fàngkai	㉓胳膊 gēbo	

（二）深刻理解作品

朗读虽属口语表达艺术，朗读得好离不开朗读技巧，但对作品理解不深，也会影响朗读效果。理解作品，可以从以下几点做起：

1. 了解背景

朗读前，要弄清作者与这篇作品的具体历史时期、社会条件、特定环境、思想状况、创作心境、创作动机等问题，便于从根本上理解作品。只有这样，朗读时对感情的把握、语调的运用才能适中，才能读出感情的韵味。

【课堂训练三】

朗读朱自清《荷塘月色》和《绿》，分析写作背景和作者的思想感情，读出真情实感。

2. 明确主题

主题，是作品内容的集中和升华。在掌握文章基本内容的基础上，应明确全文的主题。不仅要了解写了什么人、什么事，而且要明确作者为什么要写这些人、这些事，作者的态度是歌颂的还是暴露的。朗读者弄清这一点，才能具有鲜明的态度、真实的感情，这是朗读的灵魂。

【课堂训练四】

朗读下文，分析主旨，注意感情表达。

人，又少了一个

三年前，也是冬天。一个骨瘦如柴的女人来到我家门前。

她头发蓬乱，脸色苍黄，穿着一件空荡荡的破旧花棉袄，一条褪色的灰布裤子，手中提着一个白布口袋。她轻轻推开我家虚掩的大门，缩缩瑟瑟地探进头来。我正站在窗口。

“太太，我不是叫花子。我只是要点米。我的孩子饿得直哭！”她没等我回答，就自我介绍下去：“我也是大学毕业的。哪，你看。”她抖着手由内衣口袋中掏出身份证来。“这上面都写着的。这是我以前的照片！”

出于好奇，我接过她的身份证。那是一个富态的中年女子的照片：光亮细碎的发鬈，整整齐齐地贴在头上。淡淡的双眉，弯在那一双满足的眼睛之上。衣襟上还盘着一个蝴蝶花扣。

我端详着照片的时候，她就一个人絮絮叨叨地讲了下去：“我先生坐了牢。我就一个人带着四个孩子，饱一天，饿一天。我替人洗衣服，付了房钱，喝稀饭都不够！孩子们饿得抱着我哭。我只有厚着脸皮出来讨点米。我只要米，不要钱。我不是叫花子，我是凭一双手吃饭的人！太太！唉！我真不好意思，我开不了口，我走了好几家，都说不出口，又退出来了！我怎么到了这一天！”她撩起衣角来拭眼泪。

我将她的口袋装满一袋米。她抖动着两片龟裂的嘴唇说道：“这怎么好意思？您给我这么多！这怎么好意思！谢谢。太太，我不晓得怎么说才好。我——我直想哭！”她淌着泪背着一袋米走了。

三年后的今天，我又看见了那个女人。她正站在巷口一家人家门前。我打那儿经过。她皱缩得更干小了！佝偻着背，靠在门框上。脸上已经没有三年前那种羞怯的神情了。咧着一嘴黄牙，阴森森地笑着。用一种熟练的讨乞声调高声叫道：“太太，做做好事，赏一点吧！太太，做做好事，赏一点吧！”

只听见门口当啷一响，是金属落地的声音。接着是一声吆喊：“一角钱拿去！走，走，谁叫你进来的？你这个女人，原来还自己洗洗衣服赚钱，现在连衣服也不洗了，还是讨来的方便！”

那女人笑嘻嘻的：“再赏一点吧，太太，一角钱买个烧饼都不够！”

“咦，哪有讨饭的还讨价还价的？走，走，在这里哼哼唧唧的，成什么样子？”

那女人的嘴笑得更开了：“再给我一点就走，免得我把您地方站脏了，再多给一点！”

砰的一声，大门被踢上了。那女人回过头来，冷笑了一声，然后漠然望了我一眼。她已经不认得我了。

3. 理清脉络层次

文章作者从写作角度出发形成了自然段落，朗读时应研究段落之间的内在联系，分析篇章结构，理清脉络、层次，使作品中的人物、事件的来龙去脉在头脑中清晰起来，这样朗读时就可以根据脉络层次适当地变换语调，安排停顿。

4. 找出关键性的字、词、句

文章的“文眼”有时就体现在关键性的几个字、词或句子上，找到了它们，对理解内容、分析结构都大有帮助，也可以更好地为朗读作准备。这些关键性的字、词、句朗读时要重读，这样会增强表达效果。

【课堂训练五】

朗读《桂林山水》，划分结构层次，找出关键词句。

桂林山水

人们都说：“桂林山水甲天下。”我们乘着木船，荡舟漓江，来观赏桂林的山水。

我看见过波澜壮阔的大海，欣赏过水平如镜的西湖，却从没看见过漓江这样的水。漓江的水真静啊，静得让你感觉不到它在流动；漓江的水真清啊，清得可以看见江底的沙石；漓江的水真绿啊，绿得仿佛那是一块无瑕的翡玉。船桨激起的微波，扩散出一道道水纹，才让你感觉到船在前进，岸在后移。

我攀登过峰峦雄伟的泰山，游览过红叶似火的香山，却从没看见过桂林这一带的山。桂林的山真奇啊，一座座拔地而起，各不相连，像老人，像巨象，像骆驼，奇峰罗列，形态万千；桂林的山真秀啊，像翠绿的屏障，像新生的竹笋，色彩明丽，倒映水中；桂林的山真险啊，危峰兀立，怪石嶙峋，好像一不小心就会栽倒下来。

这样的山围绕着这样的水，这样的水倒映着这样的山，再加上空中云雾迷蒙，山间绿树红花，江上竹筏小舟，让你感到像是走进了连绵不断的画卷，真是“舟行碧波上，人在画中游”。

(三) 感受情思

1. 形象感受

朗读中的形象感受，是指由于作品中的词句概念对朗读者内心的刺激而引起的对客观事物的感知、体会和思考。它包括眼、耳、鼻、舌、身方面的感觉和时间、空间、运动方面的知觉，是“感之于外，受之于心”而形成的，这是朗读好文章的重要因素。形象感受中主要实词的作用十分重要，要妥善处理好。

【范例一】

《卖火柴的小女孩》开头三句：“天冷极了，下着雪，又快黑了。”这些词句刺激朗读者的视觉感官，透过这些白纸黑字，朗读者仿佛看到了天色、雪花，从而感到“冷”。

【范例二】

杨朔《荔枝蜜》中的片断：“……热心肠的同志送给我两瓶。一开瓶子塞儿，就是那么一股甜香；调上半杯一喝，甜香里带着股清气，很有点鲜荔枝的味儿。喝着这样的好蜜，你会觉得生活都是甜的呢。”

这是嗅觉想象引起的嗅觉感受。当我们读到此时，也情不自禁地会抽一下鼻子，吸一口气，似乎一股香甜味扑面而来。其实我们并没闻到什么，只是几个字词给我们的刺激而已。

【课堂训练六】

分析理解长篇小说《红岩》中下面一段文字的形象感受。

一阵狂风卷过，寒风阵阵袭来，站立在签子门边的余新江浑身发冷，禁不住颤抖了一下。屋瓦上响起了哗哗的声音，击打在人心上。是暴雨？这声音比暴雨更响，更加嘈杂，更加猛烈。

“冰雹！”余新江听见有人悄声喊着，他也侧耳听着屋瓦上的响声，在沉静的寒气里，在劈打屋顶的冰雹急响中，忽然听出一种隆隆的轰鸣。这声音夹杂在冰雹之中，时大时小。余新江渐渐想起，刚才在冰雹之前的狂风呼啸中，似乎也听到过这种响声，只是不如现在这样清晰，这样接近，因为他专注地观察敌人，所以未曾引起注意。这隆隆的轰鸣，是风雪中的雷声么？余新江暗自猜想着：在这隆冬季节，不该出现雷声啊！难道是敌人在爆破工厂，毁灭山城了么？忽然，余新江脸上露出狂喜，他的手心激动得冒出了汗水，他忽然一转身，面对着一室的人，眼里不可抑制地涌出滚烫的泪水。

“听！解放军的炮声！”

2. 逻辑感受

人们通常把作品中全篇各层次、段落、语句之间的内在联系，称为“逻辑关系”。这内在联系如同文气，顺畅地贯穿全篇；犹如经络，紧密地布满全身。无论是组合的先后顺序，还是情节矛盾的连绵起伏，都在朗读者的头脑中形成强烈的感受，这种感受通常叫做“逻辑感受”。

逻辑感受通常从虚词中获得。“不但”、“而且”、“因为”、“所以”这些虚词似乎看不见、摸不着，没有什么实在意义，但它却对议论文体发展脉络，贯通文气，连结层次、语句等起着重要作用，有人曾形象地把其比喻为文章的“鹊桥”。如果朗读议论性文体时，能抓住这些虚词，并理清它们之间的关系，会收到事半功倍之效。

逻辑感受体现在两个方面：一是语言要准确，不能含糊其辞；二是语言脉络要清晰，不能模棱两可。

【课堂训练七】

任选《拿来主义》中某一片断，找出“虚词”，弄清逻辑关系，体味感受，朗读。

（四）再现情景

再现情景是借助于联想和想象，把文字符号所反映的客观事物展现在眼前，使朗读者处于如见其人、如闻其声、身临其境的虚幻境界之中的内心活动。

朗读时再现情景，不仅要求展现活动的画面、立体的形象，而且还要求朗读者因景动情，这是再现情景的核心。因为朗读必须要以情感人，“而要感动别人，自己要先受感动。要点燃听众的心头之火，自己就必须是一团火”。就是说，要把作者倾注在作品中的感情，变成自己的感情，把作者的恨变成自己的恨，把作者的爱变为自己的爱。

如贺敬之《放声歌唱》中有一段：

是什么样的神明
　　施展了
　　　这样的魔力，
生活啊，
　怎么会来得
　　这样神奇？——
　长安街的
　　夜景啊，
　　　怎么竟这样迷人？
大兴安岭的
　　林场啊，

怎么竟如此美丽？
一片汪洋的
淮河两岸，
怎么会
万顷麦浪？
百里无人的
不毛之地，
怎么会
烟囱林立？
为什么
沙漠
大敞胸怀，
喷出
黑色的琼浆？
为什么
荒山
高举手臂，
捧献出
万颗宝石？
啊，我的曾是贫穷而孤独的
乡村，
今夜
为什么
笑语喧哗？
我的曾是满含忧愁的
城镇，
为什么
灯火辉煌

彻夜不息？

这节诗通过对景物的描绘，歌颂了在党的领导下，共和国翻天覆地的变化，抒发了诗人的爱国激情。朗读时，要凭借想象的翅膀，让眼前呈现长安街的夜景，大兴安岭的林场，淮河两岸的万顷麦浪，不毛之地的林立烟囱，直至笑语喧哗的乡村，灯火辉煌的城镇。

当我们依次对作品中的形象进行想象时，作品的内容就得到了充实，作品的时空就得到了无限扩展。我们的眼前呈现出了祖国万里江山繁花似锦的醉人景象。我们会深深地热爱脚下这片国土，诗人的爱国激情会变为我们自己的爱国激情，这样，自己的感情会渐渐丰富起来，燃烧起来，在朗读时就容易感染听众。人们常说：诗人应不失赤子之心。而朗读者如果没有赤子之心，也是朗读不好的。

（五）标写朗读符号

在正确理解文章并引发自己情感的基础上，我们确定了文章的感情基调。根据语音技巧，我们还可以找到文章中词句的轻重音、停顿的位置，掌握停顿时间的长短、朗读速度及句调高低。这时，可以用一些符号标在朗读材料里，朗读时就能正确把握，更快地提高朗读水平。

常见的朗读符号如下：

停顿：/（稍顿） //（一般停顿） ///（较长停顿）

重音：· 韵脚：·

句调：→（平直调） ↗（高升调） ↘（低降调）

_↗（曲折调）

（六）试读

反复试读也是准备工作的一个重要步骤。试读可以纠正不正确的读音，及时发现一切影响朗读效果的因素。在试读练习中，随着文章内容的发展，感情的变化，适当调整语调的高低快慢、轻重缓急。试读还可以进一步加深对文章内容的理解，在理解的基础上又可以进一步修改朗读的不当之处。

【课堂训练八】

根据要求，对下文进行朗读前的准备。

春

朱自清

盼望着，盼望着，东风来了，春天的脚步近了。

一切都像刚睡醒的样子，欣欣然张开了眼。山朗润起来了，水涨起来了，太阳的脸红起来了。

小草偷偷地从土里钻出来，嫩嫩的，绿绿的。园子里，瞧去，一大片一大片满是的。坐着，躺着，打两个滚，踢几脚球，赛几趟跑，捉几回迷藏。风轻悄悄的，草软绵绵的。

…………

“吹面不寒杨柳风”，不错的，像母亲的手抚摸着你。风里带来些新翻的泥土的气息，混着青草味儿，还有各种花的香，都在微微湿润的空气里酝酿。鸟儿将巢安在繁花绿叶当中，高兴起来了，呼朋引伴地卖弄清脆的喉咙，唱出宛转的曲子，跟轻风流水应和着。牛背上牧童的短笛，这时候也成天嘹亮地响着。

雨是最寻常的，一下就是三两天。可别恼。看，像牛毛，像花针，像细丝，密密地斜织着，人家屋顶上全笼着一层薄烟。树叶儿却绿得发亮，小草儿也青得逼你的眼。傍晚时候，上灯了，一点点黄晕的光，烘托出一片安静而和平的夜。在乡下，小路上，石桥边，有撑起伞慢慢走着的人，地里还有工作的农民，披着蓑戴着笠。他们的房屋，稀稀疏疏的，在雨里静默着。

天上风筝渐渐多了，地上的孩子也多了。城里乡下，家家户户，老老小小，也赶趟儿似的，一个个都出来了。舒活舒活筋骨，抖擞抖擞精神，各做各的一份儿事去。“一年之计在于春”，刚起头儿，有的是工夫，有的是希望。

春天像刚落地的娃娃，从头到脚都是新的，它生长着。

春天像小姑娘，花枝招展的，笑着，走着。

春天像健壮的青年，有铁一般的胳膊和腰脚，领着我们上前去。

三、朗读技巧训练

所谓朗读技巧，是指朗读时因表情达意的需要而运用的朗读方法。如停连、轻重、语调、语气节奏都属朗读技巧的内容，我们在此谈谈它们的训练方法。

（一）停连

朗读并不是毫无间歇地将作品连续读下去，而是连中有停，停中有连，停连结合的。停，就是停顿，指朗读语流中的声音中断；连，是连接，指朗读语流中的声音延续。

停连既是生理上的需要，也是语意、语法表达的需要。合理地使用停连，会使语意和思想感情的表达更加清晰、准确。停连中停的位置不同，表达的语意也有很大的差别。例如：

下雨天/留客天/留我不留？

下雨/天留客/天留/我不留。

下雨天/留客天/留我不？/留。

英国人/文学家。

英国/人文学家。

停连一般分语法停连和逻辑停连两大类。在此，我们主要谈谈停顿问题，顺便地谈一下连接问题。

1. 语法停顿

语法停顿是反映一句话里语法关系的停顿。主要分两种：

(1) 句逗停顿

一般说来，凡是有标点符号的地方，就要有适当的停顿。其停顿的长短同标点符号基本一致，大体是：句号、问号、叹号＞分号、冒号＞逗号＞顿号。句中的破折号、省略号也表示一定的停顿，章节、段落之间的停顿相对最长。如：

这时候叶子与花也有一丝的颤动，/像闪电般，/霎时传过荷塘的那边去了。//叶子本是肩并肩密密地挨着，/这便宛然有了一道凝碧的波痕。//叶子底下是脉脉的流水，/遮住了，/不能见一些颜色；/而叶子却更见风致了。///（用“/”、“//”、“///”表停顿时间的长短，下同）

（朱自清《荷塘月色》）

一般地，根据标点符号采取不同的停顿，就能够使说话顿挫有度，语意层次分明。

当然，标点符号之间的停顿，也不能绝对化，如：

老刘不耐烦地说：“走吧，走吧，/我们不欢迎你来！”//

两个“走吧”之间虽有标点，但由于说话人的感情所致，这个地方不应该停顿，而应一直连接下去。

(2) 语组停顿

语组停顿是指没有标点符号的地方，按照词语间的语法关系所作的停顿。语组停顿比句逗停顿的时间略短些。一般情况下，主谓之间、动宾之间、修饰成分与中心语之间，都可以有停顿。例如：

梅雨潭/闪闪的/绿色/招引着/我们，我们/开始/捕捉她/离合的/神光了。

夕阳/把水面/映得/通红，把天空/也染成/万道彩霞。

2. 逻辑停顿

为了突出某一事物，强调某一观点或语意，或表达某种感情，在没有标点符号的地方作适当的停顿；或在有标点的地方却一口气接着读，改变了语法停顿的位置：这就是逻辑停顿。这种停顿是由说话人的意图和感情决定的，所以没有确定的规律和固定的位置。试看下面的停顿：

遵义会议//纠正了/第五次反“围剿”斗争中所犯的/“左”倾机会主义性质的严重的原则错误，//团结了/党和红军，//使得/党中央和红军主力/胜利地完成了长征，/转到了/抗日的前沿阵地，//执行了/抗日民族统一战线的新政策。///

（毛泽东《中国共产党在民族战争中的地位》）

“遵义会议”之后没有标点，但为了突出这次会议的地位，强调它在我党历史上的伟大历史意义，要有一个逻辑停顿，而且时间要长一些。“纠正了”、“团结了”、“所犯的”、“性质的”、“严重的”、“使得”、“转到了”、“执行了”等词之后都没有标点，但都要停顿，因为在读这些词之后稍有停顿，可以把“遵义会议”几方面的历史意义更有层次地表达出来。

逻辑停顿又可分为强调停顿和感情停顿。

（1）强调停顿

强调停顿是为了强调某一内容而采取的停顿。它能引起听众的特别注意，并给人以回味的余地。如《荷塘月色》中的一句话，可作如下停顿：

这时候/最热闹的//要数/树上的蝉声/与水里的蛙声；//但//热闹/是它们的，//我//什么也没有。

其中“但”和“我”后面的停顿是强调停顿，起到了加重哀愁气氛的作用，突出了作者在文中流露出来的既有难得偷闲片刻逍遥的淡淡的喜悦，又带着淡淡的哀愁的感情。如果不采用强调停顿来朗读此句，便没有这种表达效果。

（2）感情停顿

强调停顿带有一定的理智因素，是朗读者为强调某一内容而有意识地决定的；而感情停顿完全是朗读者的感情所导致的停顿。如：

但忽然得到一个可靠的消息，说柔石和其他二十三人，已于二月七日夜或八日晨，在龙华警备司令部//被枪毙了，他的身上中了十弹。

原来如此！……

（鲁迅《为了忘却的记念》）

这一段，在“被枪毙了”的前面没有标点，和前面一个介词结构“在龙华警备司令部”连起来也不长，不停顿，不会影响表达内容，但是，凡是带着真挚感情朗读这段文章的人，却会情不自禁地在这个地方停顿一下。另外，在“原来如此”的前后，也会情不自禁地停顿更长一段时间，这就突出了作者当时的悲愤之情。

感情停顿是由朗读者的感情决定的，常通过急吸急呼或屏气等呼吸方法来表达。这种停顿并不是感情的休止，更不是中断，而是感情的延续和延伸。恰当的感情停顿，可以收到“此时无声胜有声”的艺术效果。

【课堂训练九】

朗读下面文章，处理好各种停连。

松树的风格（节选）

陶　铸

我对松树怀有敬佩之心不自今日始。自古以来，多少人就歌颂过它，赞美过它，把它作为崇高的品质的象征。

你看它不管是在悬崖的缝隙间也好，不管是在贫瘠的土地上也好，只要有一粒种子——这粒种子也不管是你有意种植的，还是飞鸟衔来、大风吹来的，只要它一落地，就随处茁壮地生长起来。它既不需要谁来施肥，也不需要谁来灌溉。狂风吹不倒它，洪水淹不没它，严寒冻不死它，干旱旱不坏它。它只是一味地无忧无虑地生长。松树的生命力可谓强矣！松树要求于人的可谓少矣！这是我每看到松树油然而升敬意的原因之一。

我对松树怀有敬意的更重要的原因却是它那种自我牺牲的精神。你看，松树的干是用途极广的木材，并且是很好的造纸原料；松树的叶子可以提炼发油；松树的脂液可以制松香、松节油，是很重要的工业原料；松树的根和枝又是很好的燃料。更不用说在夏天，它用自己的枝叶挡住炎炎烈日，叫人们在如盖的绿荫下休憩；在黑夜，它可以劈成碎片做成火把，照亮人们前进的路。总之一句话，为了人类，它的确是做到了“粉身碎骨”的地步了。

要求于人的甚少，给予人的甚多，这就是松树的风格。

人到中年（片断）

谌　容

傅家杰就这样无言地守了一个下午。黄昏时，陆文婷好像又好了一些，她把头转向傅家杰，双唇动了动，努力要说什么的样子。

“文婷，你想说什么呀？你说吧！”傅家杰攥住她的手哀求道。

她终于说话了：

“给园园……买一双白球鞋……”

“我明天就去买。”他答道，泪水不由自主地滴了下来，他忙用手背擦去。

她望着他，还想说什么的样子。半天，才又说出几个字来：“给佳佳、扎、扎小辫儿……”

“我，给她扎！”傅家杰吞泣着。他透过泪水模糊的眼望着妻子，希望她把想说的话都说出来。可是，她闭上嘴，好像已经用尽了力气，再也不开口了。

（二）轻重音

我们在说话或朗读时，对语句中的每个词不是平均用力的。有的用力较大，念得较重；有的用力较小，念得较轻。念得较重的叫“重音”，念得较轻的叫“轻音”，不轻不重的叫“中音（或次重音）”。

在朗读中，能否把握好轻重音，对作品思想内容和感情的表达影响很大。有的人朗读效果不好，就是因为没把握好重音。

重音可分为词重音和语句重音两大类。

1. 词重音

词的重音是指多音节词里重读的音节。这类重音，大都有比较固定的轻重格式，且有一定的规律。读错了，就让人感到别扭，甚至造成误解，所以，正确地掌握词重音对学好普通话和朗读都很重要。

词的重音可分为以下几种格式：

（1）重轻式

轻声的双音节词大都属于这种格式，如：

站着、算了、走过、好嘛、弟弟、妈妈、星星、坐坐、桌子、木头、屋里、山上、这边、拿来、出去、这个、消息、扫帚、钥匙、窗户、应付、招呼、清楚、关系、分量、胳膊、行李、动静、东西，等等。

（2）轻重式

双音节词的人名，带前缀的双音词，叠音的形容词、副词，动宾式、主谓式和大部分联合式、偏正式合成词，一般都是第一个音节读得较轻，第二个音节读得较重。如：

陈涉、吴广、第一、初三、高高、红红、司令、动员、丢脸、出席、缺德、民主、自动、性急、自愿、眼馋、上下、左右、开关、国旗、牙膏、冰凉、打倒、撤退，等等。

(3) 中轻重式

三音节的人名、地名、音译词、尾部叠音的形容词、前正后偏的合成词等，一般第一个音节次重读，第二个音节轻读，第三个音节重读。如：

李自成、孙中山、杏花村、地中海、法兰西、暖烘烘、走不动、差不离、收拾完，等等。

(4) 中轻中重式

四音节的专有名词（固定词组）和叠音的形容词、象声词等，一般第一、三音节次重读，第二音节轻读，第四音节重读。如：

清华大学、百货公司、罗马尼亚、高高兴兴、干干净净、稳稳当当、稀里哗啦、叮叮当当、嘻嘻哈哈，等等。

(5) 重轻中轻式

这一格式，大都是双音节动词的重叠。如：

收拾收拾、打听打听、交代交代、指导指导、批评批评、商量商量，等等。

以上五种格式，只是就一般情况而言的，例外是难免的。如："道德、朋友、声音、忘记、黄瓜、绿豆"等词，在口语中一般读重轻式。"跑起来"、"爬进去"等词读重轻式。这一些都需要朗读者注意。

此外还应注意，这里的"轻读"与普通话里的"轻声"不同：轻声是指有的音节在一定声音里失去原调，变成了一种既短又轻的调子。而轻读只是音量较小，并不一定失去原调。

2. 语句重音

语句重音是指句子中读得较重的词语，它往往是句子的重心所在。同一句话，由于读得重音不同，表达的意思也随之变化。如：

我知道你的秘密了。（别人可能不知道）

我知道你的秘密了。（不要再骗我了）

我知道你的秘密了。（不是别人的）

我知道你的秘密了。（这不算什么秘密）

由这个例子可以看出，重音不同，句子所蕴涵的潜台词也不同，因此，在朗读时就应注意体会作者的原意是什么。

语句重音又可分为语法重音和逻辑重音。

（1）语法重音

语法重音是指用平常说话的音量按句法结构的特点读出来的重音。它不表示什么特殊的思想感情，所以也叫“自然重音”或“句法重音”。语法重音有一定的规律，且位置一般比较固定。如一般在语句中，谓语、中心语的修饰部分、疑问代词和指示代词都要重读。例如：

①风停了，雨住了，太阳出来了。（谓语重读）

②中国共产党是伟大光荣正确的党。（定语重读）

③我们一定要把敌人彻底、干净地消灭掉。（状语重读）

④他这个人简直坏透了。（补语重读）

（表示趋向的补语不重读，前边的动词重读。如“请你站起来”、“滚出去”等）

⑤什么事使你这样高兴。（疑问代词重读）

⑥他谁也不告诉。（指示代词重读）

另外，表示并列、选择、递进、转折、因果、条件、假设、目的等的词语常重读。在此不一一举例。

（2）逻辑重音

为了突出语意或表达某种思想感情而用强音量读出来的音叫"逻辑重音"，也叫"感情重音"或"强调重音"。这种重音没有固定的位置，它是根据表达的需要，由说话人的思想、感情、目的及特定的语境决定的。一般说来，逻辑重音有以下几种作用：

一是突出话语重点，表示语音内容。例如：

小王到北京开会去了。（强调谁去了）

小王到北京开会去了。（强调到何处去了）

小王到北京开会去了。（强调干什么）

二是句中运用修辞手法的地方一般都重读。例如：

①比喻重读

重读的是喻体而不是本体。

a. 鱼像海军陆战队，已登陆好几天，肉像潜水艇士兵，会长期伏在水里。

（钱钟书《围城》）

b. 要论中国人，必须不被搽在表面的自欺欺人的脂粉所诓骗，却看看他的筋骨和脊梁。自信力的有无，状元宰相的文章是不足为据的，要自己去看地底下。

（鲁迅《中国人失掉自信力了吗?》）

②夸张重读

a. 白发三千丈，缘愁似个长。

（李白《静夜思》）

b. 问君能有几多愁，恰似一江春水向东流。

（李煜《虞美人》）

③并列重读

我们自古以来，就有埋头苦干的人，有拼命硬干的人，有为民请命的人，有舍身求法的人……

（鲁迅《中国人失掉自信力了吗?》）

④反语重读

也有解散辫子盘得平的，除下帽来，油光可鉴，宛如小姑娘的发髻一般，还要将脖子扭几扭，实在标致极了。

（鲁迅《藤野先生》）

⑤双关重读

空对着，山中高士晶莹雪，
终不忘，世外仙姝寂寞林。

（曹雪芹《红楼梦》）

这是双关重读，表面上是说冰雪的雪，树林的林，实际上是指薛宝钗和林黛玉，“薛”、“雪”音相近，“林”则音同字同。

⑥仿词重读

那几年？我不就改造成家庭妇男了吗？不信，你们问问文婷，我什么不干？什么不会？

（谌容《人到中年》）

三是表达某种强烈的感情。例如：

好个国民党政府的“友邦人士”，是些什么东西！
别了，我爱的中国，我全心爱着的中国。

3. 表现重音的方法

（1）加强音量和气势，使字音高亢、响亮、饱满、有力。加强音量，并不是大喊大叫，而应做到“音高要声轻，轻而不浮”。

（2）适当延长音节的音长，使字音震撼人心，富于感染力。

（3）重音轻读，控制声带，运用较强的呼吸，使气大于声，把重音轻轻地有力地读出来，使字音亲切、柔和，悦耳动听。

【课堂训练一〇】

体会下面诗歌中重音的表现方法。

我的“自白”书

陈 然

任脚下响着沉重的铁镣，
任你把皮鞭举得高高，
我不需要什么自白，
哪怕胸口对着带血的刺刀！

人，不能低下高贵的头，
只有怕死鬼才乞求“自由”；
毒刑拷打算得了什么！
死亡也无法叫我开口！

对着死亡我放声大笑，
魔鬼的宫殿在笑声中动摇；
这就是我——一个共产党员的自白，
高唱凯歌埋葬蒋家王朝！

（“·”为加强音量，“△”为拖长音节，“——”为重音轻读）

【课堂训练一一】

朗读下面的诗，体会其中的逻辑重音。

时 间

沙 金

时间像调皮的精灵来去无踪，

看我们怎样驾驶，操纵？
一松手，它就从身边溜走，
紧握它，就像抓住飞驰骏马的马鬃。
它给我们满头的白发。
也能使我们返老还童。
它让幻想结成丰硕的果实，
也让丰满的硕果腐朽化脓。
时间，从不侍候那些“老爷”，
说空话的人，拖拉的作风。
你要玩弄它，它就把你玩弄。

（三）节奏

所谓节奏，是在朗读过程中所显示出来的轻重缓急、抑扬顿挫等声音形式的回环往复。

1. 节奏的类型

常见的节奏类型有：

（1）紧张型——急促、紧张，气急，音短；

（2）轻快型——多扬少抑，多轻少重，多连少停，轻快、欢畅；

（3）高亢型——语调多扬，语流稍快，语势向高峰推进，语气高昂或爽朗；

（4）低沉型——语势抑闷、沉重，语音缓慢，偏暗；

（5）凝重型——多抑少扬，语音沉着、坚实、有力，语流平稳、凝重；

（6）舒缓型——气长而稳，语音舒展自如。

2. 节奏的转换方法

常见的节奏转换方法主要有三种：

（1）欲扬先抑，欲抑先扬；

（2）欲慢先快，欲快先慢；

（3）欲轻先重，欲重先轻。

需要强调的是，诗歌的节奏感格外强烈，尤其是格律诗，字句的多少，平仄的安排，韵脚的选用，都有严格的规定。所以朗读时必须遵循诗歌的节奏规律，读出与之合拍的节奏速度。

【课堂训练一二】

朗读下列作品，体会其节奏的类型。

囚 歌

叶 挺

为人进出的门紧锁着，
为狗爬出的洞敞开着，
一个声音高叫着：
——爬出来吧，给你自由！
我渴望自由，
但我深深地知道，
人的身躯怎能从狗洞子里爬出！
我希望有一天，
地下的烈火，
将我连这活棺材一齐烧掉，
我应该在烈火与热血中得到永生。

早春呈水部张十八员外二首（其一）

韩 愈

天街小雨润如酥，
草色遥看近却无。
最是一年春好处，

绝胜烟柳满皇都。

(四) 语气

语气是口语表达时的口气。它是思想感情、词句篇章、语言形式三者的结合。在口语表达中，语气直接体现了口语表达者的思想感情、个性特点以及面对问题的立场、观点和态度。

语气在句子中主要表现在句调上。这种句调主要是由声音的高低升降变化形成的，它贯穿于整个句子中，只是在句尾表现得特别明显。在朗读中，是否清楚明白，是否鲜活动听，语气是一个很重要的条件。如果一篇文章用一个腔调读下来，毫无变化，那么就显得平淡无味，再好的作品也令人昏昏欲睡了。

句调可分为四种：平直调、高升调、曲折调和低降调。

1. 平直调

平直舒缓，整个句子没有显著的高低变化，句末音节拖长拉平。这种句子大都是说明意见、叙述事实的陈述句，多用来表示庄重、严肃、思索、冷淡、厌恶等感情。如：

攀登科学高峰是没有什么捷径可走的。(严肃)

我家的后面有一个很大的花园，相传叫百草园。(叙述)

你说的这些跟我没关系。(冷淡)

2. 高升调

前低后高，整个句子后半句明显升高，句末音节上昂。这种句子大都是疑问句、短促的命令句，表示号召、鼓动、呼唤、惊讶、愤怒、紧张、警告以及意外等语气情调。说这种句子时，人们的情绪往往是紧张的，所以声音也就随着心理的紧张而升高。如：

周总理，你在哪里？↗

(柯岩《周总理，你在哪里》)

门板刚刚抬出病囚房，一阵急雨似的声音，猛然激荡在黑暗的监狱的屋顶，激荡在整个监狱的夜空：

打倒反动的国民党！↗

中国共产党万岁！↗

共产主义是不可战胜的！↗

同志们，为我们报仇啊！↗

（杨沫《青春之歌》）

3. 曲折调

在表示讽刺、讥笑、诙谐、不满、双关、踌躇或比较特殊的心情的情况下，语调大都有曲折变化，呈波浪形。根据句子的不同内容：有时表现为首尾低、中间高；有时表现为首尾高、中间低；有时表现为由低到高，再由高到低，又由低到高。曲折调的位置，有时在句尾，有时在句首或句中。如：

但段政府就有令，说他们是“暴徒”！↗但接着就有流言，说她们是受人利用的。↗

惨象，已使我目不忍视了；流言，尤使我耳不忍闻。我还有什么话可说呢？↗

（鲁迅《记念刘和珍君》）

说什么“桃↗色事件”，说什么共产党↗杀共产党。↗无耻啊！无耻啊！

（闻一多《最后一次的讲演》）

4. 低降调

先高后低，不是明显急剧下滑，而是逐渐降低，句末音节念得短而低，多用来表示肯定、坚定、自信、赞叹、请求、祝愿或心情沉重等语气。如：

革命烈士永垂不朽！↘

真是太漂亮了！↘

快给我吧！↘

以上是句子的四种基本调式。在朗读中，要想取得好的表达效果，必须考虑场合、对象、时机等因素，灵活恰当地运用。

附带说明一下标点表语气的情况。朗读时，在读完一句之前就要注意句末标点，以便根据各种不同的标点而作不同的处理。例如：

句　号——语音降低。

问　号——语音升高。

感叹号——语音降低而沉着有力。

冒　号——语音稍降而含有期待的口气。

逗　号——语音稍升。

引　号——有时可在前面加读“所谓”二字。

括　号——括号内文字不读，或读得低而稍快。

破折号——有时在读后面文字之前要作较长停顿。

省略号——有时读为“等”或“等等”，有时拖长语音。

书名号——把书名读得重一点儿、慢一点儿。

着重号——用比较缓慢和特别加重的口气读。

隐讳号（也有人叫虚缺号）——“××”有时读为“某某”，有时读为“若干”。

【课堂训练一三】

朗读下列一段诗歌，注意句调的表达。

为什么有人
不许我们缅怀你伟大的一生？
为什么有人
不许我们赞颂你不朽的业绩？
但此刻，
长街静穆，万民伫立，

一颗心—— 一片翻腾的大海，
一双眼——一道冲决的大堤。
多少人喊着你，
扑向灵车；
多少人跑向你，
献上花束，表达由衷的敬意；
多少人想牵动你的衣襟，
把你唤醒；
多少人想和你攀谈
知心的话题……

（李瑛《一月的哀思》）

【课堂训练一四】

朗读下面的作品，体会人物语言，把握好朗读的语气。

上将与下士

刘云喜译

乔治·华盛顿是美利坚合众国的第一任总统，就是他领导美国人民为了自由为了独立浴血奋战，赶走了统治者。

乔治·华盛顿是个伟人，但并非后来人所想象的，他专做伟大的事，把不伟大的事都留给不伟大的人去做。实际上，他若在你面前，你会觉得他普通得就和你一样，一样的诚实、一样的热情、一样的与人为善。

有一天，他身穿没膝的大衣，独自一人走出营房。他所遇到的士兵，没一个认出他。在一处，他看到一个下士领着手下的士兵筑街垒。

“加把劲！”那个下士对抬着巨大水泥块的士兵们喊道：“一、二，加把劲！”但是，那下士自己的双手连石块都不碰一下。因为石块很重，士兵们一直没能把它放到位置上。下士又喊："一、二，加把劲！"但是士兵们还是不能把石块放到位置上。他们的力气几乎用尽，石块就要滚落下来。

这时，华盛顿已经疾步跑到跟前，用他强劲的臂膀，顶住石块。这一援助很及时，石块终于放到了位置上。士兵们转过身，拥抱华盛顿，表示感谢。

"你为什么光喊加把劲而让自己的手放在衣袋里呢？"华盛顿问那下士。

"你问我？难道你看不出我是这里的下士吗？"

"哦，这倒是真的！"华盛顿说着，解开大衣纽扣，向这位鼻孔朝天、背绞双手的下士露出他的军服。"按衣服看，我就是上将。不过，下次再抬重东西时，你就叫上我！"

你可以想象，那位下士看到站在自己面前的是华盛顿本人，是多么羞愧，但至此他也才真正懂得：伟大的人之所以伟大，就在于他决不做逼人尊重的人所做出的那种倒人胃口的蠢事。

（《青年文摘》1993年第2期）

（五）语速

所谓语速，指的是朗读时吐字发音的和缓与急迫，也就是说话的快与慢。语速的缓急是表情达意的又一重要手段，一般说来，它与语言的内在节奏是一致的。

语速的快慢是相对的，一般可分为快速、中速、慢速三种。

1. 快速

表现紧张的场面、动作或心理活动及机警、活泼、热情、质问、争辩、斥责、叫喊、惊惧、愤怒等的句子，一般用快速。如：

鲁侍萍：我前几天还见着她！

周朴园：什么？她就在这儿？此地？

…………

鲁侍萍：老爷，您想见一见她么？

周朴园（连忙）：不，不，不用。

（曹禺《雷雨》）

上例中周朴园的话都应快读。第一句表现了周朴园惊异的心情，因为他认为鲁侍萍早已死了。因此，在朗读这句话时，速度就比较快，三个问句之间连接比较紧密。第二句话表现了周朴园内心的紧张，他连忙拒绝，因此，三个“不”之间没有停顿且语速很快。

2. 中速

一般性的叙述、说明、议论或心情比较平静，感情没有多大变化的句子，用中速。如：

在首都北京的中心，有一座城中之城，这就是举世闻名的紫禁城。现在人们叫它故宫。紫禁城是明朝和清朝两代的皇宫，是我国现存的最大最完整的古代宫殿建筑群，有五百多年的历史了。

这是一段说明文，是对我国故宫博物院的介绍，不带有明显的感情色彩，宜用中速。

3. 慢速

表现幽静、肃穆的环境，稳定平静的场面、动作或心理活动，沉重、悲痛、悼念、悲伤、沉郁的心情，闲谈、絮语、暗示、嘲讽等的句子，一般用慢速。如：

周总理啊，周总理，全国人民都在哀悼您，都在呼唤您，都在想念您。八亿双眼睛都想看一看您，八亿颗心哪，都在为您哭泣。人们手捧讣告热泪流，千言万语涌心头，哀思无处难以诉说。

（《敬爱的周恩来总理永垂不朽》解说词）

这段解说词，是以极其沉痛的心情写出来的，充满了对周总理的悼念之情，表达了全国人民深切的悲痛之情，读起来要用慢速。但慢中有慢，读“全国人民都在哀悼您，都在呼唤您，都在想念您”时，应一个分句比一个分句慢。读“八亿双眼睛都想看一看您，八亿颗心哪，都在为您哭泣”时，也是越读越慢。这样，就给人一种沉痛的压抑感，表达了人民对总理的深切思念。

【课堂训练一五】

朗读下文，根据内容需要恰当处理好语速及其变换。

她的一双小手几乎冻僵了。呵，哪怕一根小小的火柴，对她也是有好处的！她敢从成把的火柴里抽出一根来，在墙上擦燃了，来暖和暖和她的小手吗？她终于抽出来了一根，嗤！火柴燃起来了，冒出火来了！她把小手拢在火焰上。多么温暖多么明亮的火焰啊，简直像一支小小的蜡烛。这是一道奇异的火光！小女孩觉得自己好像坐在一个大火炉前面，大火炉装着闪亮的铜脚和铜把手，火烧得旺旺的，暖融融的，多么舒服啊！唉，怎么回事呢？她刚把脚伸出去，想让脚也暖和一下，火柴灭了，火炉不见了。她坐在那儿，手里只有一根烧过了的火柴梗。

（《卖火柴的小女孩》）

【课堂训练一六】

朗读高尔基的《海燕》，体会语速的变化。

思考与练习

1. 名词解释。

(1) 停连　　(2) 重音　　(3) 节奏　　(4) 语气

2. 什么是朗读、朗诵？它们有什么特点？

3. 朗读、朗诵的要求有哪些？

4. 运用停连、轻重的技巧朗读下面的作品。

骄傲的孔雀

孔雀很美丽，可是很骄傲。只要看到谁长得漂亮，它就抖动羽毛，展开尾巴，炫耀自己的美丽。

有一天，孔雀昂着头，挺着胸脯，拖着美丽的长尾巴，沿着湖边散步。树上的花喜鹊很礼貌地向它点头问好，它理也不理。

忽然，孔雀发现湖里有一只鸟，跟它一模一样，十分漂亮。它立刻停住脚步，展开尾巴。那美丽的尾巴抖动着，像一把五彩洒金的大扇子。谁知湖里的那只鸟也停住脚步，展开尾巴。那美丽的尾巴也抖动着，像一把五彩洒金的大扇子。

骄傲的孔雀有点生气了，它睁大了圆圆的眼睛，抖了抖头上的翎毛。湖里的那只鸟也睁大了圆圆的眼睛，抖了抖头上的翎毛。骄傲的孔雀可真生气了。它昂着头，挺着胸脯，向前迈了一大步，没想到一下子跌进湖里去了。

孔雀不会游泳，它在湖里挣扎了半天，好容易抓住了一个树根，爬上岸来。它回头朝湖里看看，这回可高兴了。湖里的那只鸟，浑身湿淋淋的，还在发抖呢！

树上的花喜鹊格格地笑起来。孔雀看了花喜鹊一眼，不高兴地说："丑喜鹊，你笑什么！"花喜鹊拍拍翅膀，说："骄傲的孔雀，湖里的那只鸟就是你自己的影子啊！你骄傲得连自己也看不起了！"

5. 朗读下面的三首诗，体会其中的感情、意境，分析用韵情况。

乡　愁

余光中

小时候

乡愁是一枚小小的邮票
我在这头
母亲在那头

长大后
乡愁是一张窄窄的船票
我在这头
新娘在那头

后来啊
乡愁是一方矮矮的坟墓
我在外头
母亲在里头

而现在
乡愁是湾浅浅的海峡
我在这头
大陆在那头

再别康桥

徐志摩

轻轻的我走了，
　正如我轻轻的来；
我轻轻的招手，
　作别西天的云彩。

那河畔的金柳，
　是夕阳中的新娘；

波光里的艳影，
　在我的心头荡漾。

软泥上的青荇，
　油油的在水底招摇；
在康河的柔波里，
　我甘心做一条水草！

那榆荫下的一潭，
　不是清泉，是天上虹；
揉碎在浮藻间，
　沉淀着彩虹似的梦。

寻梦？撑一支长篙，
　向青草更青处漫溯；
满载一船星辉，
　在星辉斑斓里放歌。

但我不能放歌，
　悄悄是别离的笙箫；
夏虫也为我沉默，
　沉默是今晚的康桥！

悄悄的我走了，
　正如我悄悄的来；
我挥一挥衣袖，
　不带走一片云彩。

沙扬娜拉

赠日本女郎

徐志摩

最是那一低头的温柔，
像一朵水莲花不胜凉风的娇羞，
道一声珍重，道一声珍重，
那一声珍重里有蜜甜的忧愁——
沙扬娜拉！

六、听《守财奴》（高中教材第三册）录音后，练习朗读，注意区分人物的语调、语气。

七、听《雷电颂》（高中教材第五册）录音后，练习朗读，掌握好节奏和语速。

八、运用朗读技巧，选择一篇优美的散文或故事，朗读给同学听。

第二节　听力训练

一、听力概说

（一）听力的含义

什么是听力？听力就是听话的能力。它主要由以下三个要素构成：

1. 对普通话语音的辨识能力

听话是通过对语音的辨识来理解其含义的。每一种语言的语音，都有其特定的结构法则和组合序列，使它区别于另一种语音。所以听话人要具有对这种语音序列的辨识能力，否则无法理解其含义。

2. 对普通话语义及整个话语的理解能力

对普通话语义及整个话语的理解能力包括：

（1）能正确理解普通话的词义和句义。

（2）能把握各部分话语的内在联系和整个语境，具有进一步理解主旨的能力。

（3）具有理出讲话材料顺序和讲话者思路的能力。

（4）具有对普通话交流系统的辨识能力，即熟悉各种行业的习惯术语、专业用语，努力争取理解他们的话意。

（5）具有对说话人态势语言的理解能力。包括对说话人的眼神、面部表情、手势语、姿态语等传达出的语意、信号的理解能力。

3. 对话语的品评能力

对话语的品评能力包括：

（1）听懂用直接表达方式传达表层信息的能力。

（2）体味婉曲的、暗示的潜在信息的能力。

（3）对话语内容的是非、好坏，说话人的风度、态度等方面的鉴别和评价能力。

听话能力的三要素是互相联系、密不可分的，在听话过程中是综合起作用的。

（二）听力的作用

1. 是人类社会重要的言语活动

（1）听与说同样重要

听话和说话是言语交流中密不可分的两个组成部分。如果我们把说话看成是言语生成语言信息编码过程的话，那么听话便是言语理会和语言信息解码的过程。“听”和“说”共同构成言语交流的过程，完成信息传递的任务，如果其中有一项欠缺，就会妨碍言语交流，影响信息沟通。“听”和“说”同样重要。

（2）“听”是“说”的基础

从生理学角度分析，人总是先学会听话，才慢慢学会说话的。鲁迅先生曾把孩子说话的心理过程概括为“听取、记住、比较”，可见听是第一位的，是说的基础。天生的聋子，必然会成为哑巴。从信息论角度讲，听是信息的输入，说是信息的输出，只有输入，才会有输出。只有会听，才能会说，所以要练好口语，必须要练好听力。

2. 听是重要的交际手段

有关言语交际的资料表明：在人们日常的言语活动中，“听”占45%，“说”占30%，“读”占16%，“写”占9%。也就是说，人们有一半的时间在听。我们也有同样的体验：我们可以长时间地不说话，可是我们随时随地都在听，听新闻广播，听老师讲课，听同学聊天，听故事，听音乐……一天之中，大部分信息通过听来获得，可见听在日常交际活动中应用多么广泛，地位何等重要。

国外曾对盲人和聋人对社会的态度作过分析。盲人虽然看不见多彩的世界，但仍愿意和同伴们一起生活；而聋人虽能看书写字，却经常感到自己被排除在社会之外，因为他丧失了重要的交际手段——听。听，是人们交流思想感情的手段，是社会生活中交流信息的途径，是人类社会赖以存在发展的重要条件。

3. 听是学习的基本能力

学生在校学习各种知识，除阅读外，主要是听讲、听记。此外，听报告、听发言、听讲座、听论辩、听演讲、听广播等，都离不开听，听的能力直接影响到学习效率。教学调查表明，凡是学习优异的学生，大都是听记能力强的；而成绩差的学生，往往听讲的注意力指向性差，理解迟钝，也没有边听边记要点的习惯。因此，听是获取各项知识的重要途径，听话能力实际上是一种学习的基本能力。日本的语文教育界称这种能力为“基础学力”。张志公先生也曾说：“这种听的能力的训练，不仅有利于阅读能力的提高，而且由于讲话的人是在连续说一个又一个音节，因而训练听的能力可以促使思维的敏捷。再有，要想充分理解讲话的内容，必须集中注意，这就又培养了学生的注意力。”由此可见，听力训练的过程，实际上也是发展智力的过程，培养注意力、记忆力、想象力和思维力的过程。

二、听力训练的要求

（一）听清

听话最重要的是要听清楚讲话人讲的是什么。要做到这一点，应该如下：一是要集中注意力，不要开小差；二是要注意辨音，除了要听懂普通话之外，还要掌握一点普通话与方言的对应规律；三是注意整体感。就是要注意联词成句，联句成段，综合思考，听准语音。尤其对说话语流较快者，更须如此。

（二）听懂

所谓的听懂是指在听清的基础上理解讲话主旨。一是要注意边听边概括；二是借助讲话者的语气、语调等帮助理解；三是对那些表达能力差、逻辑杂乱的讲话，要善于理出头绪，抓住中心实质。

（三）听辨

就是要求在听的过程中，对讲话内容的是非优劣、正误作出判断和评价。如普通话是否标准，用词是否准确，语法修辞是否恰当，思路是否清晰，判断是否合理，观点是否正确，是否有弦外之音，等等。

（四）听记

就是将“听”获得的信息记住，这是听力训练的重要组成部分。如果前听后忘，就失去了“听”的意义。这要求我们：一是在听话前明确听的目的和要求，以便听话中有的放矢地记忆；二是要专心致志，有时也可采取一些强化记忆的办法。

（五）听写

就是要求将听到的语言信息经过理解、辨析，立即转化为文字符号。听写训练可以从记录式（无选择地记讲话内容）开始，然后是辨析式（边听边判断正误、优劣，再按要求记录）、小结式（边听边小结讲话要点，概括主要内容、中心思想，作出及时评价）、品味式（边听边思考说话人语气的深意，品味那些潜在的信息）等，由浅入深，由易到难，逐步提高。

（六）听测

能根据某些话的内在联系来进行推测、判断。主要做到三点：(1) 听测结果。即依据听到的内容的内在关联，推测出后面可能出现的结论或结局。(2) 听测人物。依据说话人的话语内容和语音、语气特征等，推测出说话人的身份。(3) 听测意图。依据说话人的表情、语气和话语的内容指向，推断出他讲话的意图、目的。

（七）掌握聆听评价技巧

听话时，不仅要正确理解其内容、观点，而且还要透过他的话语去评价其人的话语价值和品格。评价的重点包括：

(1) 讲话人说的内容是否真实可信？有无错误或疏漏之处？

（2）讲话人有无明确的见解？这见解有没有根据？

（3）讲话人的思路明确吗？立论是不是有始有终？是不是有以偏概全或自相矛盾的地方？

（4）讲话人的讲话技巧如何？能紧紧抓住听众的情绪吗？

（5）讲话人是以听众关心的问题作为阐述的中心吗？是不是有以己之见强加于人的地方？

（6）听众对该人的反应如何？喜欢还是厌烦？从讲话的效果看，这位讲话人的优缺点是什么？

（7）你对讲话人的总体印象如何？从话题到内容，从姿势到外表，他留给自己的印象好不好？为什么？

作为一个主动的、积极的听众，应当学会全面评价说话人。在听评过程中，要积极思考：如果我是那位讲话人，怎样讲才更好，更全面？我要补充哪些实例？重申哪些见解？怎样注意与听众保持感情交流？等等。

（八）养成良好的听话习惯

良好的听话习惯包括以下几方面的内容：

1. 别人讲话时，要聚精会神、全神贯注地听，这不仅可以领会谈话要点，而且也能感染对方，刺激对方的讲话兴趣和欲望。切忌心不在焉，目光飘忽不定，这不仅没有礼貌，也抑制了对方谈话的欲望。

2. 听别人讲话时，及时用目光和对方交流，以表情姿态适时地与对方相呼应。如在讲到某些要点时，点头表示赞同，或以微笑示意等，这实际是在向对方发出信号，使他了解你在认真听，让他愉快地讲下去。

3. 要学会尊重别人，不要随意打断别人说话，或半途接过话头，代下结论。听不明白的问题，可有礼貌地提出疑问。

4. 听别人讲话时，要有耐心、诚心，不要抢话题，或者表示不耐烦，不要曲解别人的话意，这都是不礼貌、修养不高的表现。

三、听力训练的内容和方法

（一）训练听话注意力

听话注意力是听话的前提。它一方面要求听话者能排除干扰，聚精会神，全神贯注，并随时作出积极反应，形成信息反馈；另一方面，要学会分配注意力，同步完成其他相关的各项活动。

【课堂训练一】（全神贯注听力训练）

1. 读下面的故事，说说其中的寓意。

学　弈

今夫弈（下围棋）之为数（技艺），小数也。不专心致志，则不得也。弈秋，通国之善弈者也。使弈秋诲二人弈：其一专心致志，唯弈秋之为听；一人虽听之，一心以为有鸿鹄（天鹅）将至，思援弓缴（系在箭上的丝线，箭发后靠它收回）而射之。虽与之俱学，弗若之矣。

2. 分析下面的智力测验题，测试自己听话的注意力。

如果你开着一辆客车从济南去东营，车行 80 公里后，有 3 位乘客下车，同时又有 2 位上车，此时车上的人平均年龄是 35 岁，问司机年龄是多少？

【课堂训练二】（选择、分配注意训练）

1. 同时播放一篇小说和一篇散文的朗读录音，要求选听其中一篇，听完复述。

2. 一边听新闻，一边阅读小说，恰当分配好注意，看记住小说故事梗概的同时，还能记住几条新闻。

【课堂训练三】（耐心听话训练）

1. 读一段内容枯燥的文章听，看能记住多少，能否理解。

2. 听读一篇同学的作文初稿，整理归纳听到的内容，进行简单评价。

（二）训练听记能力

听记能力是听话能力高低的反映。人脑储存信息的潜能是无限的。据有关专家测定，即使每秒输入 10 个新的信息，一生也不会饱和。据说索尼公司的一位职员可以背诵圆周率小数点后两万多位数字；我国著名桥梁专家茅以升 83 岁时还能背诵圆周率小数点后一百多位数字；茅盾先生可以熟练背诵整部《红楼梦》一百二十回。可见记忆的潜力是巨大的。

我们要增强听记能力，一是要学会边听边记关键词语和内容要点。二是如手中有书面材料，要边听边看、边划、边记，根据内容要点，采取多种手段强化进入大脑的信息，以帮助记忆。

【课堂训练四】

全息听记比赛：准备好纸、笔，请大家边听边记下听到的所有内容，比一比谁记得最全。

【课堂训练五】

争当“优秀秘书”：推举一个同学扮演秘书，再找几个同学扮演客商。“客商”纷纷向“秘书”陈述购买产品的事项。“秘书”要快速记下来，稍加整理后，立即向“经理”（也由一同学扮演）汇报。其他同学进行评议，哪位“秘书”最后复述得最好，推选他为“优秀秘书”。

【课堂训练六】

听读一篇 1500 字左右的小说，然后写出故事梗概。

【课堂训练七】

听中央电视台新闻节目录音，然后记录，比比谁听记能力强。

（三）听话理解能力训练

这是听话能力的关键，是衡量听话能力高低的重要标志。

听话理解能力，首先要加强对词语的理解，既要理解词面意义，又要理解其弦外之音和言外之意。其次要理清结构线索，把握中心和主旨。

【课堂训练八】

听读下面的句子，说说对加点词语的理解。

1. 鲁迅在为纪念被国民党反动派杀害的左联五烈士而作的《为了忘却的记念》一文中说：“我早已想写一点文字，来记念几个青年的作家。这并非是为了别的，只因为两年来，悲愤总时时袭击我的心，至今没有停止，我很想借此算是竦身一摇，将悲哀摆脱，给自己轻松一下，照直说，就是我倒要将他们忘却了。”

2. 恩格斯的《在马克思墓前的讲话》说：“这个人的逝世，对于欧美战斗着的无产阶级，对于历史科学，都是不可估量的损失。这位巨人逝世以后所形成的空白，不久就会使人感觉到。”

【课堂训练九】

听下面两则文字，体会其中的潜台词。

1. 据说有一次，出身贵族家庭的原苏联外交部长莫洛托夫去参加国际会议，英国的一位工党议员挑衅地对他说：“先生，你出身贵族，我世代工人，咱俩到底谁更能代表无产阶级利益?”莫洛托夫站起来，指了指彼此的胸部，平静地说：“咱俩都成了叛徒。”这句话赢得了全场一阵热烈的掌声。

2. 几个人一同去朋友家串门，时间已经很晚了，可他们还没有走的意思，朋友妻看看表说：“哟！现在快10点钟了，不知你们回去还能不能赶上公共汽车?”

【课堂训练一〇】

静听下面两则故事，说说其中的弦外之音。

如　果

有一个乡下人谈他的愿望说：“我如果有一百亩好田就足够了。”

他的邻居是一个爱妒忌的人，听了这话说：“如果我养一百只鸭子，准把你的一百亩稻子吃得精光。”

两人你一言我一语地吵了起来，弄得不可开交。这时，来了一个秀才，劝他们不要吵。两人非但各不相让，还要秀才分清是非。秀才暗暗好笑，“你如果有田，他如果有鸭，才斗得这么热闹。我如果做了官，再来审你们这起案子吧”。两人一听，顿时醒悟，停止了争吵。

狗自会瘦的

阿凡提给城里一个吝啬的巴依当仆人时，一天，巴依吩咐道：

“阿凡提，去给我弄一条又瘦又机灵的狗来。”

阿凡提偏偏给他牵去一条又肥又呆板的狗。巴依生气地说：

"阿凡提，我不是叫你找条又瘦又机灵的狗吗?"

"我的巴依，"阿凡提说，"这条肥狗只需在你家里待一个星期，它自己就会变成瘦狗的。"

【课堂训练一一】

听下面的成语故事，准确概括出它们的旨意。

黔驴之技

贵州没有驴，有人从外地带来一头，放在山下。老虎见它个子很大，叫声也很响，很害怕，老远地躲开它。后来逐渐接近它，驴只踢了老虎一脚。老虎看见驴的技能只不过如此，就冲上去把它吃了。

塞翁失马

边塞上一个老头儿丢了一匹马，别人来安慰他，他说："怎么知道这不是福呢?"后来这匹马竟带了一匹好马回来了。

曲突徙薪

有一户人家烟囱很直，旁边堆着许多柴禾，客人劝主人改建弯曲的烟囱，把柴禾搬开，不然有着火的危险。主人不听，不久果然发生了火灾。

东施效颦

美女西施因为胸部疼痛，经常在人面前捂着胸部皱眉头。她的邻居有个很丑的姑娘看见之后，觉得那样子好看极了，因此也学着在人面前捂着胸口皱眉头。人家看了都躲到一边不愿再看她。后来人们就称她的做法为"东施效颦"。

杯弓蛇影

晋乐广一次请客人吃饭，挂在墙上的弓照在酒杯里，有个客人以为是蛇，回去后老不放心，终于得了病。乐广知道后又把客人请来，还在原处喝酒，他终于明白了杯内蛇影的真相。

涸辙之鲋

有一天，庄子在路上看到一条小鱼躺在干涸的车辙里残喘。庄子问道："你怎么啦?"小鱼答："我是东海龙王的大臣。你现在能不能弄斗升之水来救我一命呀!"庄子说："好的。我要到吴、越一带漫游去了。到了那儿，我一定引西江的水来迎接你回去，好吗?"小鱼愤怒地说："我远离大海，失去了生存的条件，现在只求斗升之水让我活命。你这样说，还不如早些把我送到卖死鱼的市场上去呢。"

【课堂训练一二】

听读说明文、议论文、散文、小说各一篇，归纳结构提纲，概括中心主旨。

(四) 听辨能力训练

这是听话能力的关键。一是要能辨析说话人的语音、语义的正误；二是要分辨出话语内容的是非和优劣，且能迅速分辨；三是要分析出讲话者的意图、目的，弄清说话的本质，争论各方的不同观点，然后加以评析。

【课堂训练一三】

根据重音的不同位置体会句子的不同含义。

我听说你去过美国。

我听说你去过美国。

我听说你去过美国。

我听说你去过美国。

我听说你去过美国。

【课堂训练一四】

根据句子的不同句式体会其含义。

她生病了。

她生病了?

她生病了!

她生病了……

【课堂训练一五】

听一名同学朗读下面的文章，指出其语音和语调有误的地方。

第一场雪

峻　青

这是入冬以来，胶东半岛上第一场雪。

雪纷纷扬扬，下得很大。开始还伴着一阵儿小雨，不久就只见大片大片的雪花，从彤云密布的天空中飘落下来。地面上一会儿就白了。冬天的山村，到了夜里就万籁俱寂了，只听得雪花簌簌地不断往下落，树木的枯枝被雪压断，偶尔咯吱一声响。

大雪整整下了一夜。今天早晨，天放晴了，太阳出来了。推开门一看，嗬!好大的雪啊!山川、河流、树木、房屋，全都罩上了一层厚厚的雪，万里江山，变成了粉妆玉砌的世界。落光了叶子的柳树上挂满了毛茸茸亮晶晶的银条儿；而那些冬夏常青的松树和柏树上，则挂满了蓬松松沉甸甸的雪球儿。一阵风吹来，树枝轻轻地摇晃，美丽的银条儿和雪球儿簌簌地落下来，玉屑似的雪末儿随风飘扬，映着清晨的阳光，显出一道道五光十色的彩虹。

大街上的积雪足有一尺多深，人踩上去，脚底下发出咯吱咯吱的响声。一群群孩子在雪地里堆雪人，掷雪球。那欢乐的叫喊声，把树枝上的雪都震落下来了。

俗话说，“瑞雪兆丰年”。这个话有充分的科学依据，并不是一句迷信的成语。寒冬大雪可以冻死一部分越冬的害虫；融化了的水渗进土层深处，又能供应庄稼生长的需要。我相信这一场十分及时的大雪，一定会促进明年春季作物，尤其是小麦的丰收。有经验的老农把雪比作是“麦子的棉被”。冬天“棉被”盖得越厚，明春麦子就长得越好，所以又有这样一句谚语：“冬天麦盖三层被，来年枕着馒头睡。”

我想，这就是人们为什么把及时的大雪称为“瑞雪”的道理吧。

【课堂训练一六】

阅读下文，体会加点的话的意图。

五岁的布鲁诺第一次跟妈妈进幼儿园，看见墙上贴的许多儿童画，大声问道：“谁画的？这么难看！”

妈妈感到难堪，对儿子说：“这些图画画得多好啊！你偏说难看，这不对。”

老师却听懂了布鲁诺的意思，她微笑着说：“在这儿不一定要画多么好的画。你可以随便画你喜欢画的东西。”

于是，一个真正的微笑出现在布鲁诺的小脸上……

【课堂训练一七】

试从作品的题材（包括选择和组织）、主题和表现方法三方面比较分析巴金的《灯》与弗·柯罗连科的《灯光》两篇作品（高中教材第一册）的异同。

（五）听话灵敏力的训练

训练听话灵敏力实际上也训练了思维的敏捷性，有利于智力开发。听话灵敏力的高低关系到听的效率和质量。

【课堂训练一八】

抢对下联。

海内存知己——

明月松间照——

慈母手中线——

欲穷千里目——

野火烧不尽——

同是天涯沦落人——

抽刀断水水更流——

安得广厦千万间——

春蚕到死丝方尽——

日出江花红胜火——

【课堂训练一九】

听读《观舞记》选段，快速抢答下列问题：

卡拉玛用什么动作表情，表现出无限的哀愁？

卡拉玛用什么动作表情，表现出无边的喜悦？

卡拉玛用什么动作表情，表现出低回宛转的娇羞？

卡拉玛用什么动作表情，表现出叱咤风云的盛怒？

卡拉玛用什么动作表情，表现着细腻妥帖的梳妆？

观舞记（节选）

她端凝地站立着。

笛子吹起，小鼓敲起，歌声唱起，卡拉玛开始舞蹈了。

她用她的长眉，妙目，手指，腰肢；用她髻上的花朵，腰间的褶裙；用她细碎的舞步，繁响的铃声，轻云般慢移，旋风般疾转，舞蹈出诗句里的离合悲欢。

我们虽然不晓得故事的内容，但是我们的情感，却能随着她的动作，起了共鸣！我们看她忽而双眉颦蹙，表现出无限的哀愁；忽而笑颊粲然，表现出无边的喜悦；忽而侧身垂睫表现出低回宛转的娇羞；忽而张目嗔视，表现出叱咤风云的盛怒；忽而轻柔地点额抚臂，画眼描眉，表演着细腻妥帖的梳妆；忽而挺身屹立，按箭引弓，使人几乎听得见铮铮的弦响！像湿婆天一样，在舞蹈的狂欢中，她忘怀了观众，也忘怀了自己。她只顾使出浑身解数，用她灵活熟练的四肢五官，来讲说着印度古代的优美的诗歌故事！

【课堂训练二〇】

快速听读下面的成语，马上说出相应的故事。

刻舟求剑　指鹿为马　望梅止渴　亡羊补牢　自相矛盾

朝三暮四　东施效颦　狐假虎威　坐井观天　四面楚歌

【课堂训练二一】

举行背诵诗词的智力竞赛。由一人说出诗词的第一句，其他人接下去抢背全文。

（六）听话想象力的训练

听话想象力是指听话过程中敏捷地想象出有关事物、事理的能力。它既是听话中开发智力的因素，又是深入领悟语意的必要条件。训练听话想象力，可以培养听者的联想能力、形象思维能力和创造思维能力。

【课堂训练二二】

听读下面的文字，联想它展示给你怎样一幅画面，并且描述出来。

深蓝的天空中挂着一轮金黄的圆月，下面是海边的沙地，都种着一望无际的碧绿的西瓜，其间有一个十一二岁的少年，项带银圈，手捏一柄钢叉，向一匹猹尽力地刺去，那猹却将身一扭，反从他的胯下逃走了。

（鲁迅《故乡》）

【课堂训练二三】

听读下面的诗句，体会所描绘的氛围和画面，用语言形象地描绘出来。

枯藤老树昏鸦，小桥流水人家，古道西风瘦马。夕阳西下，断肠人在天涯。

（马致远《天净沙·秋思》）

【课堂训练二四】

听读《项链》，发挥想象，叙述玛蒂尔德了解真相后的表现。

【课堂训练二五】

听一段音乐录音，请根据乐曲的节奏和旋律想象一个场面或一个故事。

【课堂训练二六】

听读微型小说《捎》，想象一下弟、妹、丈母娘、娘和妻说话时的神态，复述给大家听。

捎

他要出国，人没有出外贸局的大门，这消息不胫而走。

回到家里，屋里早坐满了人。

“哥，给我捎台带电脑的收录机！”弟弟说。

“哥，给捎一套高级化妆品！”妹妹说。

“妈，你捎点什么？”

“不捎别的，捎台洗衣机就行！”丈母娘说。

“娘，您老呢？”

“不管咋着，把你捎回来就中！”娘说。

人陆续走了。

“喜华，你捎点……”他深情地扶着妻的肩。

“我和娘一样……”妻深情地望着他。

他的眼霎时湿漉漉了，两串珍珠似的东西滴在妻的秀发上。

思考与练习

1. 什么是听力？构成听力的三要素是什么？

2. 结合实际谈谈听力训练的作用。

3. 根据自己的体验，谈谈如何养成良好的听话习惯。

4. 选择一次报告会、一堂课或一次交谈，运用聆听评价知识，对其进行综合评价。

5. 你打算怎样在学习中提高自己的听话能力？

6. 下面是一个国外学者提供的作为一个积极听众应具备的14条本领，请你照此努力，并自我对照一下：你现在能做到哪些?

(1)辨音能力:能通过对普通话语音的准确辨别来理解含义。

(2)词汇感知:能迅速听出话语中的关键词语,并了解它们的重要性。

(3)内容记忆:能了解并回忆话语内容。

(4)要点记忆:能听清并回忆话语的主要观点,不遗漏主要内容。

(5)理解词义:能辨别对方使用的同义语,并能迅速在上下语境中理解词义。

(6)了解句式:能听懂不同句式在表情达意方面的差异。

(7)排列顺序:能听清并回忆对方讲话的先后顺序。

(8)理解内容:能听懂话语意思和重要语句的含义。

(9)抓住中心:能边听边想,概括抓住话语的中心。

(10)判断隐语:能听出对方话语中隐含的深层含义(从语句、语气中揣测)。

(11)简单推理:能根据话语的内容作简单的推理。

(12)听后答问:能听懂问题,按要求答问。

(13)鉴别正误:能听出话语中明显的语病、错误或不妥之处。

(14)品评优劣:能品评说话的技巧和效果等。

第四章　口语基本技巧训练

第一节　思维训练

一、心理素质

我们知道，当一个人与父母、兄弟姐妹讲话时，一般不会产生紧张情绪，因为与他们天天接触，十分熟悉。但是，如果让他与一大群素不相识的人交谈，他的大脑则会警觉起来，产生紧张的情绪。这时，他的有关器官的循环运动便会加剧，会出现心率加快，血压升高，呼吸短促，肾上腺素大量分泌，体内热量迅速增加等现象。有的人会面部表情尴尬，肌肉紧绷；有的人会满脸通红，头上冒热汗；有的人会呼吸急促，很不自在；有的人会低着头，不敢正视听众，等等。

其实，紧张情绪的出现，并非都不好。心理学研究证明，人的紧张情绪也和其他的情绪一样，具有两重性。积极紧张情绪的表现是有益的，它能够促进思维，有利于创造；消极紧张情绪的表现是有害的，它会影响正常思维，削弱思维的活动能力。

大凡不善于在众人面前讲话的人，在其诸多原因之中，最主要、最根本的原因是由于心理上的障碍，是由于缺乏临场的心理训练。

一个成功的谈话者，应该具有良好的心理素质。这主要包括两点：坚定的自信心和坚强的自制力。

（一）树立坚定的自信心

信心决定行为，行为决定结果。我们借用谈判界关于权力（能力和本领）的定律来说明坚定的自信心的重要性。权力定律指出：权力基于人的看法，如果你以为你有权，那么你就有权；如果你以为你没有权，那么你即使有权，你也没有权。正如拿破仑所言：因为我决心要成功，所以凡是我做的事都得到了成功。

（二）培养坚强的自制力

坚强的自制力可以保持我们稳定的心态。在任何情况下，要抱有一种“在乎而又不太在乎”的态度，要始终保持一种亲切的态度。这样才能使我们在交际中降低紧张程度，保持良好而稳定的心态。

如果临场产生了怯场心理和紧张情绪，就需要放松神经，调节情绪。例如：转移注意力，看看周围的环境；想想高兴的事或联想其他的事，给自己壮壮胆；可以听听音乐，看看画报，或者吃块口香糖，而把有关此次你要讲的内容暂时放在一边。

当然，有关克服临场紧张情绪的方法，还可以说上许多条。但是，就其根本来说只有两条：一是多参加交际活动；二是从实践中逐步总结出一套适合自己的方法。

【范例一】

一位 26 岁的电信推销专家申请晋职时，会见进行得十分顺利，上级当场拍板让她得到了那个职位。“我禁不住欣喜万分，”

她回忆说，“可我的反应太过头了。结果，他给我的薪水比我希望的要少。我深信，如果我当时能克制住内心的喜悦，我肯定能得到更多。”

【范例二】

1945 年，葛罗米柯已经是一个出色的外交家了。有一次在联合国，一位生气的美国代表敲葛罗米柯的桌子，葛罗米柯不动声色，反而淡然问到：“桌子是否加固了？”不过，如果情况需要，他也会勃然大怒，但这是由于策略的需要：吓住对方。

【课堂训练一】

几位同学一组，互为观众。练习者站在高于观众之处，目视观众而不开口。此时练习者的心理要进入讲话的感受之中，进行心理体验。时间可视练习者的个人心理素质灵活掌握。

【课堂训练二】

两位同学一组，到讲台上做简短的对话练习，例如互相自我介绍。

二、思维训练

在一般情况下，人们往往心里怎样想，嘴上就怎样说。想与说，思维与表达，循环往复，以此达到交流的目的。但是由于口语的特点是随想随说，因此特别要求思维的敏捷和灵活。头脑迟钝的人，恐怕很难有一副“伶牙俐齿”；而能言善辩者，一般都是“眉头一皱，计上心头”的机灵人。从这个角度讲，口才的训练实质上是思维的训练。这就需要我们加强思维和口语表达的同步训练。

下面介绍几种思维训练的方法：

1. 快速表达

在日常工作、学习和生活中，遇上应对场合，反应灵活、随机应变、对答如流是思维敏捷的表现。要做到这一点，需要平时加强快速表达的训练。

2. 灵感触发练习

触发即撞击发动，一碰即发。它是由一件事物作触媒，突然使人心里一亮，引起某种反应，感悟到其他的事物的思维活动。

3. 发散性思维练习

为了使口语表达完美、严谨、开阔，思维就要学会连缀、拓展、生发，由此及彼，举一反三。常用的发散思维训练有连接法、连点法和联想法。

(1) 连接法：承接着上一位谈话者的话茬继续往下说的练习。

(2) 连点法：是将头脑中闪现出的人、事、物的散点按照一定的顺序和结构连缀成篇的训练方法。

(3) 联想法：是由一事物想到另一事物的训练方法。经常进行联想训练，有助于发展想象力，而善于想象是思维具有活力的标志。例如"天空"和"茶杯"，它们似乎是两个毫不相干的概念，但是只要经过三步中间的联系，就可使其发生联系：天空——土地；土地——水；水——茶杯。

4. 知识博采练习

丰富的知识能开发智力，启迪思维。好口才是用知识的甘露滋润听众的心田，用知识的钥匙开启听众的心扉。要获取知识全靠平时积累，建立知识宝库。只要坚持日积月累，便可达到"胸藏万汇，口有千钧"的境界。

总之，说话能力的高低，取决于思维能力的强弱。要提高说话能力，就必须学会科学的思维方法，经常进行思维和口语表达的同步训练。

【范例三】

王安石的小儿子王元泽，从小口齿伶俐。有一次，客人想考他，指着厅外的兽笼问："你能告诉我，笼里关的两只兽，哪只是鹿，哪只是獐吗？"

王元泽并不认识这两种兽，但他不假思索地回答："獐边是鹿，鹿边是獐。"

这机警的回答，博得了满堂喝彩。

【范例四】

有不少外商被我国的市场所吸引，来我国投资经商，但也有个别以洽谈业务为名，讽刺甚至损害中国人的人格。在一次外贸谈判中，一位红头发的西方商人提出一些无理要求被我方拒绝后，竟然恼羞成怒，出口伤人："代表先生，我看你皮肤发黄，大概是营养不良造成你思维紊乱吧？"

中方代表忍无可忍，立即反击道："经理先生，我觉得你很奇怪。看你皮肤发白，说明你严重失血，造成思维错乱，但你又大腹便便，头发发红，说明你吸取了不少他人的血，怎么还是头脑发昏呢？"

【范例五】

拿破仑有个秘书叫布里昂，有一次，拿破仑对他的秘书说："布里昂，你也将永垂不朽了。"布里昂迷惑不解，拿破仑提示道："你不是我的秘书吗？"布里昂明白了他的意思，微微一笑，从容不迫地反驳道："那么请问，亚历山大的秘书是谁？"拿破仑答不上来，便高声喝彩："问得好！"

【范例六】

《美国杂志》曾发表过美国著名影星道格拉斯·范明克的文章，介绍了他和查理·卓别林、玛丽·璧克馥几乎每天晚上都要做的一种即兴思考游戏：

我们每个人都在一张纸条上写上一个题目，然后把这张纸条叠起来混在一起。每人抽出一张条子，他必须立即站起来就条子的题目讲上一分钟。我们的题目次次不同。有一天晚上，我不得不讲讲“灯罩”这个题目。如果你认为这个题目不费吹灰之力，那你只要亲自试试就知道了。我好歹总算讲了下来。

但问题的关键是，自从我们三个人开始做这个游戏以后，都锻炼得思维敏捷了。我们懂得了五花八门的丰富知识；然而，比这更使人高兴的是，我们是在锻炼对任何一个题目经过片刻就调集起知识和思想的能力，我们是在学习怎样即兴思考。

【课堂训练三】

请一位同学以绝妙的词语开始叙说一个故事，半分钟后，另一位同学必须接着第一位同学的故事讲下去。等到班上每个人都进行了一段演讲时，这个连接训练就圆满结束了。

【课堂训练四】

每位同学都在纸条上写上一个题目，组成一个小小的题库。然后以抽签的方式，让参与者每人抽出一张纸条，并立即就纸条上的题目，发表一分钟的即兴演讲。

【课堂训练五】

出示一块手表，要求演讲者通过三四个阶段的联想，讲述妇女工作的重要性。

【课堂训练六】

你能迅速回答下列问题吗?

1. 请问济南大明湖的水有多少桶?

2. 一年之中，有的月份到 31 日，有的月份到 30 日，请问：哪个月份有 28 日呢?

3. 四个学生上学时捡到一个钱包，同去送交老师，老师问道："究竟是谁拾到的?"甲说，是丙拾的；丙说，甲讲得不对；乙说，我没拾钱包；丁说，是甲拾的。那么，钱包到底是谁拾的?（四个人中，只有一个人说的不符合事实）

第二节　体态语训练

体态语是口语表达时人的仪表、风度、姿态的总和，是有声语的补充，诉诸人的视觉，对人的心理产生某种暗示作用。体态语是口语表达时感情的自然流露，与有声语相协调。

一种表情、一种姿势、一声轻叹或长叹，就常常会产生意想不到的效果。应该注意的是，使用体态语有个得体不得体的问题。儿童高兴时又跳又叫，表示一言为定时用小手指拉钩。在公共场合下，假如有位老年人高兴得跳起来，表示一言为定时同别人勾小指头，别人就会说："怎么这个老人像小孩?"言外之意是，他的体态语不符合年龄和场合的要求，因而是不得体的。身份对体态语也有影响。只有上级拍下级的肩膀，大人拍小孩的肩膀，反过来就不得体了。在大庭广众的场合下，更要注意体态语的恰当运用。讲话中毫无手势、动作，那是缺陷，但手势和动作过多，听众也是不喜欢的。

我们在生活中应该有目的地去选择和支配体态语，使之成为口语交际的有力武器，增强我们的表达能力。

体态语主要包括仪表、风度、姿态三个方面。

我们一起看一下体态语的应用要求。

一、仪表

仪表主要包括人的服装、容貌两方面的内容。一个成功的谈话者应该具有整洁、雅观的仪表，它能展现你的最佳形象，给人留下良好的第一印象，助你获得成功。

1. 容貌

一个人的长相是先天决定的，但与后天的锻炼培养也有一定关系，“腹有诗书气自华”。在交际中，我们一定要保持面貌干净、整洁，给人留下良好的印象。

2. 服装

俗语说：“佛要金装，人要衣装。”谈话者的服装能传递一定的信息，关系到交际效果的好坏。

我们在穿衣装扮时应注意几个问题：

（1）服装要符合年龄和身份

服装的色彩和款式，应该符合自己的年龄、职业和身份，给人一种“和谐统一”的美感。

例如，从年龄方面讲，少女们可穿款式较活泼且色彩鲜艳的服装，像红色、黄色、浅绿色等。中年妇女的服装，则以淡雅为主，选棕色、米色、紫红色等较适宜，显得稳重大方。

（2）服装要符合体型和肤色

穿衣装扮，应该符合自己的体型和肤色。一般地说，瘦人不宜穿深色衣裳，胖人不宜穿浅色衣裳，皮肤黑的则不宜穿粉红、粉蓝等嫩色服装。

（3）服装要符合内容和环境

服装的款式和色彩，要与谈话者的说话内容协调一致，和所处的交际场合协调一致。例如：出席晚宴，你不妨穿得鲜明、漂亮一些；在追悼会上，你则应该穿得庄严、肃穆一些。如果脱离了所处的环境，而一味追求款式奇异、色彩鲜艳的服装，就可能会影响谈话的效果。

【范例一】

德摩斯梯尼是古雅典“十大演说家”之一。公元前355年，他29岁第一次在群众集会上发表演说，听众对他沙哑的声音、瘦弱的身体、一边高一边低的双肩和笨拙的动作发出了一阵阵嘲笑。但他没有悲观泄气，而是进行了艰苦的训练。他建构了一个地下室，室内安装一面大镜子，每天对着镜子练习发音的口形，矫正动作。为使发音变得清晰，他把小石子含在嘴里练习，为使两肩端正平稳，他把两把利剑悬在双肩上方。公元前4世纪中叶，马其顿王腓力二世出兵侵犯希腊，雅典却没有作任何准备。为了唤起民众，拯救祖国，公元前351年，德摩斯梯尼发表了第一篇“斥腓力演说”。他慷慨激昂的语言，雄健果断的姿态和无比愤怒的面部表情，激起了广大听众的爱国热情，大家纷纷投入反马其顿统治的运动中。他的八篇“斥腓力演说”，被人们称为“腓力匹克”。

【范例二】

美国《探询者》杂志在佛罗里达州公路旁作了专门试验。他们请22岁的女演员萨莉扮演了5个年龄、穿戴不同的女司机，站在支起车头的“坏车”旁，手持STOP（停）纸板，等待援助。

第一次，萨莉身穿双排扣深色套装，打扮入时，像一个干练的女职员。经过一分半钟，62辆车开过后，有人开过车来提供帮助。

第二次，女演员又扮作一个怀孕少妇，两分半钟后，一百多辆车过去，两位驱车经过的医护人员，掉转车头返回帮助她。

第三次，萨莉又以一个肥胖的中老年人的外貌出现，二百多辆车驶过，才有一个 12 岁的女学生和 29 岁的勘测员把车停靠过来。

第四次，她穿上褪色牛仔裤，大花衬衫，头戴金色假发，一副嬉皮士打扮，15 分钟过去，350 辆各式汽车驶过，无一辆车减速、停车。

第五次，萨莉穿一件紧身迷你裙，刚支起车头，就有人把车在旁边刹住。

【范例三】

心理学家爱德华·杨曾做过一次研究。他把服装店设在一辆流动车上作为实验室，以 7 名售货员和他们的顾客为研究对象。爱德华·杨将售货员穿西装佩领带售货时的销售额和他们穿便服时的销售额作了比较。结果发现，前者的销售额远远高于后者的销售额。他还发现：身穿整套服装的销售额比只系领带而不穿外套时高出 43％；身穿整套服装比不系领带、敞着领口时的销售额要高出 60％。

【课堂训练一】

中专生在穿着打扮上可以追赶潮流吗？谈谈你的看法。

【课堂训练二】

如果你要参加主题为“青春·理想”的演讲比赛，你打算怎样装扮自己？

【课堂训练三】

试举一个事例来说明人的衣着、容貌、举止不同，在人际交往中会产生不同的效果。

二、风度

风度是人的言谈举止、神情姿态等总的表现及其风貌，即一种理想的人格及这种人格所表露出来的外部特征。具体表现为：仪表端庄，言行恭敬，态度谦和，胸襟宽阔，富有同情心和宽容精神；知识丰富，兴趣多样，待人真诚大方，尊重体谅别人，勇敢面对困难，精神振奋向上，不趋炎附势，不趾高气扬，等等。

例如，你本来是一个很好的人，但你有一点爱和人争执的毛病。唯一改正的方法是，养成尊重别人的习惯。别人和你谈话时，他根本没有准备请你说教，大家说说笑笑就算了，若你硬作聪明，自以为拿出更高的见解，对方决不会乐意接受。所以，你不可随时摆出想要教导别人的姿态。

口才的好坏，不完全是靠“口”去完成的，还要靠风度，而这种气质品格的养成要靠平时坚持不懈的学习、积累和修炼。

【范例四】

曼格姆是俄克拉荷马州一家自动楼梯维修公司的代表。该公司与一家大旅馆有自动楼梯维修合同。旅馆经理不想给旅馆客人造成不便，因此不希望自动楼梯一次关闭两个小时以上。而修理一次至少需要8小时，同时，他的公司不能总是在旅馆方便的时候派出最熟练的技工。当曼格姆能为这项工作安排一个最好的技工时，他给旅馆经理打电话。他没有与经理争吵，要求给予所需要的时间，而是从关心这家旅馆利益的角度说：“里克，我知道你们旅馆相当繁忙，因此你想使自动楼梯的关闭时间尽可能短一些。我理解你对此的关切，我将尽力按你的要求办。不过，我们对电梯状况的调查分析说明，如果我们现在不彻底维修，那么你的自动楼梯可能遭受更严重的损害，而那将导致更长时间的关闭。我知道你不想给你的客人带来不便。”

经理听完曼格姆的陈述，对曼格姆的及时提醒非常感激，立即同意了维修的方案，未造成任何不和。

【范例五】

诗人歌德的作品受到了某批评家的尖刻指责。一次歌德在魏玛公园一条只能通过一个人的小径上散步，迎面来了那位批评家，冲着他嚷道：“我向来没有给傻瓜让路的习惯！”歌德连忙让到一边，笑容可掬地说：“而我恰恰相反。”

【课堂训练四】

在公交车上，如果有人踩了你的脚却不道歉，你将怎么办？

【课堂训练五】

请表演下面一段对话，体会风度的内涵。

在西方某国，一个大型机场售票厅里，许多旅客正排队购飞机票，秩序井然。忽然，一个穿得笔挺的绅士，手拄“司的克”，挤到最前面，粗暴地指责售票员工作效率太低，耽误了他的宝贵时间。他唾沫四溅地大声嚷道：“你们知道我是谁吗？”边说边用手指着售票员，满脸显出唯我独尊、不可一世的丑态。

售票员平静地转过脸去，对票房里别的工作人员说：“这位先生需要咱们帮助回忆，他有些健忘，已经不知道自己是谁了！”售票员又对排队买票的旅客问道：“你们有谁能帮这位先生回忆一下吗？他已经忘掉自己是谁了！”

一石激起千层浪。这些话在工作人员和旅客中引起了一阵哄笑。在笑声中，那绅士的脸羞得通红，嘴唇哆嗦着，想说又说不出什么，只得悻悻地回到后面，依次排队。

三、姿态

姿态是内心状态的外部表现，受情绪、感觉、兴趣的支配，包括身姿、表情、动作、眼神等。这些动作和姿态应该是真情的流露，应该是自然的表现和灵活的运用。它是口才动人的一个助手。

下面几条原则，是你应当注意的：

（1）不要重复姿势，任何一种姿势，重复多了总会令人觉得乏味。

（2）做手势的时候，不要只从肘部做起，这样会使人感觉你的手势不自然。

（3）不要把姿势结束得太快。

（4）要保持姿势的自然。

（5）动作勿过火，以免影响听众对你说话的注意。

下面我们具体分析有关姿态的四个方面：

1. 身姿

基本要求是直立，做到收腹挺胸，摆平双肩，拉直双腿，给人一种端庄大方、朝气蓬勃的感觉。一般来说，身躯挺直，表示勇敢、威严；反身向后，表示否认、拒绝；微向前倾，表示关切、谦逊；左右摇摆，表示热烈、激昂。坐着时，身体要稍前倾，不跷二郎腿，身体不仰在椅子上。

2. 动作

主要包括手势和头部活动。

手势如能恰当运用于谈话中，可以加强口语的气势，补充口语的不足，增强谈话的说服力和感染力。包括握手、拱手、招手、挥手、摆手、摇手、摇手臂、摇手指等。

头部的位置应当平正闲适，而不要偏侧倾斜。头部动作应该和身躯手势相应，头部动作不能过多，多则令人反感。

头部表情达意的方法，一般有：点头表示赞同；摇头表示否定；低头表示谦逊或忧虑；昂头表示勇敢或高傲；后仰表示软弱或失望；倾斜表示得意或愉悦；左右微摇表示怀疑或不忍；前突表示惊讶或逗趣；微倾表示观察或思考；直立表示庄严或坚强。

3. 表情

主要指谈话者通过自己的脸、嘴和眉目所表达出来的感情。恰当的表情，能吸引听众，起到语言所无法比拟的作用。而矫揉造作、自作多情不仅无助于吸引对方，增强语言的效果，反而会使人产生厌恶感。

常见的面部表情有微笑、喜悦、愤怒、悲哀、快乐、惊讶、坚定等。练习要领如下：

喜悦：面部肌筋放松，嘴角向上，眼色明亮。

愤怒：面部肌筋收缩，嘴角向下，怒目圆睁。

悲哀：面部肌筋放松，嘴唇微开，眉目低垂。

快乐：面部肌筋放松，嘴唇大开，双眼眯缝。

惊讶：面部肌筋收缩，嘴唇大开，眉目骤张。

坚定：面部肌筋收缩，嘴唇紧闭，目光炯炯。

微笑：面部肌筋放松，嘴角上翘，双眼微眯。

以微笑为例。在日常生活中，微笑可以使人精神放松，产生好感和亲近感。微笑应该热情、友好、真诚、自然。防止下列情况出现：一是笑过了头，嘴咧得太大，给人一种傻乎乎的感觉；二是皮笑肉不笑，看上去让人觉得难受。正确的动作要领是：口腔打开到不露齿缝的程度，嘴唇呈扁形，嘴角微微上翘。

4. 眼神

眼神又称“目光语”，是运用眼的神态和神采来表达感情、传递信息的无声语言。在体态语言中，眼睛最能倾诉感情，沟通心灵。在说话时，如果能恰当地运用眼神，可大大增强有声语言的表达效果。眼神流露出热情、真诚的神色，会使对方感到你对他的欢迎和尊重，认为你是可信赖的人，从而倾心地对你说出肺腑之言。

不同的眼神可以表达出不同的思想感情：眼神明澈、坦荡，表明为人正直，心胸宽广；眼神熠熠生辉，表明精神焕发，勇于开拓；眼神执著、热情，表明坚定自信，奋发向上；眼神狡黠、阴诈，表明为人虚伪，心地卑劣；眼神飘浮游移，表明为人轻薄，心胸狭窄；眼神晦暗生涩，表示屈服命运，不求上进；眼神如蛇蝎蛰伏，表示着邪恶、刁钻……

运用眼神传情达意，具体的要求是：眼神的变化要有一定的目的，要注意眼神注视时间的长短（一般占全部谈话时间的 2/5 左右）和注视方法。要注意运用闭目这一特殊的眼神（表示极度兴奋、极度悲伤或崇敬、怀念等）。眼神的运用还要和有声语言及手势、体态语言协调配合，以求发挥最佳的表达效果。

运用眼神的方法：点视法、对视法、虚视法、环视法等。

【范例六】

19 世纪意大利著名歌剧作家罗西尼，对自己的创作非常严肃认真，非常注意独创性。他对那些模仿、抄袭行为深恶痛绝。

有一次，一位作曲家演奏自己的新作，特意请罗西尼去听他的演奏。罗西尼坐在前排，兴致勃勃地听着，开始听得蛮入神，继而有点不安，再而脸上出现不快的神色。

演奏按其章节继续下去，罗西尼边听边不时把帽子脱下又戴上，过一会，又把帽子脱下，又戴上，这样，脱下戴上，戴上脱下，接连好几次……

那位作曲家也注意到了罗西尼这个奇怪的动作和表情，就问他，这里的演出条件不好，是不是太热了。“不，”罗西尼说，“我有一见熟人就脱帽的习惯，在阁下的曲子里，我碰到那么多熟人，不得不频频脱帽了。”

【范例七】

一位记者向扎伊尔总统蒙博托说："你很富有。据说你的财产达三十亿美元！"显然，这一提问是针对蒙博托本人政治上是否廉洁而来的。对于蒙博托来说，这是一个极其严肃而易动感情的敏感问题。蒙博托听了，发出长时间的哈哈大笑之后反问说："一位比利时议员说我有六十亿美元！你听到了吧？"

【范例八】

在延安的一次座谈会上，毛泽东在作报告快结束时，从口袋里掏出一盒香烟，只见他用手指在里面慢慢地摸出一支烟来，夹在手指上举到眼前，笑嘻嘻地对大家说："最后一支！"此言一出，妙趣横生，引得听众大笑，气氛又活跃起来。

【范例九】

鲁迅在厦门大学担任研究院教授时，反动校长林文庆经常克扣办学经费，刁难师生。一天，林把研究院的负责人和教授们找去开会，提出要把经费削减一半，教授们纷纷反对：研究院的经费本来就太少了，连研究成果的印刷费都付不出，绝对不能再减了。

林文庆却阴阳怪气地说："关于这件事，不能听你们的。学校的经费是有钱人拿出来的，只有有钱人，才有发言权！"

他刚说完，鲁迅立即站起身，从口袋里摸出两个银币，"啪"的一声放在桌子上，铿锵有力地说道："我有钱，我也有发言权！"

林文庆根本料不到鲁迅会说出这句话来，弄得措手不及，狼狈不堪。接着，鲁迅力陈研究院经费不能减少、只能增加的道理，一条条，一项项，有理有据，驳得林文庆哑口无言，这家伙只得收回自己的主张，灰溜溜地跑了。

【课堂训练六】

两位同学一组，演示老朋友久别重逢的场面。运用恰当的表情、动作、眼神等姿态。

【课堂训练七】

演示下面几种情况下的面部表情并互相评议：喜悦、愤怒、悲哀、坚定。

【课堂训练八】

日本《男子汉》杂志，就男子汉的令人讨厌的举止作过一次调查。他们广泛征求姑娘们的意见，下面是最令她们讨厌的举止中的一部分：

1. 坐下时，大腿跷二腿，摇来晃去；
2. 坐下时把裤腿卷起；
3. 过分对着镜子梳妆打扮；
4. 笑时用手掩住嘴；
5. 走路时，屁股、腰肢扭来扭去（女人气）；
6. 走路时把提包之类抱在胸前（女人气）；
7. 坐下时，把两腿并拢（女人气）；
8. 用手挖鼻孔；
9. 频频地眨眼睛；
10. 高兴时手舞足蹈；
11. 蘸唾沫数钱；
12. 吃饭出大声。

请几位同学表演上述动作，然后再表演正确的动作。并讨论体态语在口语中的作用。

第三节　口语技巧训练

我们每个人都在说话，但未必人人都说得好。我们天天在说话，但未必每句话都说得那么得体。说话也得学习，说话也有艺术。

假如你有决心提高说话的能力，请回想一下自己在日常生活中说话的经验，然后对照下面的问题检查一下，你就可以了解你的说话能力究竟如何了。

1. 是不是见了陌生人或许多人，就觉得好像无话可说？

2. 是不是很难找到一个大家都有兴趣的谈话题材？

3. 是不是常常无意中说错了话，犯了别人的禁忌？

4. 发觉自己的话使别人反感时，是不是不知如何是好？

5. 能不能把自己所要谈的问题，以各种不同的方式来适应每一个不同的对象？

6. 是不是在熟悉的人面前，就有很多话说，而在陌生人面前，就一句话也说不出来？

7. 是不是在遇到别人不同意自己的意见时，只会再三地重复自己已经说过的话呢？

8. 是不是喜欢和别人发生争执？

9. 是不是常常被人说自己“固执”呢？

10. 对于比自己年纪大或是地位较高的人，自己有没有给以适当的尊敬呢？

11. 跟别人谈话时，有没有注意自己的态度是否合适？

12. 能不能根据别人的态度，来调整自己的态度？

13. 是不是不能引起别人发言？

14. 是不是自己说话东一句西一句，没有条理，言之无物？

15. 是不是能够很自然地改变谈话题材？

16. 是不是不知道应该在何时结束自己的谈话?

17. 是不是口齿不清?

18. 说话的声调是不是不悦耳?

19. 是不是常常忘记别人的姓名?

20. 是不是常用一些不文雅的粗俗语言?

由以上问题可以断言，一般人都不可能是十全十美的。我们必须先弄清楚自己究竟在哪一方面存在障碍，问题是不是很多，然后再研究改良的方法。

发现了自己说话能力的不足之处，就应加强口才训练，予以提高。口才训练的途径是多种多样的，但都离不开社会交往的实践。我们应注意掌握以下原则：

一、说话明确、集中、连贯

提高自己的说话能力，掌握说话的技巧，首先要使自己说话明确，具有集中性、连贯性的特点。

说话明确，指说话具有针对性，紧扣一个中心，条理分明，用语尽量简洁。

集中性是指说话有明确的中心，并围绕中心说下去，对每次交谈的总体目的、议论范围、交谈方式都有所考虑，并且根据自己所持观点的需要，组织有关事例材料。

连贯性指说话开头、中间、结尾几个部分前后连贯，首尾相接，环环相扣。

目的明确，把握中心，思路清晰，前后连贯是好口语的必备技巧。

据研究，人们说话的目的，不外乎以下五种：

1. 传递信息知识；

2. 引起注意、兴趣；

3. 说服或劝告；

4. 争取了解和信任；

5. 激励或鼓励。

【范例一】

有个高中生，有一次，他的家长让他到刻字服务部去刻一个木质图章。他从街上回来后，家长问他图章刻好了没有，于是出现了以下一段对话：

儿子："今天太热了，我骑车到那儿，出了一身汗，瞧这汗衫都湿了，您猜怎么着？我找了半天，刻字服务部找不着了。我明明记着就在十字路口的东北角，可我走了好几个来回，怎么也找不着了。你猜怎么着？后来我跟人家一打听，敢情刻字服务部搬家了，搬到南边新盖的大楼里去了。"

家长：（没听出什么结果，急了）"哎呀，图章到底是刻了没有?"

儿子："瞧您，别着急呀！我到了新盖的大楼，您猜怎么着，一下儿就找着了。那里的售货员服务态度还挺好，没说话先笑。我跟他说要刻一个木质图章，他说没有木料的，还说刻一个玻璃的也不贵。我又说自己出木料行不行？他说也不行。后来，他又拿出好几个有机玻璃的图章让我看，还向我介绍……"

家长：（打断儿子的话）"你别说了，不就是人家不刻木料图章?"

【范例二】

有个初一学生在课堂上解释"栩栩如生"："当什么讲来着？嗯，我，我怎么也想不起来了，就是想不起来嘛，这个这个……哎，反正，就是想不起来了。我的记忆啊，唔，可坏了。那天，我使我弟弟的圆珠笔，后来不知放在哪儿？我弟弟的圆珠笔可好了，是红蓝两色的，是我家小姨给买的，从上海给买的。我的小姨吧，对我们家、我们家可好啦，这个，她一出差，就住我们家。……”

【课堂训练一】

以“怎样做一个有价值的人”为主题进行一次即兴演讲，注意语言的明确、集中和连贯。

【课堂训练二】

谈一谈双休日你最喜欢干什么。为什么？

二、说话恰当得体，谦恭适度

说者要说明白，让人听清楚是交流的基本要求。在此基础上，还要选择恰当的表达方式，取得最佳效果，即说话要恰当得体。适时、适情、适势、适机，注意说什么，不说什么，说到什么程度，用什么语气，选择什么用语，这些都得考虑后果。

（一）说话要看对象

说话要看对象，这是谈话最基本的准则。同别人交谈时，要站在别人的立场上想问题，即注意研究交谈对象，不同的对象对同一句话会产生不同的反应，甚至会导致截然相反的反应。所以，说话看对象，有助于使交谈取得良好的效果。要做到这一点，应注意下列情况：

1. 对不同性别的人应说不同的话

与不同性别的人讲话，应选择不同的方式。例如，对体胖的女子，你说她又矮又胖，对方听了一定很不舒服，搞不好她会记恨你。如果对同样体型的男子，说他是矮胖子，他可能毫不介意，一笑了之。

2. 对不同年龄的人应说不同的话

比如说，你想打听对方的年龄，对年龄不同的对象，要采取不同的问法。若对方是个小孩，可直接问“你几岁了”；对年龄相近的异性青年，则不宜直问，以免引起不必要的猜测；对老人，尊敬地问“您老高寿”，则会赢得欢心。

3. 对不同文化程度的人应说不同的话

例如，文化低的人爱听家常口语，即大白话，不抠字眼。文化高的人喜欢用接近书面语的典雅口语，爱听委婉话。如你问一位没文化的老太太“您有配偶吗”，就不如说“你有老伴吗”通俗易懂。

4. 对不同心境的人应说不同的话

心境即人的心理环境，也就是人的脾气好坏。人的心境总是易变的。例如，你想给一位同学提点意见和建议，他高兴的时候，你的话他会愉快地接受。但如果他心事重重，你最好少谈问题，免得下不来台。

5. 对不同需要的人应说不同的话

人有生理、安全、群属、尊重和自我实现五个层次的需要。如果与正为温饱而发愁的人大谈养鱼种花的经验和跳交谊舞的乐趣，显然不合时宜。所以，交谈是否融洽，在于交谈双方的需要是否协调。

（二）说话要看场合

说话场合是决定说话效果的重要因素，特定的话题只能在特定的场合下说。要学会“什么山上唱什么歌”。

场合有庄重和随便之分；有外边人和自己人之分；有正式与非正式之分；有喜庆和悲痛之分；有适宜多说和不适宜多说之分；还有当事人在和当事人不在之分。例如：在追悼会上说俏皮话是不妥的；在为长辈祝寿时大谈火葬的好处，定会遭到亲属的白眼。

（三）说话要把握时机

在交谈中，不该说时乱说，会出现交谈障碍，甚至被人取笑；该说时不说，会错失良机，丢掉了成功的机会。一句话说到“点子”上，当场拍板，事情就办成了。

1. 掌握扭转话题的时机

当对方说话漫无边际时，找准切入话题的机会，找双方共同关心的基本点，这样既能挽回局面，又能解决问题。

2. 掌握讨论会的发言时机

先讲可先入为主，先声夺人，后讲可归纳整理得更充分，而冷场时及时发言，能引起大家注意。一般在 2～3 人谈完之后发言，效果最佳。这时气氛开始形成，人们的注意力集中，你的想法和建议易受关注。

3. 掌握谈话时间

你和别人会面，在时间选择上可以反映出你的礼貌修养。一般来说，对方正在忙碌或需要休息时，你不宜打搅，如果确有急事，也应长话短说。早晨上班前时间很紧，午饭后要休息，不宜找人谈话。下午 5 时至 7 时西方称为“入魔时分”，一天紧张工作下来身心应调节一下，可以轻松地谈谈天，这时不宜处理重大事情。

（四）说话要谦恭适度

说话时语气、表情、动作要掌握一定的分寸，有礼有节，自然大方，以诚待人。“倘若我不能在任何一个人那里学到一点东西，那就是我处世的失败。”这句话说明，一个虚怀若谷的人，往往是受人欢迎的。

下面列举十种交谈中不宜说的话：

1. 没道理的话；

2. 感情用事的话；
3. 窥探隐私的话；
4. 自以为是的话；
5. 让人扫兴的话；
6. 低级庸俗的话；
7. 拨弄是非的话；
8. 开过度玩笑的话；
9. 不识相的话；
10. 没意思的废话。

【范例三】

狄更斯十分喜欢钓鱼。他把钓鱼视为最有意义的休息。一天，他正在钓鱼，一个陌生人走来问他：

"怎么，你在钓鱼？"

"是啊！"狄更斯答道，"今天钓了半天，没见一条鱼，可是昨天在这里却钓了15条啊！"

"是吗？"陌生人问，"那你知道我是谁吗？我是这地方专门检查钓鱼的，这段江上严禁钓鱼。"

狄更斯忙反问："那你知道我是谁吗？"

陌生人惊讶之余，狄更斯直言不讳地说："我是作家狄更斯。你不能罚我的款，因为虚构故事是我的事业。"

【范例四】

据说，朱元璋做了皇帝，他从前相交的一班苦朋友，有些照旧过着苦日子。有一天，一个朱元璋从前的苦朋友从乡下赶来，一直跑到南京皇宫大门外面。在他的哀求下，黄门官进去启奏说："有旧友求见。"朱元璋叫传他进来，他就进去了。见面的时候，他说：

“我主万岁！当年微臣随驾扫荡卢州府，打破罐州城，汤元帅在逃，拿住豆将军，红孩儿当关，多亏菜将军。”

朱元璋听他说得好听，心里很高兴。回想起来，也隐约记得他的话里像是包含了一些从前的事情，所以，就立即封他做了御林军总管。这位嘴乖心巧的苦朋友从此就做起大官来了。

这个消息让另外一个苦朋友听见了。他心想：“同是那时候一块玩的人，他去了既然有官做，我去当然也不会倒霉吧?”他也就去了。

和朱元璋一见面，他就直通通地说：

“我主万岁！还记得吗？从前，你我都替人家看牛，有一天，我们在芦花荡里，把偷来的豆子放在瓦罐里煮着。还没等煮熟，大家就抢着吃，把罐子打破了，撒了一地的豆子，汤都泼在泥地上。你只顾从地下满把地抓豆子吃，却不小心连红草叶子也送进嘴里了。叶子哽在喉咙口，苦得你哭笑不得。还是我出的主意，叫你用青菜叶子放在手上一拍吞下去，才把红草叶子带进肚里去了……”

朱元璋嫌他太不会顾全体面，等不得听完就连声大叫：

“推出去斩了！推出去斩了！”

【范例五】

王蒙在《表姐》一文中刻画了一个不分场合乱说话的表姐。下面是对表姐的一段描写：

表姐非常关心别人，关心往往成为担心，以不祥的预言的方式表现出来。邻居生了一个白白胖胖的小小子，很招表姐喜爱，表姐说：“真怕他得了脑膜炎……”表弟买了一辆自行车，她就把“撞到汽车上”、“被贼偷去”等话挂在嘴边。我的功课学得好，她就说：“会累出病来的。”她总是在担忧，有的担忧显得可笑，住进新房子担心房屋倒塌，吃了西瓜担心得痢疾；但往往许多事情被她不幸而言中……听着她的话，简直像一个猫头鹰的诅咒一样令人产生反感……

【范例六】

清人石成金在《笑得好》中有一个“粗月”的故事。说的是一个极好自谦的人，每次和别人谈话，总是带上个“粗”字。比如：人家夸他有学问，他就说自己是个粗人；人家夸他的衣服好，他就说穿的是粗布。有一回，他在家中请客人饮酒，当晚月光如水，十分皎洁。客人赞赏说：“今晚的月光真好！”他听了连忙拱手说：“不敢当，这不过是舍下的一个粗月儿。”

【课堂训练三】

两位同学一组，演示到老师家做客时的对话。

【课堂训练四】

一位老大娘没文化，她的儿孙们都在外地，她一个人在家很寂寞。如果让你去陪她聊聊天，解解闷，你打算怎么说？可以两位同学一组进行对话表演。

【课堂训练五】

妈妈过生日，亲戚朋友都来了。在这样的一个生日宴会上，你打算对妈妈和亲戚朋友说些什么？

三、说话讲究用语，特色鲜明

（一）口语化

卡耐基说：“当你同本行以外的人谈话时，要加倍小心地用普通的词句来解释清楚，同时也要说必要的细节。”这就是说，我们在交往中要做到语言的口语化，使其通俗明白。

怎样做到语言的口语化呢?

1. 尽量选取双音节的词

口语是线性语流结构，以声传意，瞬间即逝。双音节或多音节词容易让人听清楚，达到“口传”或“耳收”的目的。

2. 多用通俗易懂的现成话

口语浅显通俗，生动活泼，不要文白夹杂。

3. 多用短句、叙述句

除了必须要有较长的句子来表达外，尽量使用简短而灵活的句子。

(二) 语言要个性化

用自己的语言表现出自己的思想、感情、意志和气质。这就要求说话有新意，能提出新话题，发表新见解，做到“不鸣则已，一鸣惊人”。

方法有三：

1. 从老话题中选取新角度；
2. 从凡人小事中挖掘出深层次的东西；
3. 用鲜为人知的材料证明老道理。

(三) 语言生动形象、幽默化

在说话中运用幽默可以增进你与他人的关系。幽默的话，能抓住听者的心，使对方平心静气；也可以使一些深刻的思想表达得更生动，更形象。

幽默风趣在人们的说话中起着一种润滑剂的作用。在说话交谈中，我们有时情绪会波动不安，特别是有时会使对方产生抵触情绪，甚至弄僵关系，而恰当地使用幽默的语言则能避免发生不愉快的事情。在说话交谈中，人们难免会遇到尴尬难堪的局面，这时，幽默的语言能化解局促、尴尬的气氛，使之变得轻松和缓。但应特别注意的是，幽默不只是为了“让人笑”，不能庸俗，而要文雅，具有一定的思想意义。

我们若想把话说得幽默风趣，一般有几种形式：

1. 运用口语修辞：比喻、比拟、夸张、指代、排比、递进、对偶、双关、设问、反语、谐音等。

2. 巧用妙趣横生的俗谚俗语。

3. 巧接话题，达到自己谈话的目的。

【范例七】

抗战胜利后的一天，上海一幢公寓房子里传出阵阵欢声笑语。原来，我国著名国画大师张大千要返回四川，他的学生糜耕云等人设宴饯行。梅兰芳等社会名流都到场作陪。宴会开始时，张大千先生向梅兰芳先生敬酒，并说：“梅先生，你是君子，我是小人，我先敬您一杯！”众宾客都愣住了，梅兰芳也不解其意，忙微笑着询问：“此话作何解释？”张大千先生笑着朗声答道：“您是君子——动口；我是小人——动手！”满堂来宾大笑不止，东道主也为之捧腹，梅先生更是乐不可支，把酒一饮而尽。宴会气氛一下子变得异常热烈，大家顿感轻松愉快。

【范例八】

我国30年代名作家郁达夫，有一次请一位朋友到餐馆吃饭。吃完饭付账时，郁达夫从鞋底下取出钞票交给服务员。

朋友很诧异地问：“你怎么把钱藏在鞋子里？”

郁达夫看着手里的钞票答道：“这东西过去一直压迫我，现在我也要压迫它。”

朋友不禁扑哧一声笑了起来。

【范例九】

文学大师钱钟书先生，是个甘于寂寞的人。他最怕被宣传，更不愿在报刊上露面。

他的《围城》出版了，在国内外都引起了轰动。许多人对这位作家比较陌生，想见一见他，都被他谢绝了。

一天，一位英国女士打电话，希望钱先生答应约个时间，让她来见见这位大作家。婉言谢绝没有效果，钱先生便以特有的幽默语言对她说："假如你吃了个鸡蛋觉得不错，何必要认识那个下蛋的母鸡呢?"

【课堂训练六】

就自己感兴趣的话题作一次说话练习，例如介绍自己的家乡、爱好等等，要求口语化。

【课堂训练七】

以小组为单位举行一次比赛，看谁说的谚语、歇后语多。

【课堂训练八】

组织一次讨论会，谈谈什么是幽默，什么场合不能使用幽默，幽默和笑话、滑稽有什么区别。

思考与练习

1. "看态判意"练习。

方法：将 10 枝圆珠笔请 10 个人收藏起来，另请 2 人进来猜。猜的人在任何收藏者面前站定，这位收藏者必须立即站起来，说一句不承认圆珠笔在自己这里的话，3 分钟一无所获者受罚。

提示：语态流露的大量信息要靠直觉思辨去捕捉。但具有社会属性的人能支配或控制语态，造成别人的错觉。“猜圆珠笔”就是训练你对以假乱真的语态的直觉判断力。要注意定向探察、瞬间流露，尤其是眼神流露的信息。

2. 举行一次比赛，内容是讲民间笑话、讽刺小小说、相声等。目的是积累幽默素材。

3. 可以小组为单位自编自演一场哑剧或话剧。目的是训练口语的综合素质。

4. 自我交际测验：分别回答下面三组题，你就可以知道自己参加社交活动的能力如何了。

（1）交谈时说话的能力

①我总是感到随着别人的话题说话非常困难。

②我能够非常自如地表达自己的观点和感情。

③我能够了解谈话对方的想法和感受。

④我能使一次谈话非常顺利地进行下去。

⑤从对方谈话中我能对某些了解不多的话题有进一步的认识，这使我非常高兴。

⑥我不喜欢谈论我个人的事。

⑦对方在谈话中奉承的时候，我总是感到坐立不安。

⑧从他人的谈话中了解到不少东西，我认为这是很容易做到的。

⑨在谈话中，我善于抓住对方谈话的中心意思。

⑩我只喜欢谈自己了解的问题。

（2）对争论的看法

①他人不同意的观点，我能一再地提出来争论。

②我毫无顾忌地拒绝朋友的不合理要求。

③我很容易接受他人的意见和要求。

④凡是有争论时，我一定走开。

⑤尽管我的意见和朋友们不同，但是我还是愿意说出来。

⑥当朋友说“是”时，我很难说“不”字。

⑦当朋友和我争论时，我总是认输。

⑧我通常都不求人帮助，也不征求他人意见。

⑨反复阐明自己的观点，总使我感到不安。

⑩我常常向他人提出要求。

(3) 对批评的态度

①我会直截了当地告诉对方我非常恼火。

②如果谁反对我，我今后不再同他保持联系。

③我认为批评人家是浪费时间。

④要求人家向我提出意见，我从不会这样做。

⑤对他人不切实际的意见，我保持沉默。

⑥我对他人的不良行为很少提出意见。

⑦我很少结交喜欢喋喋不休的人。

⑧我经常问人家我有没有得罪他们。

⑨我不喜欢公开与人讨论和某人关系不好的原因。

⑩如果在某种场合我不受欢迎，我一定要找出原因。

答案如下（每答对一题得一分）

(1) 谈话部分：

①否 ②是 ③是 ④是 ⑤是 ⑥是 ⑦否 ⑧是 ⑨是 ⑩否

(2) 争论部分：

①是 ②是 ③否 ④否 ⑤是 ⑥否 ⑦否 ⑧否 ⑨否 ⑩是

(3) 批评部分：

①是 ②否 ③否 ④否 ⑤否 ⑥否 ⑦否 ⑧否 ⑨是 ⑩是

如何理解：

（1）谈话部分：

①超过 8 分者——你在谈话过程中，应付自如，既是听者，又是发言者，使谈话进行得有声有色。

②6 分至 7 分者——你有时可以谈得比较自然，但主要看场合和你本人的情绪。

③5 分以下者——无论是社交场合还是朋友间的闲谈，你都感到困难，可能是因为你不愿意或不能够把自己的真实感情表达出来。

（2）争论部分：

①超过 8 分者——即使在最困难的处境中，你都能战胜对方。

②6 至 7 分者——如果对方同你能力差不多的话，你可以把自己的观点说得很清楚。

③5 分以下者——你往往放弃自己的观点，即使是正确的，你也不愿意坚持。

（3）批评部分：

①超过 8 分者——你接受批评时，从不感到丧气，因为你知道善意的批评是关心的表现。

②6 至 7 分者——在多数情况下，你能接受善意的批评，但有时你会贬低了它的作用。

③5 分以下者——你一受到批评立即垂头丧气，认为批评是最可怕而有害的东西。

第五章　独白体口语训练

第一节　独白体语体的特点

独白，原系戏剧术语，指剧中角色独自一人说话。借用到交际中，指一人说别人听的单向性说话。它一般没有听者的言语配合，信息反馈速度也较慢。反馈形式则以笑声、掌声或嘘声为常见。独白借助语音，以沟通信息为目的。它还是对白的基础，可以说，不会独白便一定不会对白。下面谈谈它的特点。

一、指向明确，有单向性

独白时，说者的思想一般是长时间单向传递，所以，说者从开始到结束，必须始终指向听者，并清楚地讲出自己单方面的意见。

二、较强的条理性、逻辑性

独白体的单向讲话，往往维持性差，这就要求独白者思维敏捷，条理清晰，内容环环相扣，话题集中，前后符合逻辑。

三、语言表达形式多样化

独白者在有限的时间内，要把自己的思想最迅速、最有效地传递给听者，并控制好全过程，必须充分展开话题，调动各种语言形式，使讲话新颖生动，亲切感人，有说服力。

【范例一】

课堂上，王老师声若洪钟："……这篇文章有结论，但是没有结论部分。为什么呢？我们平时不是说议论文有引论、本论、结论三部分吗？这篇文章为什么没有结论部分呢？对，因为结论就是中心论点，已在引论部分里明确提出，并在本论部分里得到了透彻的论述。如果再来一个结论部分，那就叫画蛇添足了。"

【范例二】

大雪纷飞，寒风凛冽。羊汤铺的小伙计在门口高声吆喝："羊汤羊汤，滚烫的羊汤，一碗下肚肠，浑身暖洋洋。"

【范例三】

在新教师欢迎会上的致辞

健 茂

各位新教师：

你们的到来，给我们学校注入了新鲜血液。（掌声）

掌声证明，对于你们四位，我们是热烈欢迎的。

在生理学的意义上，血液有O型、A型、B型、AB型之分。我不知在座各位老师是何种血型，也未曾作过调查。不过，你们可以相信，在非生理学的意义上，我们都是"AB型"，能接受任何"血型"；我们又都是"O型"，能输给任何"血型"。在以后的日子里，我们新老"血液"一定能友好、融洽地相处。

（掌声）

据说，人体的心脏是世界上最卓越的“水泵”，每天泵出血液达七至八吨。你们四位每时每刻泵出的“新鲜血液”与原来的“血液”汇流一起，无疑，我们的学校将更加充满生机！（热烈的掌声）

（选自《实用演讲辞大全》）

【课堂训练一】

阅读下列材料，并从中找出具体例子，说明独白语体的语言特点。

你问我妻子怎么也来藏？不妨跟你们兜兜底：我俩关系可铁呢，我这一走，她一个人呆在内地也没劲，倒不如夫妻相伴来西藏。夫唱妇随？不，不，好像也不尽然。我们是到了部队才相识的。那是1986年9月，我们新兵在一起集训，我们就恋爱上了，她当时好惹人注目。噢，我们算是干部，可以在部队谈恋爱的。她是从一所卫生学校毕业的。集训结束了，她分到了总队的医院，而我到连队。我们相距30余公里，一个来月才能见上一面。当然也不好意思经常跑她那儿，也都忙。她来我这儿，来了就闲不住，找出我床底一大堆脏衣服臭袜子，动手就洗，边洗边骂我懒。战友们来起哄，说我找了个贤妻良母好内助。她羞得不好意思，往后来帮我洗衣服就关住门不让人瞧见。再往后，我们就结婚了。只花了二百块钱，买了香烟、糖果、瓜子意思意思。战友们都来参加我俩的婚礼，很热闹。现在，我们已经有了一个小孩，是个挺招人喜爱的小家伙。我总觉得，我在工作上、事业上的抉择与成功，都与我妻子的支持分不开。她能理解我。不信，你们可以问问她自己。

（《一对青年军人夫妇的自述》）

【课堂训练二】

就"良好的口语能力是事业成功的阶梯"这一话题，口头发表自己的看法。

【课堂训练三】

一个教徒问牧师："祈祷的时候，可以抽烟吗?"得到的回答是否定的，还受到了训斥。另一位教徒问牧师："抽烟的时候，可以祈祷吗?"得到的回答是肯定的，还受到了赞扬。

两位教徒所问的意思是一样的，为什么得到的结果不同呢?

【课堂训练四】

参考训练题目：

1. 最难忘的
2. 发生在我身边的
3. 我给班长提建议
4. 我替学校做广告
5. 我的爱好
6. 我给大家透个秘密
7. 我的一天
8. 有节课，我一个字也没有听进去

第二节　独白体语体的基本表达方式

独白体语体的基本表达方式可分为叙述、议论、描述、抒情等。

一、叙述

把人物的经历、事迹或事件的发生发展过程表达出来，就是叙述。其主要作用是：①介绍人物的经历、事迹；②介绍事件发生发展的过程；③为论点提供事实依据；④直接塑造审美形象，等等。

二、议论

说者用摆事实和逻辑推理的方式来阐明自己的观点，表示赞成什么或反对什么，就是议论。它具有简洁明快、通俗易懂、针对性强的特点。其作用就在于使听者相信你的观点是正确的，你说的话是对的。议论要简练、形象，带有浓烈的感情色彩。

三、描述

用生动形象的语言，把具体事物的特征及形态细致地描绘给人听，就是描述。其作用在于使听者如见其人，如临其境，增加说话的生动性，从而更好地实现交际目的。描述时应注意目的明确，形象逼真，抓住特征并有所节制，手法得体。

四、抒情

讲话人向听者抒发和表露感情，就是抒情。其作用在于通过主观情绪和情感的表露去有效地感染听者，引起听者的共鸣。抒情在文艺性、抒情性很强的讲话中，起主要作用，而在事务性讲话中，则较少运用。其技巧有：①语意传情；②语音传情；③态势传情等。使用它必须是有感而发且恰如其分。

【范例一】

一位残疾姑娘这样叙述她参加考试的经过：

在一个风雨交加的日子里，我独自一人到百里之外的重庆赶考。负责报名的老师见了我，惊奇地打量着我，和蔼地说："你真行，去吧，好好考。"初试结束后，我和十几名参加录音的考生一起挤在门外，焦虑地等待着结果。就在我抬头张望的时候，我的心，一下子被揪紧了，刺痛了！——一位主考的女教师，正学着我走路的姿势，和别人说着什么。望着那滑稽可爱的样子，我为这位"教师"的行为气恼，也为我自己的不争气的腿痛苦，泪水刷地流了出来——我伤心地哭了！那位女教师发现了我，赶忙上来说："我正想告诉你，今天的录音结果，只有你参加复试。"听了这消息，一种悲喜交加的感情使我一句话也说不出来。

【范例二】

张志公先生在演讲邀请赛闭幕式上的即席讲话（节选）：

演讲是科学，演讲是艺术，演讲是武器。什么是科学？科学是对客观事物的规律的认识。演讲没有规律性吗？不能认识吗？不是的。它是有规律性的，所以说它是科学；演讲不仅诉诸人类的逻辑思维，而且诉诸人类的形象思维，不仅要用道理说服人，还要用感情感染人，所以说它是武器，而且是重要的武器……我不再多解释下去。

【范例三】

一位演讲者叙说一次车祸之后，在火葬场见到的一个场面，他是这样说的：

这里又是一幕惨不忍睹的场面：一个十来岁的小女孩，由爸爸牵着，匆匆赶来见妈妈最后一面。只见她急促地绕过一具又一具的尸体，来到妈妈的遗体面前，"咚"的一声跪在地上，她没有失声喊叫，没有号啕大哭，只是两眼直愣愣地望着妈妈，泪水扑簌簌地滚落下来，前襟湿了一大片，谁也拉不走。可当火葬场的工人要将妈妈的遗体送往呼啸燃烧的火炉时，她如梦方醒，拉着，赶着，撕心裂肺地喊着：“妈妈，妈妈，我要妈妈呀——”可是，阳光的色彩再也无法映入妈妈的眼帘，女儿的声音再也不能将妈妈唤醒。

【范例四】

梁惟岭《采煤工给工友的悼辞》（节选）：

亲爱的工友，站在你的面前，我们相隔这样近又这样远；昼与夜就这样黑白分明。在厚重的夜幕那面，你可听到了我们的呼唤！亲爱的工友，不管夜幕有多么厚重，我们也要把你寻找。去用我们的体温，暖热你冰冷的躯体；用矿灯的光芒，照亮你暗淡的途程……

亲爱的工友，你走了，走进了宽阔无边的煤田中。我们相信，你生活在每一块闪亮的乌金中，寻找你——我们将掘遍每一道煤层！我们将在千家万户的炉火炊烟里，追寻你的身影。

亲爱的工友，现在，太阳正越来越高地升起！阳光是多么刺目，刺得我们不得不眯起眼睛……感谢你，给了我们这么多阳光，但我们并不想独享太阳，我们将站在地平线上——站在你的肩膀上，永远向寒冬和黑夜宣战，把太阳高高地擎上中天！

【课堂训练一】

假如你是电视台的记者，现在来到你所在的学校，要对学校近年来的教育改革的情况作现场报道，你所面临的现场就是你所在班级的老师和同学。现在要求你，既要对全校的教改情况作综合报道，又要对本专业的教改作出具体报道，而且还要对班上的情况作现场报道。

建议：学生提前对全校和本专业的教改情况进行调查。报道时，依次上台，每人限时 3 分钟。对全校情况可概括叙述，对本专业的教改情况可详细叙述。

【课堂训练二】

用议论的方法说说以下话题：

1. 祖国母亲

2. 奉献爱心

3. 青年与时间

【课堂训练三】

1. 找本班一位同学的肖像，不说姓名，进行描述，让对方猜猜这是谁。

2. 以“当我接到录取通知书的时候”为题说段话。

【课堂训练四】

1. 有感情地把你的家乡讲给同学们听。

2. 介绍一件有趣的事。

第三节　独白体语体专项训练

一、介绍

介绍是指从中沟通，使双方相识或发生关系的意思。介绍的对象包括人、事、物。在交际中，介绍有着重要的意义，它是人与人之间相识的纽带和桥梁。其基本要求是：①内容必须正确，要有科学性、逻辑性，并符合客观实际；②不可添枝加叶，随意夸大或缩小；③表述要条理清晰，符合事物本身固有的规则、序列，要兼顾人们的认识规律；④用语要准确、易懂，注意分寸，做到深入浅出，言简意明。

介绍的范围一般有姓名、年龄、出生地、职业、职务、毕业学校、性格、爱好等。介绍的方法很多，常见的有抓特征、下定义、分类别、作比较、打比方、举例子、列数字、作描述、引材料、列条款、作分解、抓框架、按序列等。

介绍作为一种口语表达方式，要特别注意运用口语修辞技巧，如：介绍性口语的节奏一般不宜太快，要有变化；语调要抑扬顿挫，自然活泼，使人感到亲切、实在、有趣；吐字要清晰。

介绍按其内容对象分，可划分为人与人之间的介绍和人对事、物的介绍两大类。下面重点介绍人与人之间的自我介绍和居间介绍。

（一）自我介绍

把“我自己”介绍给对方，就是自我介绍。自我介绍时，可根据不同对象采取不同方式。若自我介绍的对象是一个人，你应有分寸地用好表示歉意的语言，如“打扰您了”，“对不起，麻烦您一下”，并适当地表示渴望结识对方的愿望和原因。当对方同意后，自我介绍者要用应答语表示高兴或感谢，如“认识您非常荣幸”，“谢谢您的热情接待”等。若自我介绍的对象是一个集体，自我介绍者不但要注意大家期望了解你的程度，而且还要尽可能地抓住机会，展示自己的个性。因此，用语应尽量个性化，避免空洞乏味。

自我介绍时，往往要说到“我”字。说“我”时要特别注意语气、语调、重音、目光等技巧的运用，使人能从这个“我”字中，感受到一个自信、自立而又自谦的美好形象。还要介绍好自己的名字，可巧妙注释，给人以深刻的印象。

【范例一】

相声演员高宏胜的自我介绍：

我叫高宏胜，高瞻远瞩，取得了宏伟的胜利。

【范例二】

著名相声演员马三立的自我介绍：

我叫马三立，年龄72岁，体重92斤。有人还夸我呢：马三立，你的名字多好听呀。其实不是，我的名字起得很不好。从字面上看，这个名字很简单，一二三的三，站立的立，马三立。我也不知道是谁给我起的这个名字，这些年我倒霉就倒霉在这个名字上了。马三立，这匹马剩三条腿才凑合立着，一碰就倒。

【范例三】

哑剧大师王景愚的自我介绍：

我就是王景愚，表演《吃鸡》的那个王景愚。人称我是多愁善感的喜剧家，实在不敢当，只不过是个“走火入魔”的哑剧迷罢了。你看我这40多公斤的瘦小身躯，却经常负荷许多忧虑和烦恼，而这些忧虑和烦恼，又多半是自找的；我不善于向自己所敬爱的人表达敬和爱，却善于向所憎恶的人表达憎和恶，然而胆子并不大。我虽然很执拗，却又常常否定自己。否定自己既痛苦又快乐，我就生活在痛苦和欢乐交织的网里，总也冲不出去。在事业上人家说我是敢于拼搏的强者，而在复杂的人际关系面前，我又是一个心无灵犀、半点不通的弱者，因此，在生活中，我是交替扮演强者和弱者的角色。

（《演讲与口才》1987年第9期）

【课堂训练一】

1. 用得体的语言，向全班同学作自我介绍。
2. 参加面试时，向企业领导作自我介绍。
3. 向班主任老师作自我介绍。

4. 向异性同学作自我介绍。

(二) 居间介绍

介绍者站在第三者的立场，使被介绍的双方相互认识，并建立起关系，就是居间介绍。一方面，被介绍的双方以介绍者为中介，开始交往；另一方面，介绍者要做好“媒人”，促进双方关系的建立，也要兼顾自己同双方关系的发展，恰当选择介绍用语。向尊长介绍时，要注意使目光注视尊长，面带微笑，选择好自谦的介绍用语。如：“王校长，我很荣幸地向您介绍，这位是省中专语文学会的×××会长。”向同龄人介绍时，用语可亲昵、简洁，随便一些。如：“王芳，你认识李洋吗？他就是。”从形式上谈，介绍用语常常用简明的语言直接陈述，三言两语就勾画出被介绍者的轮廓。如：“这是我的好友×××，是××报社摄影记者、美术编辑。”

【课堂训练二】

1. 如果你的父母到学校会见班主任老师，请你作居间介绍。
2. 把你的朋友介绍给你的老师或同学。
3. 学生会主席到你班，你向同学们作居间介绍。

二、解说

解说就是对口语交际中所涉及的观众或听众不熟悉、不了解甚至陌生的内容，按其特征和本质，运用明晰的语言有条理地向人们作解释说明。它具有说明性、知识性、客观性和浅易性。解说要确切、通俗、简练。其方式主要有：

(一) 简约性解说

用比较凝练的语言去解说，做到言简意明。

（二）形象性解说

用形象化的描述手段去解说，将解说对象说得更加生动、具体、感人，有感染力。

（三）阐明性解说

对一个看法作符合逻辑的言之成理的解说，得出令人信服的结论。

（四）纲目性解说

提纲挈领地分点解说事物、事理的方法。具有语言浓缩、以少胜多的特点。

（五）平实性解说

朴实、严谨的解说，一般直截了当地把事物、事理讲清楚，易赢得对方的认同和好感。

（六）诙趣性解说

用诙谐和幽默的语言来介绍人、事、物，语言俏皮、有趣，使你的表达更有吸引力。

【范例四】

夜景拍摄方法：

常用的是多次曝光法或一次曝光法。多次曝光法，即用三脚架固定相机，用快门线控制曝光。天未全黑时作第一次曝光，曝光量比正常情况略少些，待灯光亮后进行第二次曝光。一次曝光就是固定相机作长时间曝光。

【范例五】

山西省平遥县双林寺罗汉殿解说词（节选）：

您看这尊“哑罗汉”，坐在那里似座小山，首先给您以稳定而静止的印象。但细看则会感到他精气上行：那圆睁的双目，凝视着人世间的不平；那凌厉的目光，仿佛若有所思；那转动流盼的眼神，微蹙的眉宇间，表现了一种复杂的内心状态，似乎是有满腹不平事要讲要说；而那通红的脸膛，紧抿的双唇，又似乎表现了有口难言的神情。造型与性格相互呼应，刻画得非常成功，十分精彩。

【范例六】

睡前用热水洗脚好：

人们一天工作完毕，特别是长时间的走路或运动后，腿部肌肉不停地作收缩运动，大量的氧气和养料被消耗掉，同时还产生了乳酸和其他一些废物，下肢肌肉就会胀疼。用热水洗脚，能使血管扩张，促进血液循环和新陈代谢，改善足部和全身组织营养，降低肌肉张力，从而使脚部的氧气和养料得到充足供应，减少局部乳酸的废物积聚，消除疲劳，人也就觉得舒服了。对于失眠的人来说，睡前用热水洗脚，可以使皮脂腺的分泌和毛孔的散热机能得到充分利用，有助于入睡。

【课堂训练三】

挑选你最喜欢的一幅画（景物画、宣传画或寓意较浅显的漫画等）进行解说。

【课堂训练四】

了解你就读的学校，完成练习：

1. 你父母从未到过你的学校，对你在校的生活、学习很不放心。回家后，你向他们作解说，使他们了解学校情况，放下心来。

2. 在校园内一边走一边向新生或外校同学、朋友作解说，使他们熟悉学校并喜欢学校。

【课堂训练五】

回忆童年生活，找出一件最有趣的事，讲给你的同伴听。

【课堂训练六】

解说接龙。数人围坐一圈，找大家熟悉的实物或事理进行接龙式解说。由主持人开始，接顺时针方向递接，每人说一句。要尽量多地运用成语或四字熟语。

三、致辞

致辞是一种在特定场合使用的，内容较为单一、形式较为固定、抒情性较强的讲话。其作用是表达对某人某事的态度、感情、希望和要求，以增进感情，加深了解，融洽关系，广为宣传等。

致辞包括欢迎辞、欢送辞、致谢辞、致答辞、致贺辞、祝酒辞、祝寿辞、致悼词等。致辞有如下特点：

（1）模式性

致辞主要用于对人、事表达感情，表明态度，基调较为固定。如：欢迎辞有热烈欢迎和互勉的基调；致悼词则有对死者哀悼、痛惜和化悲痛为力量的基调等。致辞多围绕特定的基调安排结构，组织材料，一般不宜离开这个范围，就某一问题展开深入论述。

（2）有较强的感情色彩

致辞用以表达讲话者对人物、事情的各种感情以及希望、要求等，叙述和抒情往往成为致辞中常用的表达手法。在致辞中，情感的表现是第一位的。丰富复杂而细腻的感情，在不同的场合，会有不同的色彩。其目的就是建立和增进彼此间的情感，将自己的诚意传达给对方。

下面介绍几种致辞：

（一）祝辞、贺辞

祝辞、贺辞泛指对人、对事表示祝贺的言辞。祝辞和贺辞在某种场合可以互用，但二者所包含的意义并不相同。祝辞一般指事物未果，表示祝愿、希望；而贺辞一般指事物既果，表示庆贺、道喜。常用的祝辞、贺辞有：

（1）祝贺辞：一般指对某些纪念性活动表示祝愿、道贺的演讲辞。

（2）祝寿辞：指在对方寿诞之际，向他表示祝愿，希望他健康、长寿、幸福、快乐的演讲辞。

（3）祝酒辞：指亲朋相会、来访招待或喜庆宴会上的主持人、主人或客人向赴宴的全体人员发表的演讲辞。

（4）贺婚辞：指在结婚仪式上，对新郎、新娘表示赞颂和良好祝愿的演讲辞。

（5）贺喜辞：指向亲朋好友中那些取得优异成绩或重要成绩的人表示庆贺、道喜的演讲辞。

（二）欢迎辞、欢送辞

（1）欢迎辞：是主人（自己或代表一个群体）在迎接客人时发表的演讲辞。

（2）欢送辞：是主人为客人送行或长住一方送别辞行的另一方时发表的演讲辞。

(3) 答谢辞：指别人向你庆贺时，你用一定的礼仪致辞，给他以回谢的演讲辞。

(4) 告别辞：指客人即将离你而去，在临别时讲的话。

(三) 悼辞

悼辞是指在追悼会上向死者表示哀悼、缅怀与敬意的演讲辞。

【范例七】

周恩来为庆贺朱总司令六十大寿的祝辞：

亲爱的总司令朱德同志：

你的六十大寿，是全党的喜事，是中国人民的光荣！

我能回到延安亲自向你祝寿，这使我万分高兴。我愿代表那反动统治区千千万万见不到你的同志、朋友和人民向你祝寿，这对我更是无上荣幸。

亲爱的总司令，你几十年的奋斗，已使举世人民公认你是中华民族的救星，劳动群众的先驱，人民军队的创造者和领导者。

亲爱的总司令，你为党为人民真是忠贞不贰，你在革命过程中，经历了艰难曲折，千辛万苦，但你永远高举着革命的火炬，照耀着光明的前途，使千千万万的人民，能够跟随着你充满信心向前迈进！

在我们相识的二十五年当中，你是那样平易近人，但又永远坚定不移，这正是你的伟大！对人民你是那样亲切关怀，对敌人你又是那样憎恶仇恨，这更是你的伟大！

全党中你首先和毛泽东同志合作，创造了中国人民的军队，建立了人民革命的根据地，为中国革命写下了新的纪录。在毛泽东同志旗帜之下，你不愧为他的亲密战友，你称得起人民领袖之一！

亲爱的总司令，你的革命历史，已成为二十世纪中国革命的里程碑。辛亥革命、云南起义、北伐战争、南昌起义、土地革命、抗日战争、生产运动，一直到现在的自卫战争，你是无役不与。你现在六十岁了，仍然这样健壮，相信你会领导中国人民达到民族解放的最后胜利，亲眼看到独裁者的失败，反动力量的灭亡！

你的强健身体，你的快乐精神，象征着中国人民的必然兴旺！

人民祝你长寿！

全党祝你长寿！

【范例八】

在婚礼上的祝辞

安徽　陈殿林

女士们、先生们、朋友们：

今天是刘朋华先生、彭玉菊小姐喜结连理之日。在这个激动人心的美好时刻，首先请允许我代表在座的诸位嘉宾，向新郎、新娘致以衷心的祝福！同时，受新郎、新娘的委托，向在百忙中参加今天婚礼的诸位好友亲朋，表示热烈的欢迎和由衷的谢意！

爱情是古老而年轻的话题，也是不朽的人生主题。许多人已经拥有，更多人正在追求。两位新人有着初恋时“月上柳梢，人约黄昏”的热烈心跳，也有热恋中“冷落清秋伤别离”的难舍难分。经历了“相知不渝，金兰永结”的浪漫温馨，终于迎来了这携手共赴红线毯的幸福时刻。古往今来，多少美妙的爱情故事，曾让我们感叹不已，但无论是泪洒斑竹、魂断潇湘，还是天河凝望、情寄西厢，比之两位新人的爱情都要逊色三分。“只应书上有，却道俗尘无”的爱情故事，真实地呈现于我们眼前，使我们由衷地感到，凡尘自有真情在，到底人间喜事多！

刘先生才华横溢，事业有成，大江东去，声声涛涌，卷起千堆雪；彭小姐纯美善良，小鸟依人，似小桥流水，涓涓细流，滴滴润心田。真是郎才女貌，相得益彰。为此，我们真诚地祝愿两位新人在人生旅途上谱写更加绚烂的篇章。

我提议，为了两位新人的辉煌明天，为了双方父母的身体安康，也为了在座诸位嘉宾的有缘相聚，干杯！

【范例九】

马永顺的最后一篇发言稿

各位领导、同志们：

我“小马”今年43公岁多一点，年纪不大，到北京来的次数可不少。今天我又一次走进人民大会堂，见到中央领导和这么多新老朋友，心里热乎乎的。

我是个老党员，干了一些应该干的事，党和国家给了我这么高的荣誉，这是我个人的光荣，我们全家的光荣，也是全国广大林业工人的光荣。我感谢各级领导的关怀，我代表我们全家向到会的领导和同志们鞠一躬！

我“小马”和大山打了五十多年交道，干了两件事，早年伐树，现在造林。当年周总理接见我时，亲切地对我说：“小马，你们林业工人不但要多伐木，还要多造林，实现青山常在，永续利用。”我牢牢记住了周总理的教导，这么多年，年年都领全家人上山造林。如今林区可采的大树越来越少，可不能再吃祖宗饭，造子孙孽了！我在山上栽的树苗不多，领导和同志们夸我是造林英雄，这实在不敢当。国家实施天然林保护工程，我们铁力林业局不再靠大木头吃饭了。去年局长、书记领职工上山栽树，数量比以前翻一番。我看了心里可高兴啦，青山常在大有希望啦！

50年庆典，我去北京，全国总工会的同志陪我检查身体，说我身上的零件没毛病。看来我这匹“马”不算老，还能拉套。我只要呼吸不停，就年年上山造林，为实现青山常在，绿水长流，多栽几棵树！

我编了几句造林顺口溜，下面用抬木头号子的调门，喊唱给大家听一听：行动起来呀！植树造林啊；绿化祖国呀！造福子孙啊……

【课堂训练七】

从报刊或演讲致辞集中找一篇致辞，分析其特点，并从中增长见识，学习表达技巧等。

【课堂训练八】

组织一次第二课堂活动，模拟致辞训练。可向获得优秀毕业生荣誉的同学表示祝贺；可向新同学致欢迎辞；可模拟向毕业生致欢送辞等。

【课堂训练九】

调查本班同学的出生时间，以生日最临近的一个或几个同学为祝贺对象，进行生日致贺辞活动。

四、导游

导游是面对特定的对象、事物或环境进行解释、说明的语言形式，与解说有许多相同之处。不过，导游有更强的适应性。具体体现在：①导游工作环境具有流动性、多样性；②导游工作对象具有多变性、差异性；③导游人员口语表达还有即兴性等。为此，导游人员要特别注意语言的调节。在导游过程中，导游人员应随时观察旅游客人的情绪反应，要善于了解旅游客人的思维特色，要注意旅游客人的生理因素引起的心理变化等，在语言使用上要体现生动性、描述性、渲染性、充实性、哲理性、风趣性等。导游者要有良好的口才，更要有丰厚的知识。

【范例一〇】

幽深秀丽的巫峡（节选）

“放舟下巫峡，心在十二峰。”游览巫峡，人们最感兴趣的恐怕就是十二峰了。这十二峰，可以说是一座山峰，一番风景，而且都各有一段诱人的传说。可惜在船上只能靠别人的指点，约略望见九个峰的影子，有三个峰连影子也见不到。因此，要真想领略十二峰的风光，非身临其境不行。

巫山十二峰，分别坐落在巫山县城下游的长江两岸，江南江北各有六座。古人根据这些山峰的形象和风景特点，都给它们取了名字，江北有登龙、圣泉、朝云、神女、松峦、集仙，江南有净坛、起云、飞凤、上升、翠屏、聚鹤。单看这些名字，就够吸引人的了。十二峰中神女峰最出风头，它的拟人化水平最高，又最显眼，大量诗词和美丽的神话传说，都帮了它的大忙。其实若论山里的风景，许多峰都超过了神女峰。神女峰的对岸，有个面江临溪、群山环抱的青石镇，是眺望神女峰最理想的地方。在这里住些日子，就可以深入山区，漫游人间仙境。但是，光凭兴致不行，还要有探险家的勇气和毅力，当地人谈起来，可以达到神奇古怪的程度。据说有些人攀登几次也没有成功，正等待着勇敢的人去征服它。

【课堂训练一〇】

同学来到你家乡，参观名胜古迹，请你作导游。

【课堂训练一一】

你的同学或朋友从家乡来到学校，请你带领他们参观学校，并作导游。

【课堂训练一二】

搜集有关资料，写出关于长城、曲阜三孔、泰山、西湖等地的导游词。

五、主持

主持是指主持人对某一节目或某一活动的幕后策划和台前指挥。人们通常听到、看到的广播、电视节目以及晚会活动中，主持人主要是在台前现场指挥。主持人是节目的参与者、操办者、组织者、指挥者，常以第一人称“我”或“我们”的身份出现在话筒前或屏幕上。主持人的水平主要就体现在“串联”能力和“控场”能力上。可以说，主持人语言水平的高低，直接决定主持的成功与否。

（一）主持人的语言特点

1. 口语化

主持人的语言是“说”给听众听的，而不是“念”给听众听的。主持人面对的是不计其数的观众或听众，且在有限的时间里要传播尽可能多的信息，因此，主持人的语言就必须经过反复加工，精心锤炼生活用语，使人感到既简练明快，干净利落，又温和亲切，活泼生动。

2. 大众化

一般地说，接受主持的往往是一个群体，这就要求主持人在组织语言时，必须熟悉观众、听众，把握他们的心理、个性特点，弄清他们的欣赏要求和欣赏水平，努力使自己的语言大众化、平民化。在组织语言时，还要注意掌握听众语言的共性。

3. 个性化

不同的人有不同的个性，每个主持人的语言当然也具有自己独特的个性特点，语言表达要与自己的身份相符。因为不同的主持人年龄不同、性别不同，主持节目的内容不同，这就要求主持人说出“自己”个性化的语言，突出自己的风格。

（二）主持的技巧

要当好主持人，做好活动的主人，那就应该掌握主持的技巧。

1. 巧于开场

好的开始便是成功的一半。巧妙的开场，可以为活动的气氛奠定基调，从而保证活动的顺利进行。若要设计好开场语言，就必须充分考虑观众或听众。开场技巧一般有以下几种：

（1）直接点题，简明扼要地把活动内容及主题讲明白。

（2）调动全场情绪，使全场人人情绪高涨，注意力集中。此时，主持人的语言要富于启发性、诱导性，引导全场进入角色，进入境界。

（3）要周到得体，照顾全局。

（4）要根据活动的具体实际，作些灵活的设计，或讲形式，或借环境等喻示主题。

2. 巧于连接

一场活动的主持，是整个活动的有机组成部分。主持人要特别设计好各项内容之间的连接语，使之自然流畅，接续无痕，使整场活动浑然一体，也展示出整个活动的凝聚力。主持人的连接语是动态的过渡，它承上启下，调动观众感官，控制现场气氛。设计要别开生面，恰到好处。若两人以上主持，还要注意配合默契，语言协调。

3. 巧于应变

主持一场活动，遇上点小麻烦是难免的。这要求主持人要临乱不慌，保持镇静，并用巧妙的语言化解和调节。

4. 巧于结尾

一次成功的活动总是善始善终的。结尾的语言常用抒情的方式获取共鸣，用议论的方式引人思考，用点题的方式总结全程。好的用语能引起人们对此次活动的回味。

（三）主持人的基本要求

1. 敏锐的观察

主持人的语言有鲜明的“临场性”。主持人需有一双敏锐的眼睛，在自己主持的各种活动中，面对各种复杂情况，随时准确地观察并迅速地作出判断，这样才能掌握主持活动的主动权。

2. 准确的记忆

主持人应将一些资料、数据、典故、趣事等记得毫无差错，并随需要脱口而出，以引起人们浓厚的兴趣。

3. 得体的态势

非语言信号的态势是影响听众心理与情绪的重要因素。主持人是群众的忠实“服务员”，只有热情诚恳、亲切自然的语态，才是联结别人的心理桥梁。

4. 明快的表达

主持人的话要说得轻松洒脱，简洁明快，有时需带点风趣与幽默，或作一点形象生动的描述，这样轻松、畅达、明晰的表达，方能统摄全场。

【范例一一】

有位教育局长主持先进教师经验介绍会，用了这样的连接词：

榜样的力量是无穷的。听了这位班主任的发言，我们深感身教重于言教。但是在整个教育过程中，除了身教还要不要言教？

言教应占怎样的地位？老师应怎样研究言教的艺术？××老师在这方面作了可贵的探索，下面请他介绍。

…………

言教需要美好的语言，美好的语言来自美好的心灵，美好的心灵来自不断的自我修养。××老师注重品德修养的故事曾在许多学校传颂。下面就请××老师讲一讲。

【范例一二】

下面是一个监考官的开场白：

同学们，考试就要开始了。大家都是久经沙场的老战将，对考场纪律、考试规则可以倒背如流，那些我就不再重述了。我作为一个监考者，既是一名服务员，又是一位裁判员。我将给大家提供最佳的服务，只要你举起一只手，必定回报“我来了”，不敢有丝毫的怠慢；但裁判员的身份又要求我是公正的，望我们互相关照，并原谅我的公正和严厉。最后祝大家考出优异的成绩。

【范例一三】

有一次杨澜到广州主持一个娱乐节目，上台时一不小心跌了一跤，场下顿时哗然，情急之中，杨澜嫣然一笑说：“今天来到广州主持节目，意料之外跌了一跤，看来广州的舞台是不好上的。但我又很自信，有台下这么多热心的观众朋友，我相信今天的这台晚会一定会是最为精彩的。”短短的几句话赢得满场喝彩。

【课堂训练一三】

由班级统一安排，让大家都有一两次主持班会、团支部会或小组会的机会，并确定一个中心议题进行深入讨论。

【课堂训练一四】

1. 主持班级的节日联欢会。
2. 主持一次春游联欢会。
3. 主持一次班与班之间的联欢会。

(要求正确运用主持人的语言及技巧)

【课堂训练一五】

推选一名同学主持专题班会，大家根据会议内容，事先帮他出主意、想办法，设计好主持语言。事后总结，哪些地方成功，哪些地方需改进。

【课堂训练一六】

注意收看电视专题节目，学习电视节目主持人（如赵忠祥、倪萍、崔永元、敬一丹等）的主持技巧，学习其风格。

第六章　会话体口语训练

第一节　会话体语体的特点

一、会话

会话是指两人以上的谈话，是两人或更多人之间为了交流信息，交换意见，讨论问题，沟通情况而进行的口语交际形式，常以互问互答的方式进行。

在会话时，对话的主体、客体不具有固定性，而是互换的。也就是说，语气表述呈双向性或多向性，而不是呈单向性。这是会话体与独白体的根本区别。

人们的聊天、谈心、座谈、讨论、对话、洽谈以及辩论等都属于会话体。

二、会话体语体的特点

会话作为一种最基本的口头语言表达方式，与其他口头语言表达方式有很多共同点，但也有自己的特点。

（一）依赖情景

会话的双方同时处于同一交际场合，所以，对背景知识有共同的认识，无需以大量的充分展开的言语表达自己的思想。因此，会话依靠双方共同理解的情景，语言形式更简略，有时甚至还出现某些词语的脱漏、句子的残缺等现象，但并不影响交际。

（二）随意发挥

会话有很大的随机性，一般无法在事前作详尽的准备，缺少从容酝酿的时间。会话的双方应增强现场意识感，敏于思辨，随时注意对方的反应，由此决定说话时间的长短、内容的深浅以及是否需要变换话题等。

【范例一】

"两张北京。"
"拿好，找你16.8元。"
"谢谢！"
这是一段发生在火车站售票口的对话，由于特定环境的需要，旅客省略了某些句子成分。假如补全成分，即成了"我买两张去北京的火车票"。

【范例二】

一位在东站值勤的民警看到栏杆上挂着猪肠，喊叫起来："谁的肠子？这是谁的肠子？……"一位姑娘红着脸走过来，说："别喊了，东西是我的。""你怎么把自己的肠子挂在栏杆上？影响市容，罚款！"姑娘反唇相讥："你这人是怎么讲话的？这是猪肠，你怎么说成了人的肠子？你的肚子里长猪肠？你言语不文明，更应该罚款。"

【范例三】

1984年秋天，中英关于香港问题的谈判进入了达成协议的关键时刻。第22轮会谈的第一天，在钓鱼台宾馆，中方代表周南又以谈家常的方式对英方代表伊文思表明自己的态度和期望："现在已经是秋天了，我记得大使先生是春天前来的，那么这就经历了三个季节了：春天、夏天、秋天——秋天是收获的季节。"

【课堂训练一】

两位同学一组，演示买电影票的对话。

【课堂训练二】

阅读并评价下列一段对话。

"您老身子骨真硬朗，今年高寿？"

"七十九，快八十了。"

"好啊，人生七十古来稀，七里数您最长寿吧？"

"哪里，老宋头是冠军，他活了八十五。可是年纪不饶人，他前几天去世了。"

"唷，这回该轮到您了。"

【课堂训练三】

补充下面的对话。

两个青年去拜访从前的老师，谈话过程中提到："老师，听说您的夫人是教英语的，我们想请她指教，行吗？"

老师为难地沉默了片刻，说："那是我以前的爱人，前不久分手了。"

…………

【课堂训练四】

你是卖瓜果的营销员。有一次，一位顾客买了你的苹果，又偷偷地多拿了两个大的。你看见了是责备，是破口大骂，还是有礼貌地说？

第二节 会话体语体的技巧及专项练习

会话体语体的基本技巧是指会话时驾驭语言的能力与技巧。常用的语言技巧有接近、提问、赞扬、安慰、批评、道歉、拒绝、说服及电话交谈等。

一、接近与提问

（一）接近

在日常生活和社交生活中，如何与人接近，给人留下良好的第一印象，为以后的深入交际打好基础，是很值得探索的问题。

1. 说好寒暄语

寒暄是人们交谈的契机，是人们初见面的应酬话。这是人们交谈的开始，是人们为了正式交谈所进行的一种感情铺垫。好的寒暄语可以为下面的交谈创造好的氛围，它是沟通交谈双方感情不可少的桥梁。

寒暄语一般由称呼和应酬话两部分组成。如："张老师您早，今天天气可真好。"

寒暄语的方式一般有问候式、夸赞式、描述式等。

寒暄语的使用原则是双方交谈一般不直接介入实质性的问题，要先寒暄一番。待交谈气氛融洽了，即双方的心理相容时，再慢慢说明来意。另外，寒暄语一定要因人而异，杜绝千篇一律的“今天天气哈哈哈”之类。

称呼语使用要得当。根据交际双方关系的认定，确定使用尊称还是泛称。尊称常用“您、贵、老”；泛称常用“先生、师傅、小姐、同志”，或是姓名加职务、姓名加辈份。

如果可能，最好叫出对方的姓名。美国著名演讲口才艺术家卡耐基认为，一个人的名字对本人来说是最重要的字眼，一般人对自己名字的兴趣远远超过对地球上所有人的名字的兴趣。同时为了让对方记住你，你也要准确而独特地通报自己的姓名。

2. 知人善谈，话题集中

根据对方的情况确定相应的态度、语速词汇、表达方式和主题。竭力找出与对方的共鸣点、共同语言。只有这样才能实现交际的愿望。

3. 注意对话的空间距离

根据通常情况，人们在拜访与接待谈话中的个体空间需求大体可分为三种距离：亲密距离、个人距离、社交距离。人与人的身体间隔在 15 厘米至 45 厘米之间为亲密距离，适于近亲或很要好的朋友之间的交谈。人与人身体间隔在 45 厘米至 1.2 米之间为个人距离，这段距离伸手可以握到对方的手，但不容易接触到对方的身体，适用于一般熟人、朋友。人与人的身体间隔在 1 米至 3 米左右为社交距离，通常用于与自己比较生疏的、关系不大的客人交谈。对你所熟悉的一般异性朋友，也还是应保持一定距离，采用个人距离或社交距离为好。

4. 体态语不要过多

体态语过多，举止不文明，容易引起对方的不悦，影响交际。如：手舞足蹈、指手画脚、搓手耸肩、搓衣角、挖耳朵等。

【范例一】

1954 年，周恩来总理出席日内瓦国际会议，为了向外国人宣传中国人并不好战，决定为外国记者举行电影招待会，放映越剧《梁山伯与祝英台》。为此，工作人员准备了长达16页的说明书。周恩来看了批评说："这是不看对象，对牛弹琴。"周恩来说："我换个弹法，只要你在请柬上写一句话：'请您欣赏一部彩色歌剧电影：中国的《罗密欧与朱丽叶》。'"

【范例二】

电话机的发明者贝尔到朋友许巴特的家里，希望许巴特为他正在进行的新发明投点资。他开头并不讲这笔投资能获得多少利益，也不讲他的发明有多重要。他在许巴特家里先是弹奏钢琴，忽然中途停止，对许巴特说："你知道吗？如果我把这脚板踏下去，向着钢琴唱出一个声音，比如唱一声'多'，这钢琴也会应一声'多'。你看，这事有趣吗？"许巴特感到新奇，便问是怎么回事。贝尔对他详细解释了复音电信机的原理，并说出了自己的资本还不够。结果，许巴特很情愿地拿出一笔钱来给贝尔作部分实验经费。

【范例三】

大连市市长薄熙来在"佳能杯"日语表演赛上致辞：

"大家下午好，很对不起，来晚了。其实我来早了也没用，因为反正我不懂日语。我好佩服吕万山会长和张步宁主任，他们从一开始就坐在这里聚精会神地听你们演讲，好像他们也很懂日语。日语演讲比赛越多越好，看一大堂坐满了人，我有两个相反的想法：一是，这么多人学日语，说明日语挺好学，我也应该学；另一想法是，这么多人学，那我还学什么，到处都有我的翻译。"

【课堂训练一】

在候车厅或公交汽车停车点，你怎样接近一位与自己年龄相仿的同性别的陌生人？（两人一组演示）

【课堂训练二】

学期结束，在回家的路上，恰遇过去的同桌×××，你怎样开始谈话？（两人一组演示）

【课堂训练三】

在第二次世界大战大反攻的最后阶段，艾森豪威尔将军到莱茵河边的阵地视察，碰到一个情绪沮丧的美国兵。

“孩子，你感觉怎么样？”将军问道。

“将军，”年轻的士兵答，“我有些紧张。”

“好，”艾森豪威尔说道，“我和你是一类的人，因为我也很紧张，也许我们两人一起走走后，我们都会感觉好些。”

（二）提问

提问的目的，在于获取信息，打开话匣子，以利于沟通。一个问题如何问，往往比问什么要重要得多。一次提问能否得到完善的答复，很大程度上取决于提问的技巧怎么样。

1. 态度真诚，谦和。不可以故作高深，盛气凌人。

2. 对于敏感性问题或个人隐私，一般不予提问。

3. 选择对方最适宜答复的时候才提问。

4. 注意使用提问模式。比如使用陈述语气加疑问语缀：“你看完《红楼梦》，能说说最喜欢谁吗？”必要时可以运用延伸技巧，如：“为什么会这样呢？”

5. 善于把握对方的心理脉搏，寻找和利用双方的共同点，有利于提问的正常进行。

【范例四】

有一位做服装生意的个体户，当他预测到某一款式的西服有较大销路时，便决定购进400件，于是和卖主进行谈判。为了了解购买服装的最高价格、最低价格，他采用一连串的提问来了解实情。他要求卖主告诉他购买40件的价格，购买400件的价格，购买4000件乃至万件的价格。又要求："假如我们再加大一些订货，你们在价值上能优惠到什么程度?""如果与贵厂订立长期合同，你们在价格上又怎么考虑?"这样，买主立即获得了最有价值的信息，以最合理的价格做成了这笔交易。

【范例五】

在一次联欢会上，观众席上有位女士问赵本山："听说你在全国笑星中出场费是最高的，一场一万多元，对吗?"赵本山说："你的问题提的有些突然，请问你是哪个单位的?""我是一家电器经销公司的。"女士说。"一台录像机卖多少钱?""4000元。""那么，有人给你400元，你卖吗?""那当然不能卖。""为什么?""因为一种商品的价格是由它的价值决定的。""那就对了，演员的价值是由观众决定的。"

【范例六】

中国第一位现代舞拓荒者裕容龄，年轻时随外交官父母迁居巴黎。囿于旧礼俗，她一直不敢进言学舞的愿望。一次日本公使夫人来做客，顺便问其母亲："你家小姐怎么不学跳舞呢? 我们日本女孩都要学的。"裕母不便拒绝，顺水推舟道："以后让她学吧!"裕容龄趁机进言："好母亲，我今天就学日本舞，跳给你看好吗?"说罢便换上舞装跳起《鹤龟舞》，公使夫人夸赞不已，母亲只好认可。

【课堂训练四】

一位来自烟台的同学，性格开朗，英语水平很高，你想和她探讨有关英语学习的问题。你认为在什么时间，什么地点，以什么内容切入，用什么方法提问好呢？以组为单位讨论并演示。

【课堂训练五】

下面的问话毛病在哪儿？试换一种问法。

在炎热的夏天里，朋友们走进一个酒家，这个酒家的鱼做得很有名气。朋友甲问："今天的鲤鱼新鲜吗?"服务员顺口回答："新鲜!""那就先来个红烧鲤鱼。"

二、赞美与安慰

（一）赞美

赞美，也叫"赞扬"或"称赞"。它是人们表达自己内心良好感情的一种语言行为。

在我们的日常生活中，人人需要赞扬，人人喜欢赞扬。这是渴求上进，寻求理解、支持与鼓励的表现。真诚的赞扬，体现了对人的尊重、期望和信任，有助于增进彼此的友谊，是协调人际关系的好办法。试想，你刻意去寻找别人的价值，并设法告诉他，让他觉得那价值实在值得珍惜，从而创造出一个崭新的自己，这样我们便等于扮演了鼓励他、帮助他的角色，这也体现了友谊的真正价值。

1. 赞美的原则

（1）要实事求是地真心赞美。也就是说不能言不由衷或言过其实，否则有虚情假意之嫌。

（2）要及时，要“雪中送炭”，而非“锦上添花”。最需要赞美的不是早已名扬天下的人，而是那些受压抑、自信力不足、总受批评或正在前进的路上摸索的人。

（3）赞美要有新意，要独特、具体。有特点的赞美比一般化的赞美更可贵，也更可信，从而也就更能打动人的心灵。赞美越具体，说明你对他越了解，从而使人际关系更融洽。

2. 赞美的方式

（1）借用第三者的口吻赞美。特点是客观、公正、实在。如“你很侠义”，不如换成“你们宿舍的同学都说你很侠义”。

（2）直接赞美。这是最一般也是最常用的方式。特点是及时、直接。如：“这次作文比赛你表现很出色。”

（3）间接赞美。当事人不在场时，背后说些赞美他的话。一般情况下，间接的赞美都能传达到本人。特点是含蓄，有真情。

【范例七】

《少林寺》这部电影，可以说是开武打影片之先河。其情节安排、人物塑造、武打设计、画面景观及音乐等都有过人之处。一位教授这样表示他的赞美：“我最喜欢白无瑕这个形象。一个十六岁的少女，举起鞭儿赶豺狼，嗬，这是什么气概！我认为《少林寺》的成功就是白无瑕的成功。”

【范例八】

有对新婚夫妇定做了一套家具。一天，张丽前往拜访。她用欣赏的眼光打量起家具和居室的安排，并一再表示家具的色泽、式样和居室的色调、风格搭配得十分和谐。主人的心情格外高兴，谈话的气氛也十分融洽。

【范例九】

英国国王爱德华八世为了爱情而放弃王位的故事，是许多人都知道的。他所爱的辛普森夫人并不年轻漂亮。温莎公爵为什么爱她爱得那么深挚，以至舍弃王位都在所不惜？而后来成为温莎公爵夫人的这位美国女人的魅力何在呢？这里当然有多种因素，但其中最重要的一条就是这位夫人特别爱听温莎公爵的谈话。美国学者多茜写道："在我所见的听众中，最具有赞赏力量的要算温莎公爵夫人了……"

【课堂训练六】

法国某将军屡战屡胜，有人称赞他："你真是个了不起的军事家。"他无动于衷，因为他认为打胜仗是理所当然的。而当那人指着他的鬓须说："将军，你的鬓须真可与美髯公相媲美。"这次将军欣然笑了。

思考一下：为什么会这样？

【课堂训练七】

教师指定一位同学，要求每个学习小组选出代表对这位同学进行赞美，比一比，看哪一组的代表赞美得让人愿意接受。（注意赞美方式及角度、内容）

【课堂训练八】

日常生活中自己是否主动赞美过别人？别人（包括老师、家长）是否赞美过自己？你是否接触过因赞美而加倍努力克服困难，最后成功的事例？试讲一例，然后大家进行分析。

(二) 安慰

安慰，也叫“劝慰”、“抚慰”。它是调动积极情绪，使情绪低落的人恢复正常的一种语言行为。目的是调动对方的积极情绪，重造一个良好的心境。

1. 安慰的原则

(1) 要有同情心。把对方的事当作自己的事，只有这样方能激起自己内心的情感，与对方的内心情感保持一致，令对方感到亲切与欣慰。这样方能顺利地进行下一步的转化。

(2) 要从不同的角度去调动对方的积极情绪。我们知道，任何事物都不是绝对的，我们要尽量挖掘有利因素来引导对方摆脱坏的一面，从好的一面来看待人生，尽显安慰的效果。

2. 安慰的方法

(1) 对比、对照法。首先认同对方的心境，然后对此表达出“这还算幸运，还有更糟的”或“这是不幸，也是大幸”的思想。

(2) 寓庄于谐的幽默法。针对由于不快或不幸而引起的心理忧郁，情绪低落，与其一本正经地讲道理，让对方放弃这种不快或不幸，还不如让他以轻松愉快的心情来面对现实。

(3) 结合劝服法。可以直接正面劝服，也可以间接侧面劝服，还可以从反面劝服，使对方摆脱困境，从而获得好的情绪。

【范例一〇】

有一位母亲有两个儿子。大儿子是种植枣树的枣园主，二儿子是行船做买卖的。老人经常为两个儿子担忧：刮风的时候，为做枣园主的儿子担忧，怕把枣子刮下来；没风的时候，为做买卖的儿子担忧，怕船起不了航。结果总是愁眉苦脸。后来有人叫这位母亲换一个角度来看：刮风的时候，想到小儿子乘风破浪挣大钱；没风的时候，想到大儿子枣子大丰收。心境自然就好了。

【范例一一】

一天晚上，张三在床上辗转反侧睡不着觉，妻子便问道：“怎么了，哪儿不舒服？”张三叹口气说：“唉，我欠银行的贷款，明天就到期了，现在还没有着落。”“咳，就为这点小事？”妻子不屑一顾地走下床，拿起电话，一本正经地对着话筒说：“喂，银行经理吗？你听着，我丈夫明天没钱还你。”说完便放好电话，对张三说：“现在你可以放心睡了，睡不着的应该是银行经理。”

【范例一二】

小张从大学一年级就谈恋爱了，三年了，最近不知何故女朋友跟他分手了。他很伤感，情绪低落，学习成绩也一落千丈。一位教师知道后说：“知道你失恋了，我是来向你道贺的。”接着说：“大学生都希望快点成熟起来，这不值得道贺？大学生的恋爱大多只能属于非婚姻型。一是大学生在校期间不准结婚；二是很难料到将来能否在一处工作。随着知识的积累，人也慢慢成熟了，就有可能重新考虑对方，婚姻恋爱观也就悄悄地改变了。应该说这是心理成熟的标志……”

【课堂训练九】

有一位年轻的建筑工人在高空作业时不慎摔伤，处于昏迷状态。患者在医院里苏醒后，觉得下肢不听使唤，遂怀疑自己将终生残废，萌生了轻生念头。

假如你是患者的朋友，你将怎样劝慰他？

【课堂训练一〇】

有一位参加自学考试的同学，两门课都没有及格。她痛苦得茶饭不思，夜不能寝。请你想办法安慰她，使她能恢复正常的心境。

【课堂训练一一】

新生入校一个多月了，你的老乡王平同学一直解决不了想家的问题，如此下去，对学习影响很大，请你安慰她一下。

三、批评与道歉

（一）批评

批评也可以叫“责备”或“指责”。它是指出别人的言行违背了情理的一种语言行为。批评的目的是督促进步。

1. 批评的原则

（1）出于善意。这是批评的最基本要求。批评的出发点是解决问题，是“治病救人”。所以我们的出发点必须友善，只有让对方感受到我们的诚意，才不会在思想上产生抵触情绪。

（2）以事实为依据。批评要就事论事，对事不对人，不能夸大其词。一次只能批评一件事，越具体越好。

（3）讲究时机。一般说来，当着其他人的面不要批评，那样容易让人下不了台，造成人际关系紧张。当别人过度悲伤或不高兴时不要批评。吃饭时，睡觉前，节日时不宜批评。批评要及时，在双方关系比较融洽时，冷静下来以后，或对方主动征求意见时进行批评。

（4）因人而异，选择不同的方式。

2. 批评的技巧

（1）迂回法。由真诚的称赞开始，再转入批评。特点是容易打消对方的思想顾虑，收到好的效果。

（2）提醒法。用暗示性的语言提醒对方，使其意识到自己的错误。特点是维护对方的自尊心，使之感情愉悦，从而顺利地接受批评。

（3）商讨法。以诱导的方式让对方自己体会自己的过失，寻求改正或补救的方法。特点是使双方增进了理解和信任，避免了“正面交锋”。

（4）认同法。批评对方之前，先检讨自己的过错，这实质上是在进行“认同”。特点是使对方心理上产生认同反应。关键是找出双方的共同点，包括姓名、经历、观点、年龄、职业、兴趣、学历、籍贯等。

【范例一三】

美国总统柯立芝一天上班时，对女秘书说：“你今天早上穿的这件衣服多漂亮啊，看起来你真是位迷人的小姐呀！”秘书听后不由地开心笑了。这时柯立芝一转话题说：“现在可不能太高兴了，我这么说只是为了让你舒服一点。从现在起我希望你对标点符号稍加注意。”

【范例一四】

华盛顿当总统时，他的秘书经常迟到。有一次秘书迟到后撒谎说：“万分抱歉，我的表在路上又出了毛病。”华盛顿说：“我的表也常出毛病，可我换了一只，建议你也赶快换一只表，不然，我就只好换秘书了。”

【范例一五】

居民楼上，三楼的张太太到刚搬来的李太太家说：“对不起，我们的孩子近几天不舒服，白天晚上的哭闹，我想一定影响你们休息了。”李太太连忙回答：“没有，没关系，倒是我们装修房子，声音可能更大一些。请原谅，我们会多加注意，休息时间尽量不干。”

【课堂训练一二】

如果你是科长，你办公室的一位同志上班又迟到了，请选择下面的批评方式，并说明理由。

1. 你怎么又迟到了？简直不像话！

2. 都几点了，同志！你不能早点来吗？

3. 迟到可不好，你要注意影响啊！

4. 现在交通拥挤，早出来十分钟就好了。

5. 你呀，晚上早点睡，早晨早点起，车好坐，路上又不用着急，你说是不是？

【课堂训练一三】

一位老太太到你店里买东西，拿起东西就走，忘记了付款。请用提醒对方的方式解决这个问题。

【课堂训练一四】

下文中，主人公用的是什么批评方式，有什么特点？

北京公交公司售票员李素丽验票时请一位要下车的乘客拿出票来，这位乘客在兜里摸了半天也没找到票。李素丽耐心地说："别着急，再好好找一找。"顾客边找边说："放哪儿去了？"李素丽说："实在找不到，请您照章补一张吧。"乘客不大好意思地补了一张。李素丽给他票时说："下次乘车请您保存好车票，以免耽误您和大家的时间。"

（二）道歉

道歉也叫"致歉"。它是对他人表示歉意，并请求对方谅解的一种语言行为。道歉是情感交流的一个重要环节，在人际交往中起着重要的作用。

道歉有一种是因过失或损害而致歉，有一种是礼节性的致歉。

道歉的原则是出自内心的，确有诚意。只要我们站在对方的立场上处理过失所造成的伤害，矛盾自然会得到解决，紧张的人际关系也会得到缓和。道歉的方法有直接道歉，即当面向对方承认错误，请求谅解；有间接道歉，即可通过托人传话、写信、打电话等方式表示歉意。

【范例一六】

小张和小王中专毕业后同时来到一家企业工作。上班第一天就得到好心人的忠告：厂子不大，情况复杂，分帮立派，平时应少说多看。两人谨记。过了一阵子，同事甲找到他俩，趁身旁没人，悄悄地说："你们觉得我们厂现在怎么样？"两人异口同声地回答："挺好的。"甲进一步问："你们觉得厂长怎么样？"小张说："对不起，厂长办公室我很少去，不像你，能经常接触刘厂长，说起来你更了解他。"甲说："说得也是，刘厂长挺能干的，厂子能有今天，多亏了他。"小王说："听说刘厂长喜欢跳舞，人称'舞'林高手，是不是这样？"甲说："你还听到什么？"小王说："还有贷款买房子的事！"甲笑笑，走了。又过了几天，销售科调人，把小张要去了。

【范例一七】

某保险公司推销员小李，首次到一所学校的办公室发展保险业务。一推门，小李走进办公室说："对不起，打扰了，我想占用大家几分钟时间，可以吗？"得到大家的默许后，他把保险的作用、适应的种类、大家有可能关心的问题一一表述完毕。这时，出于偶然的原因，他无意打破了王科长的一只杯子，小李很不好意思地一再道歉，并表示赔偿。后经王科长一再解释不用赔偿，小李才作罢。两天以后，王科长接到一个电话，内容是对上一次的“杯子事件”表示遗憾，再一次请求原谅。结果，王科长和小李最后成了好朋友。

【课堂训练一五】

小李英语考得不好，给全班拖了后腿，这时英语老师来了，大家都望着小李，如果你是小李，你会怎么办？

【课堂训练一六】

小平是位爱唱歌的同学，一次偶然的事件你错怪了小平。你们两人有了隔阂，你又不好意思当面道歉。请想一个婉转的道歉方法。

四、说服与拒绝

（一）说服

说服也叫“劝说”。它是让别人放弃已有的观点而去接受其他观点的一种语言行为。说服是增加影响力的方法之一。

1. 说服的原则

（1）了解说服对象，做到因人而异，对症下药。一个人的性别、年龄、职业、知识水平、经历、性格不同，接受他人意见的方式和敏感度也不同。只有知己知彼才能命中靶子，一举成功。

（2）情要真，理要明。要做到观点正确，讲述具体，以情动之，以理服之。

（3）说服以前作好充分的准备。说服之前必须明确“对谁讲”、“讲什么”、“为什么讲这些内容”、“怎样讲”等问题。

2. 常用的说服方法

（1）以情攻心法。针对对方的心理特点进行说服。特点是以情感人。

（2）以例证明法。适当引用一些实例或权威人士的话，可以加强你的说服力。

（3）夸大法。在原来预想的观点上，巧妙地加以夸大。特点是触目惊心，引起注意。

（4）提醒法（暗示法）。用暗示的方法唤醒对方的潜意识，让对方接受你的观点。

（5）褒奖法。先赞美对方的优点，让他在高兴的心境中接受你的说服。

（6）易位法。站在对方的立场上说话，或者让对方替你说出来。

【范例一八】

18 世纪时，我们现在常吃的土豆在世界上还没有得到推广。1787 年，法国农业科学家巴蒙蒂埃从德国引进土豆的时候，牧师称它是“魔鬼的苹果”，医生说它“有害于身体”。一般人不愿吃，农民也不愿栽种。巴蒙蒂埃为了推广种植土豆，想出一条妙计：他请求国王派了几名士兵，把他栽种土豆的田地神秘地保护起来，不准人们接近。这下可引起人们的注意和议论了。开始人们只是远远地看着他和士兵挖出土豆来煮着吃，后来有人发觉守卫到了晚上就撤走了，便趁着夜色去偷挖土豆来品尝，再后来人们又去偷来栽种。就这样，土豆在法国慢慢地被人们接受并推广开了。

【范例一九】

1938 年 3 月 11 日，希特勒的军队入侵并占领了奥地利。犹太人受到迫害。著名的心理学家、精神分析学说的创始人弗洛伊德是犹太人，他的朋友琼斯劝他赶快出国，以躲避这场浩劫。但弗洛伊德说："这种时候，我不能离开我的祖国，否则，这和临阵脱逃的士兵有什么两样？"琼斯这样劝道："教授，你听过这样一个故事吗？当'泰坦尼克号'客轮的锅炉爆炸的时候，有一名船员被气浪掀到了海里。后来有人问他：'你是什么时候离开轮船的？'他自豪地说：'我从来没有离开过轮船，是轮船离开了我。'"弗洛伊德心领神会，眼中闪过一丝笑意："让我再考虑一下吧。谢谢你，亲爱的朋友！"然后他很快出国避难。

【范例二〇】

学校开了一个外语讲座，邀请一位知名度很高的专家讲课。好多学生闻讯而来，挤满了礼堂，使有限的座位紧张起来。为了保证英语系的同学都能听好，而又不损伤前来学习的其他专业同学的积极性，会议主持人说："为了保证让别的系的同学也都能坐下，请英语系的同学一律到前十排就座！"而没有说："前十排的位子是英语系的，其他专业的同学都闪开。"这样非英语系而在前十排就座的同学很自然地走到后边去了。

【范例二一】

李明是中专二年级学生，颇有才华，写得一手好字。可是他不拘小节，每天早晨起床后，不肯把被子叠整齐，检查评比时，拖了班里的后腿。可他还是满不在乎，急得班长没办法。

一次，班主任见李明在练字，特意凑过去说："你的字写得不错哇！"接着又谈到："汉字是方块字，既有美学，又有力学……"还谈到古代王羲之、颜真卿等，李明渐渐听入了迷。班主任见时机已到，突然把话锋一转说："常言道，字如其人，但遗憾的是，你的字却与你本人大不一样。"李明毫无防备，一下子呆了，说了声："怎么了？"班主任趁热打铁说："看你的被子乱七八糟的，像个练书法的人吗？整理内务犹如写字，也很有讲究。一个字中，只要有一笔没写好，整个字就显得逊色；一个寝室里，只要有一个人不好好整理内务，整个的统一美就被破坏了。”李明听了，恍然大悟，心服口服。从此李明的被子叠得整整齐齐，而且仪表也严整多了。

【课堂训练一七】

电视剧《还珠格格》中有这样一个情节：

紫薇为了救被皇帝赐打的容嬷嬷，先是拿出皇帝的金牌令箭，后又吟了一首诗：“月移西楼更鼓罢，渔夫收网转回家，卖艺之人去投宿，铁匠熄炉正喝茶。樵夫担柴早下山，飞蛾团团绕灯花。院中秋千已停歇，油郎改行谋生涯。”最后皇帝终于赦免了容嬷嬷。

你能说说紫薇的说服法吗？

【课堂训练一八】

孟子少年时期，不专心学习。一天厌学归来，其母正在机房织布，一见儿子逃学归来，十分生气，随即举刀砍断织布机梭。见其状，孟子惶恐跪问其故……

你能解释孟母的做法采用了哪一种说服方法吗？

【课堂训练一九】

你的同学经常写信向家人要钱，借口学习用，实际上却讲吃比穿。请你使用两种以上的说服方式进行劝说。

【课堂训练二〇】

你报自学考试了吗？你的同桌张×因担心自己的学习水平而犹豫不决。请你用褒奖法劝服张×参加自学考试。

（二）拒绝

拒绝又叫“回绝”或“推辞”。这是使对方的要求或建议落空的一种语言行为。在人际关系交往中，每个人都有拒绝的权利。拒绝的作用是：能防止误解的发生，又能使问题得到迅速澄清，还能把损失降到最小。

在社交过程中，常常会遇到这种情况，对方向你提出某种请求，你心里确实不答应，或能力确实达不到，但又碍于情面或某种利害关系的束缚，难以直接明确地拒绝。这时，就需要有一些巧妙而委婉的拒绝方式。这样既能表达自己的愿望，又将对方的失望与不快情绪控制在最小范围内，不影响彼此间的关系。

委婉拒绝的方式有：

（1）态势语暗示。通过身体姿态或非直接的语言把自己拒绝的意图传递给对方。如看表，打断对方的话语，倒茶让客，看门外或不出声，一再沉默。

（2）转换话题。对方提出某项请求，你却有意识地回避。这样做，可逐步减弱对方的企求心理，又可维持双方的原有关系，不使对方难堪。也称“顾左右而言他”。

（3）先肯定后否定法。特点是先尊重对方的愿望，表示理解、同情，然后再据实陈述无法接受的理由。

（4）拖延答复。对方提出请求后，你不必当场拒绝，可以采取拖延方法。用“让我再考虑一下”的方式。

（5）诱导否定。在对方提出请求后，不马上回答，而是先讲一些理由，提出一些条件或仅问一个问题，诱使对方自我否定。很多人的心理是往往自己可以否定自己，却容不得别人否定自己。如《晏子使楚》中晏子用桔生江南为桔，生江北为枳，“叶徒相似，其实味不同，水土异也”来拒绝回答楚国人提出的齐人善盗的问难。

【范例二二】

《简·爱》中，当简·爱的表哥牧师圣约翰向她求爱时，尽管牧师救过自己的命，而这时孤单的简·爱也确实需要傍依，但她清醒地懂得：友情不等于爱情。她说：“我答应作为你的传教伴侣，但我不能作为你的妻子，我不能嫁给你。”在当时两人都很痛苦，但如果勉强成婚，两个人的痛苦会更大。

【范例二三】

某单位召开洽谈会，一位外单位的与会者走进会议室正准备吸烟，一个工作人员走上前客气地说：“先生，我们这里是无烟会议室。”那位与会者立即把烟收了起来。

【范例二四】

两位好朋友好久不见，突然见面非常高兴，甲夸耀自己生活顺意，工作满意，问乙：“你现在过得可好？”乙正下岗，又不想说出，于是便说：“我哪比得上你呀？最近又回老家了吗？大叔、大婶身体肯定很好吧！”话题一转，甲喜不自胜，又滔滔不绝地讲开了。

【课堂训练二一】

星期天你去泰山看日出，感觉很累，第二天又要考试，很想早点休息。这时，隔壁宿舍的同学过来找你闲谈。请问：你用什么办法拒绝对方最自然？

【课堂训练二二】

你的老乡买好电影票约你一起去看电影，而你不喜欢跟他在一起，或有其他的事儿。你怎样拒绝才不伤对方的一片好心？

【课堂训练二三】

一位小伙子在三岔路口迷路了，向一位老人漫不经心地问："喂！到李庄走哪条路，还有多远？"

老人很不满意，好久才说："走大路一万丈，走小路七八千。"小伙子感到奇怪："你们这儿论丈不论里？"老人笑笑说："小伙子，原来你也会讲'里'（礼）。"

请问老人用什么方法拒绝回答无礼的小伙子？

【课堂训练二四】

一位日本记者问陈毅："中国的第三颗原子弹什么时候爆炸？"陈毅回答："中国爆炸了两颗原子弹，我知道你也知道。第三颗原子弹可能也要爆炸。什么时候爆炸，请你等着看公报好了。"

显然陈毅没有回答记者的问题，他用了什么拒绝方式？请举一例说明你在日常交际中对这种方式的应用。

五、电话交谈

一位学者说："不管是在公司还是在家里，凭这个人在电话里的讲话方式，基本上可以判断出其'教养'的水准。"在电话走进千家万户，成为一种重要的现代化通讯工具的今天，如果对电话的使用缺乏学识和素养，不懂打电话、接电话的礼节、要求，就不能通过电话高效率地处理各项事务，会妨碍任务的完成，有损自己和本单位的形象。

电话交谈要掌握以下原则：

1. 时间控制原则

打电话时，不妨先征求对方的意见："你现在有空吗？我想和你谈谈×方面的事，可以吗？"电话交谈所持续的时间一般以

3～5 分钟为宜。此外，一般情况下，以下时间不适宜打电话：①三餐吃饭时间；②早晨六点以前；③晚上十一点以后。

2. 起始语控制原则

这是指接通电话后的第一句话的语言要求。第一句话应该是问候，报出自己的姓名和身份。如：“你好，我是××单位的×××。”其次，寻人称代要明确。如：“请文科教研室的王红老师听电话。”

3. 音量控制原则

打电话时，用适当的音量讲话即可。一般是口要对着话筒，嘴唇离话筒约 1～2 厘米。因为电流及两端的仪器会很好地处理音量，用不着吼叫。说话时还要注意语调清晰、柔和，语速适中。要是你在说话时面带微笑，电话会传递你的微笑。控制语言、语调，实际上就是控制自己的情绪。

4. 回话控制原则

人们对怎样接电话也是很敏感的。首先，听到电话铃声应该立即有人接。否则至少说明你缺少热情，单位纪律松散，没有时间观念。其次，受话人拿起电话应问候，自报姓名，然后再问“您是哪位?”如果替别人接电话，也应该注意礼节。要向打电话的人作充分解释，而不能简单地说：“他不在”，“不知道”。应询问对方是否留话，帮助记录或转达。假如是与上级、长辈等通电话，不论是打入方还是受话方，谈话结束后，要听到对方确实把话筒放下了，才可以把电话挂掉。对于顾客的电话也是如此。

【范例二五】

拨 114 查号台，你会听到：“您好，值班员 42 号。”然后又听到：“请讲?”当你说明自己的要求：“你好，请问山东省泰安贸易学校的电话号码是多少?”对方便回答：“您所查的号码是 8224869。”

【范例二六】

张小宛中专毕业后，分配到一家营销公司。她第一次以营销员的身份到南京出差，看到市面上有一种非常漂亮的凉鞋，想给同学林梅买一双，可又记不得对方鞋子的尺码。于是她打了个电话："你好，我是张小宛，请问图书室的林梅小姐在吗?""你好，张小宛，又听到你的声音了，你在哪儿?""我很好，现在我在南京的中山路跟你说话。我忘记了你凉鞋的尺码，能告诉我吗?""好的，27号。""记下了，27号，三天后见!""再见!"

【课堂训练二五】

张丽和王兰是来自青岛崂山的两位姑娘，一位在国家人口学校学文秘专业，另一位在化工学校学习化工专业，二人约好国庆节一起去灵岩寺游玩。请用电话的形式来演示。

【课堂训练二六】

张军接了一个电话，内容是让王海替对方买一套成人高考的语文教材，对方三天后来取。而当时王海出去印材料了，不能及时受话。请演示张军接电话的全过程。

思考与练习

1. 在学校操场，一位来自山东菏泽的同学和一位来自潍坊的同学相遇了。

甲同学："同学，听你的口音是菏泽人，是吧!"

乙同学："是，我家是菏泽曹县。"

甲同学："喔，那可是个好地方，早就知道'菏泽牡丹甲天下'，真想亲眼看看。你给介绍一下，那一定很美吧!"

模仿以上对话，主动与来自济南、青岛、烟台、威海、临沂、泰安、潍坊等地方的同学展开谈话。

2. 国庆节放假了，你已经决定回家。可是远在济宁的同学打电话要求你陪同爬泰山。怎样拒绝才能既达到自己的目的，又不伤同学的情面呢？请演示全过程。

3. 组织一次谈话活动，步骤、题型如下。

（1）步骤：

①首先以组为单位搜集当前大家关心的谈话题目。最好有新意，又有点难度。

②将有代表性的题目集中在一起。

③推选一位主持人以中央电视台“实话实说”栏目主持人崔永元的身份向大家公布题目，征集答案。

④以组为单位讨论并推选两位选手演示答案。

⑤评出最佳答案、最佳口语奖，予以奖励。

（2）题型：

①对于亲身经历或耳闻目睹的苦恼的问题，寻求几种安慰方式。

②对于遇到或听说的他人的成功，寻求几种赞美的方式。

③对于遇到的或设想到的疑难问题，如需要说服对方或拒绝对方，寻找最恰当的方式。

④对遭遇到的不合理现象，寻求最佳批评方式。

第七章 演 讲

第一节 演讲的特点

演讲包括"讲"和"演"两个方面。"讲"是指在各种场合的发言、致辞等;"演"是在"讲"中借助姿态、手势等增强表达效果的手段。演讲以讲为主，演为辅。

演讲可以用来交流思想感情，表达见解主张，也可以用来介绍情况，传播知识，它具有宣传、教育的作用。随着社会的发展，人们的社会活动日益频繁，某些文字表达要被"说"所取代，对听说能力的要求将愈来愈高。因此，练习演讲，提高口头表达能力，对于我们的工作、生活、交际都具有十分重要的意义。

下面介绍演讲的特点。

一、社会性

演讲是一种社会活动，它不是个人的自言自语，而是面对一定的听众进行的。演讲的内容受到社会的制约，它必须反映千百万群众所关心的问题，反映群众所熟悉的情况和应该被群众所知道的事物。

【范例一】

1999年5月8日凌晨，以美国为首的北约竟然违背国际法准则，悍然用5枚导弹轰炸我驻南斯拉夫大使馆。事件发生后，在一次以爱国颂为主题的演讲比赛中，一位发言者在开头这样点明他演讲的中心，即这一全世界人民所关心的话题："高山怒吼，大海咆哮！日月呜咽，天地同悲！以美国为首的北约轰炸我驻南大使馆，造成了3人死亡，20多人受伤的严重后果，这不仅撕下了他们维护世界和平的面纱，并且在世界人民面前暴露了他们刽子手的本质。"

二、有声性

演讲是通过有声语言来传情达意的，因此，演讲的用语一般要"上口入耳"。所谓"上口"，就是演讲时要像平常说话那样亲切自然。所谓"入耳"，就是叫人听起来没有障碍，如同听平常说话一样。

演讲"上口入耳"，并不是单纯的技巧问题，而是和思想内容密切相关的。说得顺口，意思也必然清楚。要做到话说在口里，出在心里；意思传到听众耳里，印在心里。因此，演讲除了注意语言的材料和形式外，还要注意思想感情的表达，以便发挥演讲的有声性这一特点。

【范例二】

不愿从师者会理直气壮地问："教师能攀登哥德巴赫猜想的高峰吗？教师能指挥千军万马驰骋疆场吗？教师能写出名垂千古的经典名著吗？教师能通过劳动戴上百万元户的桂冠吗？"多么美丽而富有吸引力的排比！但是非常遗憾，我只能说："这些都不能！教师只能挂着一身粉笔灰，安于贫穷，甘于默默无闻，乐于兢兢业业，做一块托起摩天大厦的基石！曾经有一位中学教师充满感情地说：‘教师职业是神圣的，这神圣就在于甘愿吃亏！（停顿）做教师的有许多的人不怕累和苦，也不眼红钱财，但惟有一条，他们死活也摆脱不了的，那就是对学生的爱——为了学生，四大皆空。’”

三、鼓动性

演讲往往具有一种迫切性，所以言辞应具有很强的鼓动力量。我们的演讲如果要使人流泪，使人怒吼，使人振奋，则必须在演讲中选择最容易使人情绪变化的例子，简要明了地概括出它的实质，指出与听众的利害关系。在修辞上，比较多地使用反复、排比、反问等修辞方法和祈使句式，来增强鼓动性和现场效果。

【范例三】

家乡的孩子正在等待着我们，等待着我们带着知识回到他们身边，等待我们使他们的身边开满幸福的花朵！因此步入师院，我们应该感到既走对了路又入正了门，做一个师范生光荣，戴着师范学院的校徽自豪！（热烈的掌声）

作为教师，我们的生命将在一批又一批的学生身上延续，我们的青春将在一代又一代青年身上发光！从这一点来说，我们的价值是无穷大的！（热烈的掌声）有人把当代大学生的路归结为三条：第一条是“黑”路（攻读博士）；第二条是“红”路（当干部）；第三条是“黄路”（经商捞实惠）！这几条路似乎都不是我们师范生走的路，然而我要说：我们走的是通往未来的绿色的路！我们肩负着培养下一代的重任，我们走的是希望之路！（掌声）

四、临场性

讲是面对听众发表讲话。既是“面对”，就有一定的场合，演讲者的讲话就不能不顾及到临场的情况。所以，一般在演讲前，都要先对将来演讲的情景作一番设想，或者当听众对演讲的内容作出某些反应时，演讲人要根据这些反应来调整自己的演讲。

【范例四】

四川省青年“五四”演讲比赛，《请看，我们头顶的月亮》的作者获一等奖。该作者发言时才发现，他前一个发言者的开头和他准备的开头一样，他再照准备的开头讲是无味的，于是他“临场”发挥，灵机一动改用如下的开头：“各位同胞们：1995年上海某单位派遣了一个考察团浩浩荡荡奔赴法国，其主要使命，则是考察法国的豆腐生产。难道他们不知道豆腐——大豆为原料的豆腐，乃是我们的国粹？无独有偶，次年5月，就在我们的豆腐考察团千里迢迢取回‘豆腐真经’的那个塞纳河畔，同样有一个考察团来到我们这个东方古国，其中一项重要任务，竟然是考察具有1700多年制作历史的中国的豆腐！”演讲者以这个故事引出自己演讲的主题：抛弃盲目崇洋的心态，树立民族自尊心和自信心。

【课堂训练一】

演讲的成功，首要因素是选择一个热门话题，也就是群众最关心最感兴趣的话题。如果现在让你参加演讲，你认为当前的热门话题有哪些？

【课堂训练二】

假设你参加一次以歌颂祖国为主题的演讲比赛，你认为演讲前应有些什么心理准备？

【课堂训练三】

假设你在演讲过程中，有人给你递条子，你将怎么办？接还是不接？如果接，看还是不看？看后，回答还是不回答？如果回答，应怎样回答？

第二节 演讲稿的写作

演讲稿一般分为开头、主体、结尾三部分。现分别加以说明。

一、开头

开头也叫“开场白”。或开门见山；或交代背景；或从生活中的事例或切身体会入题；或用设问激发听众思考；或引用名言警句来点出讲话的内容……但都要从有利于沟通与听众的思想感情、吸引听众的注意力的角度去考虑，使听众能顺利听下去。

【范例一】

邵守义同志说：“严肃认真的演讲者，总是认真地对待演讲的开头，无论是一个出乎寻常的举动，发出几声感叹，或是几句简短的开场白，都力图和听众的心挨得近些，扣动其心弦，使其感到演讲者可亲、可敬、可爱。”

怎样使你的演讲一下子就能扣住听众的心弦呢？根据演讲时

间、地点、听众、讲题的不同，开场白的写作方式是多种多样的，归纳起来，大致有以下几种：

（一）提问式开场白

提问式开场白，也叫“问题引路”。演讲者一上台便向听众提出一个问题，请听众和自己一道思考。这样，可以立即引起听众的注意，使他们一边迅速思考，一边留神听。这不仅有利于集中听众的思想，而且有利于控场。同时，听众带着问题听讲，将大大增加他们对演讲内容认识的深度和广度。

【范例二】

上海幼儿师范学校的教师戴晓雪，在一次演讲中就采用了这种开场白：“同志们，首先允许我冒昧地提个问题：‘在座的各位都讲真话吗？’”此问让人为之一震，也中正题，取得了良好的效果。

【课堂训练一】

请同学们以提问式开场白写一段演讲稿的开头。

（二）悬念式开场白

悬念式开场白也叫“故事式开场白”。即开头写一个生动精彩、情节扣人心弦的小故事，或举一个触目惊心的事实来制造悬念，使听众对故事发展和人物命运深表关切，从而仔细听下去。

【范例三】

李燕杰同志的演讲《爱情与美》是这样开头的：“前年4月，北京一家公司的团委书记要我去作报告，我因教学紧张推脱不去。这个团委书记恳切地说：‘李老师，你一定要去，我们这次是请你去救命。'我很纳闷……"这么一开头，听众也会纳闷了：到底发生了什么事，非他去不可？这样开场，吸引力极强。

【课堂训练二】

请同学们以悬念式开场白写一段演讲稿的开头。

（三）"套近乎"式开场白

演讲者根据听众的社会阅历、兴趣爱好、思想感情等方面的特点，描述自己的一般生活经历或学习、工作中遇到的问题，甚至写自己的烦恼、自己的喜乐，这样容易给听众一种亲切感，他们会自然而然地把你当成"自家人"而乐于听你的演讲。

【范例四】

北京航空学院的项金红同志，一次应邀到某体育学院给新生讲慰问云南边防部队的观感。一开始，他就介绍了自己学生时代曾是学院田径代表队的队员，使听众觉得他是同行，有共同语言。双方的感情距离一下子缩短了。

【课堂训练三】

请同学们以"套近乎"式开场白写一段演讲稿的开头。

（四）赞扬式开头

人们一般都有爱听赞扬性语言的心理。"说几句让听众感到舒服的话能收到奇功异效。"（法国作家雷曼麦语）。演讲者在开场说几句赞扬性的话，可尽快缩短与听众的感情距离。运用这种技巧，会使演讲者得益匪浅。

【范例五】

1986年11月，蔡顺华同志应家乡宜城县团委的邀请，为家乡一千多名青年作了题为《在改革大潮中创造有价值的人生》的演讲。开场白幽默且充满赞美之情："曾经有人问我：你最喜欢哪首歌？我脱口回答：《回娘家》！是的，宜城是我的娘家，是我母亲的土地。我热爱宜城，赞美宜城，也许首先是因为我们宜城人外表美。古代宜城有个大文学家叫宋玉的写道：'天下之美者在楚国，楚国之美者在臣里，臣里之美者为臣东邻之女。臣东邻之女，增之一分则太高，减之一分则太低，施朱则太赤，著粉则太白。'宋玉说天下最美的人在楚国，楚国最美的人在宜城，宜城最美的人是我家东边隔壁的那位姑娘啊。增加一分就太高了，也就是说她不能穿高跟鞋了（听众大笑），减少一分又太矮了，抹点胭脂太红了，擦点粉又太白了。各位老乡，你们说我们宜城人美不美呀？"（热烈鼓掌）

【课堂训练四】

请同学们以赞扬式开场白写一段演讲稿的开头。

（五）新闻式开场白

新闻式开场白，即一开讲就发布一条引人注目的新闻，以引起全场听众的高度重视。

【范例六】

《人生的航线》这篇演讲的开头："在4月22日上午，一架飞机越过了台湾海峡。那是他，李大维，驾机起义，飞向祖国大陆。可是，时间仅隔了13天，却有歹徒劫持中国民航飞机，强使其改变航向。蓝色的天空中，划出两道方向不同的航线。我突然觉得，这航线不正是人生的航线吗？”

在短短13天内发生的两起事件，当时不仅在国内，而且在国际上都是引人注目的重大新闻，听众自然急切地想听听演讲者究竟怎样评价它。

但运用这种方式开场要注意两点：一是新闻必须真实可靠，切不可故弄玄虚。否则，愚弄听众只会引起反感。二是事件要新，不能用早已过时的“旧闻”充当新闻。

【课堂训练五】

请同学们以新闻式开场白写一段演讲稿的开头。

（六）道具式开场白

道具式开场白，也叫“实物式开场白”。即开讲之时先展示某种实物，给听众以新鲜、形象的感觉，引起他们的注意，能够一下子抓住听众的注意力，收到意想不到的效果。

【范例七】

《做教育改革的弄潮儿》的演讲，演讲者一上讲台，就先展示出齐白石的名画《雏鸡》。当听众的目光全被吸引过去之后，演讲者才开口：“请看，在这幅一米多长、一尺多宽的画面上，齐白石先生只画了三只黑茸茸、憨乎乎的小鸡，其余皆为空白。这些空白，给我们留下了无限广阔的想象和再创造的天地。看了这幅画，你是否感到了春天的无限生命力呢？”

【课堂训练六】

请同学们以道具式开场白写一段演讲稿的开头。

（七）渲染式开场白

运用形象的、充满感情的语言开头，创造适宜的环境气氛，调动起听众相应的感情，进而吸引听众。

【范例八】

恩格斯《在马克思墓前的讲话》的开头：“3月14日下午两点三刻，当代最伟大的思想家停止思想了。让他一个人留在房里还不到两分钟，等我们再进去的时候，便发现他在安乐椅上安静地睡着了——但已经是永远地睡着了。”

这个开场白，只用了短短的两句话，便把听众引进了一个庄严、肃穆、沉痛的气氛中，激发了人们对革命导师的敬仰、悼念之情，有利于听众接受演讲者在正文中所欲展开的论述。

当然，上述七种方法只是相对区分开来的，在写作中，有时可同时运用其中的两种方法。如赞美式与“套近乎”式，悬念式与新闻式，就往往同时并用。

古人说，文有文法，然文无定法。诚如邵守义同志所说的：“讲究演讲的开头是重要的……但又是无定局，无公式的，全在演讲者根据情况灵活的安排。”

【课堂训练七】

请同学们以渲染式开场白写一段演讲稿的开头。

二、主体部分

主体部分是演讲稿的主要内容，是“躯干”。它的作用在于就开头部分提出的问题或观点进行论证和分析。它的任务在于解决问题，阐明观点，说服教育听众。这一部分的写作，要求条理清楚，意思明白，合乎情理，既有严密的逻辑性，又要变化有序，生动感人。

可以作有条理的安排，或用并列式：即对演讲中心所谈及的几个主要方面分别进行论述，从不同的角度来阐明中心。或用层层递进式：即根据分析问题时逻辑思维的自然顺序，采用由此及彼，一步跟一步，一步深一步进行的方法。或按照事物发展的顺序及人们认识的过程来引导听众深入地认清观点，并给听众一个鲜明的概念。当然，也可以兼用上述几种方法来安排。

主体部分的安排，除了条理清楚之外，还要做到“曲”。有句话说得好：“文似看山不喜平。”演讲也贵有悬念，以保持听众的心理兴奋，但这种兴奋也不宜“飞流直下”、“一贯到底”，它必须以波状曲线的形式向前发展。在未达到最高潮以前，一定要在各段中造成一个接一个的小高潮，以起伏不定的情感曲线，使听众处于有张有弛的心理节奏中，从而有效地保持心理的兴奋。

一篇演讲稿，往往是叙述、议论、抒情等不同成分的有机组合。要使演讲稿有波澜起伏，乃至达到“曲径通幽”的效果，就必须根据内容和思想发展，前后予以统筹调整，做到层次分明，逐层深入，衔接自然平滑，节奏张弛有致，以保持能不断地给听众清晰新鲜的刺激。

那么，如何使演讲稿“曲”呢？这就要从结构上下工夫。主体部分的结构主要有以下几种情形：

（一）高峰突起式

我们经常看到风平浪静的大海，宽阔的水面一波又一波地荡漾，但碰到岸边巨大的礁石，却突然溅起几丈高的雪浪花，那情景会使人惊讶不止。有的演讲，也有这种感觉。开始部分，从内容到演讲者的表情，都是平静的、舒缓的，以静雅之美感染听众。但到中间部分，却雷霆万钧，风涛劈岸，以壮烈之美征服听众。对此我们称之为“高峰突起式的结构艺术”。这固然与演讲者临场的发挥有密切关系，但演讲稿的内容组织安排却是一个基础，没有这一基础，演讲者故作声情也不会收到好的效果。

【范例九】

《再朝前走一步》就属此种形式。开始从孩子学走路谈起，摔倒了，父母鼓励他爬起来再朝前走一步。由此联想到现实生活的现象。有的学生连考三年而未被录取，他泄气了，退却了，没有再朝前走一步；有一失足青年，一度重新踏上了新生活，但没能再朝前走一步，终于又落入罪恶泥坑……这些令人深思与惋惜的事实，演讲时，感情必须是沉郁的。接着作者叙述了中国女排在东京夺魁战关键的第五局打到 14∶15，日本队领先的事实，将演讲内容推向高峰：

“这时，女排姑娘们已经精疲力竭了。陈招娣曾经救起了多少险球，为了祖国的荣誉，她咬紧牙关，再垫起一个险球；孙晋芳已经传出了一个好球，为了尝尝世界冠军的滋味，她不顾腰伤，又传出了一个好球；郎平，七场比赛中已经抡臂扣杀了几百次，为了‘三大球’首次冲向世界，再一记又一记重扣，终于连夺三分！在雄壮的国歌声中，她们登上了高高的冠军领奖台。”

这一内容，且不必推想临场听众会受到多大震憾，我们现在看了这段文字，心也会为之战栗了！高峰突起式的结构艺术，即便使听众受到短时间的震撼，他们也会由此联想、回味全篇的内容，留下完整的、深刻的印象。

（二）波浪起伏式

扬抑手法的运用，会造成波浪起伏的结构艺术形式。从演讲内容看：批评性的内容，属于抑；表扬性的内容，正面的内容，属于扬。一抑一扬，就是一波一折。一篇演讲稿若是几波几折，通篇看就形成波浪起伏的局势。

【范例一〇】

《自信——女性崛起的灵光》就是运用了抑扬手法，内容起伏多变，跌宕多姿。

“女人是什么?”作者在讲述这个问题时，先是抑——女人的名字是弱者。在四千年历史的天平上，女人的分量轻如鸿毛，从来就是摆设和附庸。而后又是扬——列举了古代中外举世闻名的女英雄、女强人，在她们身上看见了女性自强、自立、自信的灿烂灵光。再之后又是抑——当今社会虽消除了阻碍女性发展的社会制度，但封建社会给妇女造成的自轻自贱意识的罗网仍束缚着女性的发展。最后又是扬——列举当今的女科学家、女大学生、女演员、女教师、女演讲家的事实，说明当今社会女性正在崛起。这篇演讲稿通篇看，两抑两扬，造成波澜起伏的结构势态。

（三）层层剥笋式

笋的表层是粗糙的，愈向里层愈精细白嫩，以此比喻演讲的一种结构形式，即“层层剥笋式”。按照这种结构形式组织材料时，先从事实、现象谈起，然后分析事例，揭示本质，挖掘根源，表明观点，步步逼近，层层深入，犹如进山览景，一步一步，渐入佳境。

【范例一一】

《“豆芽菜”的苦恼》采取了这种结构形式，收到了好的效果。“豆芽菜”是个比喻，是说当代的独生子女被父母养得像豆芽菜那样纤细、柔弱，经不起风吹雨打。作者先描绘了自然界中豆芽菜的形象，进而联系到当今的中小学生就像豆芽菜，具体叙述了他们的种种表现。又进一步阐述了其危害性，强烈地呼吁：

“我们希望爸爸妈妈不要给我们制造拐棍，不要给我们强行规定爱好和努力的框框，不要束缚我们的思想。大胆地让我们投身到大自然中去，投身到社会中去，去观察，去思考，去学习，辨别美丑，去接受一些实际的锻炼！”

这呼吁是最后的，也就是这篇演讲的主旨。像层层剥笋一样，直到最后才显露出最佳部分。

以上三种结构形式，似可以看出结构中的一些规律，即清代但明伦所论述的：“文忌直，转则健；文忌庸，转则新；文忌平，转则峭；文忌窘，转则宽；文忌散，转则紧；文忌浅，转则深；文忌涩，转则畅；文忌闷，转则醒。求转笔，于此文，思过半矣。”总之，在结构机制中，古人强调了一个“转”字。这是深谙结构艺术之精巧的。

从心理学的角度看，也是必须讲究结构艺术的。听众并不可能始终保持集中的注意力，如果内容层次不断更新，结构上曲折多变，那么，就会不断激起听众第二次、第三次的注意力，使整篇演讲自始至终都能吸引听众。

三、结尾部分

结尾，也是演讲稿的一个重要的不可缺少的部分。俗话说：“编筐编篓，难在收口。”演讲稿的结尾是不易写好的。它要求写得切实、清晰，干净利落，深刻有力，而不能拖泥带水，画蛇添足。

那么究竟应该怎样正确地结束演讲呢？有人说，成功的演讲应像跌宕起伏的海浪，一个高潮接着一个高潮，当演讲结束时，这个高潮便达到了顶峰。这种说法并不夸张。每个演讲者在准备演讲的结束用语时，都应想到如何构筑一个“高潮”甚至“顶峰”的问题。

下面，介绍几种较恰当地结束演讲的方法。

（一）利用总结结束演讲

用总结概括结束演讲，这是最普遍使用的方法。演讲者要善于在演讲结束时简洁、扼要地对自己已阐述的思想进行总结，这有助于听众加深对这些思想的印象。

【范例一二】

美国独立战争初期，在北美弗吉尼亚州召开了关系美国命运的第二次大陆会议，在对英国殖民主义者是战还是和的关键问题上，年轻演讲员佩特瑞克·亨利审时度势，力排众议，发表了《诉诸武力》的著名演讲，痛斥保守派的和平幻想：“我们的兄弟们此刻已经开赴战场！我们岂可在这里袖手旁观，坐视不动！难道无限宝贵的生命、无限美妙的和平，最后只能以镣铐和奴役为代价来获取吗？全能的上帝啊，这事断断不可。我不知道其他人在这件事上有何高策，但是对我自己来说，不自由则毋宁死！”“不自由则毋宁死”，作者在结尾用这精练的一句话点明了演讲的宗旨，总结了这次演讲的思想内容。这一点睛之笔集中体现了亨利对自由的向往，对英殖民者的仇恨和为正义而献身的精神。

【范例一三】

《少点陶醉，多点反省》的结尾是：“让我们团结起来，根除陶醉，加强反省，埋头苦干，为建设一个民主、自由、富强的社会主义强国而努力工作吧！”

（二）利用赞颂或祝愿的话结束演讲

一般人都喜欢听赞颂的话，因此，相互间的赞颂成了人们交往的最好手段。而真诚的祝愿则易引发对方的情绪感应，从而产生情感传导的效果。用赞颂或祝愿的话结束演讲，是一个行之有效的方法。通过这些赞颂祝愿的话，会场的活跃气氛可达到一个新高潮；演讲者与听众的关系变得更融洽；演讲者的思想会给听众留下一个满意的印象。

【范例一四】

1937年“七七”卢沟桥事变后，蒋介石派其重要智囊蒋百里去谒见墨索里尼，谋求阻止意大利加入日德防共协定。可蒋到罗马多日，墨索里尼始终没有表示愿意接见蒋。蒋为完成使命，请中国大使馆以欢迎蒋的名义设宴，请意大利政坛要人参加。席间，蒋趁机发表了一篇热情洋溢的演说，赞美了罗马的文明。最后他发出自己真诚的祝愿说：“国际间友敌无情，唯中意关系，自有史以来，只有交好，从无敌意。愿一同起立，尽此一杯，为着国际间外交政治中罕有的珍贵的中意友好关系，继续共同努力！”（与宴人士全体举杯尽饮，掌声历久不止）这段结尾既有热烈的颂扬，又有真挚的祝愿。宴会后的第二天，意大利外长便派员到我国大使馆索取蒋百里先生的演讲稿。讲稿送去后不到三天，百里先生就收到了墨索里尼定期接见的请柬。

应注意，运用赞颂的话不能过分夸张和庸俗捧扬，否则有哗众取宠之嫌。

（三）利用名人的话或轶事结束演讲

两千多年前，亚里士多德就把权威看做是使人信服的三大手段之一，因此，恰当地运用权威、名人的话或轶事结束演讲也是一个行之有效的方法。它可以把演讲推向一个新高潮，给演讲者的思想提供最有力的证明。

【范例一五】

1942年初，美国处于日本偷袭珍珠港之后的困难时期，美国的自由、独立和安全受到严重威胁。美总统罗斯福在华盛顿诞辰纪念日向全国发表了关于战争进展的谈话。这次谈话的结束就引用了华盛顿当年激励将士经受考验、百折不挠、奋战取胜的话语："在这危急中，只能打胜仗的军人和只能共欢乐的爱国者，才会在为国服役上退缩，所以，现在坚持下来的人是值得人们爱戴和感激的。专制制度像地狱一样是不容易战胜的；然而可自慰的是：'牺牲越难忍受，胜利就越是光荣。'这就是美国人在1776年说的话，这也是美国人今天说的话！""牺牲越难忍受，胜利就越是光荣"，华盛顿这一名言被罗斯福总统用来结束自己的演讲，其效果如同18世纪一样激起了20世纪40年代美国人民的爱国激情和热潮。

引用名人的话或轶事要有针对性，才能深化自己演讲的主题。

(四) 利用诗歌结束演讲

用诗歌结束演讲不仅使演讲显得典雅而富有魅力，而且听众听了也会产生清新和优美的感觉。演讲者可利用"现在，让我们共同欣赏×××的著名诗句……"等话加强、深化、总结自己的思想，结束自己的演讲。

【范例一六】

一位同学在毕业生联欢晚会上的演讲这样结尾："为了表达我的心情，下面我给大家献上一支《等到明年这一天》的歌：'只有离别时刻，才知时光短暂，纵有万语千言，难述心中留恋，今宵我的歌声，永远把你陪伴，明朝你的思念，也会把我挂牵。再见，再见，等到明年这一天。'”这位同学将自己对同窗和母校的依恋之情及希望和决心融进了这首歌中，也留在了大家心里，这比啰里啰唆表一通决心效果要好得多。

【范例一七】

《让世界充满爱》的结尾：

“请让我以一段富有情感的歌词结束我的演讲：'再没有心的沙漠，再没有爱的荒原，只要人人都献出一点爱，世界将会变得更加美好！'”

（五）利用幽默结束演讲

除某些庄重的演讲场合外，利用幽默（语言或动作都可）结束演讲也是可取的。它为演讲增添欢声笑语，使演讲更富趣味，并给听众留下一段愉快的回忆。这对听众加深对演讲者思想的印象是很有帮助的。

【范例一八】

台湾著名的电视节目主持人，人称“光头谐星”的凌峰在1990年中央电视台春节联欢晚会上的即兴演讲就幽默诙谐，妙趣横生，赢得观众阵阵掌声与笑声。他的结尾也别具特色：“接下来按规矩我迎接挑战，带来一首歌曲，叫做《小丑》。在我的人生观看来，我认为每个人都在扮演着许多次的小丑：有的时候在孩子面前；有的时候在父母面前；有的时候在爱人面前；有的时候在领导面前。我呢，是在观众面前。给大家带来一首《小丑》——掌声有没有就无所谓了。”（笑声、掌声）

利用幽默时应自然、真实，决不要矫揉造作，装腔作势。

（六）利用呼吁、号召结束演讲

利用呼吁、号召结束演讲，是许多有经验的演讲者在实践中总结出的有效方法之一。这方法对一些“使人信”（相信）和“使人动”（行动）的演讲来说，效果尤为显著。演讲者通过对与听众有共同思想、共同愿望、共同利益和共同语言的某问题的阐述，使演讲达到一定高潮。然后，利用一些感情激昂、动人心弦的号召对听众的理智和情感进行呼吁，既能实现激励和感召听众的目的，又能使听众明了自己的行动方向。

【范例一九】

演讲辞《我们也有老的时候》痛斥了某些不孝子孙虐待老人的丑恶行径，最后向人们发出真切强烈的呼吁：“朋友们，我亲爱的同胞们！赡养和关怀老人是我们做儿女的应尽的义务，孝敬父母是最起码的人之常情。岁月悠悠，人生易老。我们都有老的时候。为了我们的后代，也为了我们，更为了报答父母的养育之恩，我诚恳地奉劝各位同胞：请把你的孝心献给父母！”这强烈的呼吁合情合理，怎能不激起听众的同感，引起他们的深思，怎能不让那些“不孝子孙”们扪心自问！

（七）利用动作结束演讲

演讲单靠言辞是不够的。在演讲中，演讲者的动作——无声语言——是与听众交流思想的重要媒介之一，利用动作结束演讲是一种具有独特风格的方法。它可更加吸引听众的注意力，给听众留下深刻而永久的印象。

【范例二〇】

有位演讲者在结束自己的演讲时，穿上外套，戴好帽子，拿起手套，而后诙谐地对听众说："女士们，先生们，我已经结束了自己的演讲，你们呢?"他的出人意料的绝技立刻博得了全场听众的掌声。

（八）利用表决心、发誓言结束演讲

这种结尾，能充分表达演讲者鲜明的立场和不达目的誓不罢休的决心，从而有力地鼓舞广大听众向着既定目标前进、战斗。

【范例二一】

《新时代的流行色》是这样结尾的："青年朋友们，我们肩负着历史的重托。是千里马，就应嘶风长鸣；是龙种，就应冲腾起舞。当今的世界有着千变万化的流行色，我们要争当出头鸟，竞作弄潮儿，把我们的青春、热血、大智大勇，自觉投入到新时代的大熔炉里去，为中华的第三次腾飞发光发热吧!"

【范例二二】

《在新生开学典礼大会上教师代表的发言》的结尾：

同学们，亲爱的同学们：

你如果是蜜蜂，我们甘当采蜜的花朵；

你如果是花朵呢，我们一定做好护花的绿叶；

你如果是幼苗，我们一定当好称职的园丁；

你如果是卫星，我们一定当好把你送上万里征程的火箭。

你如果是火箭呢，我们一定当好一名火箭兵，用我们瘦弱的肩膀，顶着你们踏上辉煌的前程。

新的学期开始了，你们从迈进中学长河走向大学校门，我们就做好你们过河的桥墩。

你们是学生，我们是……我们是……

我们是你们的知心人!

以上是几种结束演讲的具体方法。无疑，正确结束演讲的方法很多。世上没有一种适合于任何特殊情况的结束演讲的方法。每个演讲者都可以根据自己的特点和喜好，演讲的时间、地点、课题、听众等因素选择适合于“这次”演讲的结束方法。只要演讲者记住，你的结尾要恰到好处，不要把话说尽，应让听众有回味的余地即可。当然你还必须把握住这样一条原则：全部思想内容一经表达清楚，就一定要及时、利落地收场，且结束的方法一定要有效地为自己演讲的思想和目的服务。

四、注意的问题与修改定稿

（一）注意的问题

除了以上结构、语言等方面的写作技巧之外，起草演讲稿还必须注意以下三个问题：

1. 先动脑，后动笔

动笔之前，要先仔细考虑一下每个层次、每个段落如何表达。譬如：如何开头，怎样结尾，先讲什么，后讲什么，什么地方详讲，什么地方略讲，什么重点讲，怎样突出重点，怎样过渡照应，怎样前后衔接，等等。总之，“先思而后行”，才能事半功倍。

2. 前后呼应，一脉贯通

在起草初稿的过程中，演讲者的思路要清晰，能把握要领，明了细目，使整个演讲稿不管在思想上还是在语脉上，都做到前后连贯，通篇顺畅。

3. “趁热打铁”，一气呵成

起草初稿时，先不要考虑修改的问题，而要轻松自然地写下去，最好能一气呵成。切忌写写停停，停停写写。

(二) 修改定稿

修改，是写演讲稿的最后环节。人们常说："善写不如善改。"从这个意义上说，一篇好的演讲稿是改出来的。

然而，修改并不是件容易事。因为，我们在起草初稿时几乎是竭尽全力了。要修改就要"更上一层楼"。所以说，写难，改更难。

通常，修改要从如下几个方面入手：

1. 主题思想、观点

这是演讲稿的灵魂，是演讲成功的关键所在。所以修改时，首先要看看主题是否具有深度，是否具有普遍的指导意义等。

2. 演讲稿的结构

内容虽然决定形式，但形式的好坏，可以反过来影响内容的表达。所以要对演讲稿的结构进行一番检查。比如：看看通篇是否逻辑严密；层次是否清楚；各段衔接过渡是否自然畅通；开头和结尾是否简洁有力；是否互相照应；是否能引起听众的兴趣，等等。

3. 材料和语言

在演讲稿的修改过程中，要根据主题表达的需要，对材料的选择再作一次审定，该添的添，该删的删。在语言表达上，要着意推敲，潜心润色，努力使词语完备润美，做到像古人那样"语不惊人死不休"。

在演讲稿全部修改完之后，还要带感情地将讲稿通读一遍，自己当自己的听众，看看自己是否被感动了；听听有无生硬和不连贯的地方；有无易被听众听错或误解的地方。然后，再根据时间限制试讲一遍，看一下有无超出或不足限定时间的问题。最后，经过全面检查、修改，到自己认为比较满意时，就可以把演讲稿正式誊清定稿了。

【课堂训练八】

请同学写一篇以《千里之行始于足下》为题的演讲稿。在写作时，要尽量结合前面学过的开头、主体、结尾的几种不同方法，选取最佳方法。

【课堂训练九】

建议小组或班级、学校搞一次演讲比赛活动，以提高同学们演讲稿写作及演讲的水平。

第三节 临场演讲的技巧

演讲还可以分为备稿演讲和即席演讲两种。

备稿演讲是指在演讲前早已作好了各种准备的演讲。包括稿件准备、心理准备和演讲前的练习准备。即席演讲是指演讲者在正式演讲前几分钟、最多十几分钟才得知演讲内容，稍作内心准备后即开始的演讲。这种形式的演讲难度大，要求较高。

其实，不管是哪种演讲，凡是成功的演讲，除了与演讲的内容，演讲者的素质、语言、仪表有关之外，还有技巧问题。现在将一般的演讲技巧略讲一下。

先说说备稿演讲和即席演讲共有的一些技巧。

一、"蔑视"听众，增强自信

"蔑视"听众，并不是让你去"轻视"和"小看"听众，而是教你运用"心理战术"学会给自己"壮胆"，从而提高演讲的自信心。

自信，是一个人取得成功的起码条件，也是取得演讲成功的首要前提。心理学研究表明，一个人自信心的强弱，主要来自他对自身的认识和评价。他把客观事物的力量看得越小，那么他自身的力量就显得越大，他的自我认识和评价就越好，他征服客观事物的自信心也就越强。反之，他自身就感到渺小，在客观事物面前，就显示不出自身的力量。因此要提高演讲者对自身的评价，增强自信，就必须纠正他面对听众的畏惧态度。“精神胜利法”正可谓对症下药。其方法为：在演讲前充分发掘和肯定自己的优势，准时、适度“贬低”听众水平，形成一种心理优势。“蔑视”听众的方法，在使用初期也会出现一些“副作用”：演讲者易给人一种居高临下的感觉。但随着“怯场”者自信心的增强，当他们不再为“怯场”所困扰而把主要精力转移到演讲的方法和技巧上以后，上述“症状”便可很快消除。

二、亮相得体

第一印象是演讲者在讲坛上给听众的最初印象，是听众认识演讲者的起点，具有最鲜明、最强烈、最牢固的特点。它会左右听众对演讲者一系列特性作出的解释。心理学指出，当人们获得了某人少量的信息资料后，就力图对他的大量特性作出判断，以形成一个统一的一致印象。听众也是如此。他们常据对演讲者的第一印象来评判演讲者的品质和才学，并以这种判断、评估为衡量演讲的信度。听众如果对演讲者的第一印象满意，就会考虑接受演讲的观点、立场。因此，演讲者上场时务必大方、自然，表现出充满信心的样子，上场后可先环视一下全场，而后开始演讲。缩手缩脚或扭捏作态，乃是上场亮相的大忌。

较好的亮相有以下几种：

（一）微笑型

在《庆祝建国五十周年》演讲大会上，一位演讲者面带笑容，满怀喜悦、自豪的心情，迈着轻盈的步伐走到演讲台上，接着用充满激情的目光环视了一下会场的四周，然后开始演讲。

这种亮相，以演讲者自身的喜悦情绪，首先感染并影响了听众，有“未闻其声，先感其情”之效果。

（二）问候型

在《庆祝国际老人节》演讲大会上，一位青年演讲者迈着矫健的步伐走到演讲台前，首先一个规规矩矩的立正，接着面向坐在台前的长者、领导，一个恭恭敬敬的90°鞠躬。人未开口，一副温文尔雅，关心、敬重老人的形象立刻展示在众人面前，给演讲起到了铺垫作用。

（三）严肃型

在《愤怒声讨以美国为首的北约悍然轰炸我驻南使馆的滔天罪行》演讲大会上，发言者个人都是迈着雄壮有力的脚步，大踏步走到演讲台前，满面严肃、冷峻和愤怒之情。

三、脱离讲稿

脱离讲稿是控场的基础，这既有利于增强听众对演讲者的信服感，也有助于演讲者与听众进行更好的面对面的交流。我们观察一下优秀的演讲家，他们演讲时无不是脱离讲稿的。脱离讲稿有助于自己表达感情，吸引听众的注意力。值得一提的是，所谓脱离讲稿并不是不用讲稿，甚至不作准备。讲稿此时是备用的，它起“提示”或“道具”的作用。

【范例一】

有一次陈毅在演讲时，台后边的同志看到他不时拿起个无字的稿子看，然后又接着演讲。会后有个同志不解地问陈毅，陈毅解释说：“我不拿稿子怕别人说我不认真、不严肃，其实我是认真准备的。”可见，对于优秀的演讲家来说，稿子甚至不起“提示”作用，它只不过是一种道具罢了。

【范例二】

闻一多1946年7月15日在李公朴公祭大会上的演讲：

“这几天，大家晓得，在昆明出现了历史上最卑鄙、最无耻的事情！李先生究竟犯了什么罪，竟遭如此毒手？……有什么理由拿出来讲啊！有事实拿出来说啊！（闻先生声音激动了）为什么要打要杀，而且又不敢光明正大地来打来杀，而偷偷摸摸地来暗杀！（鼓掌）这成什么话？（鼓掌）

“今天，这里有没有特务？你站出来！是好汉的你站出来！你出来讲！凭什么要杀死李先生？（厉声，热烈的鼓掌）杀死了人，又不敢承认，还要诬蔑人，说什么“桃色事件”……无耻啊！无耻啊！（热烈的鼓掌）……”

这段话作者显然是虽有准备，却是完全脱稿而讲的。因而它的作用也特大，像匕首、投枪一样，刺中国民党反动派的心脏。

四、动静结合

演讲者不仅要把目光、动作的变化作为表达感情的一种方式，而且要把它作为吸引听众注意力的重要手段。要以恰当的目光、潇洒的动作影响听众，使他们不出现分心的现象。一般来说，听众的注意力持续大约30～40分钟，如果你的演讲很乏味呆板的话，那么听众可能很快就厌倦了。相反，你的表情、动作非常有魅力，很吸引人，听众即使是听上二、三个小时也会觉得太短了。因此如果一直目光游移不定，或动作过频，就会引起听众的不舒服感。

【范例三】

在演讲中把动静结合起来，列宁堪称典范。他静的时候，两眼凝视着听众，嘴唇紧闭。他动的时候，身子时而前俯，时而后仰；他的左手习惯地插在背心处，右手自然地挥动，做出优美有力的动作。时过多年，高尔基描述了他那迷人的艺术："他的动作轻巧而灵活，手势简洁而有力，与他那言语不多，但思维丰富的讲演完全相吻合。"

五、变换节奏

演讲者应用抑扬顿挫的语调和疾缓快慢的不同速度进行演讲。重点之处可放慢速度，以便引起听众的重视。听众注意力分散时，可骤然提高音量或停顿一下，使听众感到新奇而不由自主地把转移了的注意力集中到演讲者身上。

【范例四】

李燕杰在上海给青年作《美与心灵》的演讲时，首先用平缓的语气讲述了什么是美，美在不同时代的不同标准，又讲了雷锋生平一系列全心全意为人民服务的事迹，说明雷锋是心灵美的典范，这时听众似乎有点"烦"了。忽然，李燕杰话题一转，用严肃、激动的语言，高昂的声调，轻快的节奏说到了上海前几天发生的一件事：一个儿童落水，桥上近百人，当然不少青年人都站在桥上，一边观看孩子在水中挣扎，一边尖声地说："谁想入党，机会来了。""谁出 200 元钱我去救人。"结果一个怀孕 4 个月的中年妇女，脱掉外套，跳入水中，救出了小孩。而有人却趁机偷了这位中年妇女外套里的钱。讲到这里，李燕杰气愤地说："如果这位小偷在这里的话，你敢把钱包交出来吗！"结果全场群情顿时激愤，掌声雷动。

六、设置悬念

在必要的地方设置悬念可以引发听众的好奇心，激起听众的兴趣，调动听众的情绪。设置悬念应注意的问题是不能故弄玄虚，应精心选择既能扣住演讲主题，又不为听众所共知的东西作为设置悬念的依托。同时，要选择在听众兴趣正浓之际戛然而止，使悬念最大限度地发挥其奇异功效。

【范例五】

有一次李燕杰同志在演讲时，看见大厅门口站着几个人，显然他们是想听听就走。李燕杰想，怎样才能把他们的兴趣调动起来呢？他随手举起一张照片，说：“看，这是我在外国和留学生的合影。”当时人们对国外和留学生的生活感觉还很神秘，都想看清是在什么背景下照的相，于是坐着的向前倾，站着的不由得向前迈了几步，大厅门口的几个人也很自然地进来了。可以说李燕杰是用了一张小照片设了个悬念，把听众吸引住的。

七、巧妙穿插

一次精彩的演讲，常以几段巧妙的穿插给人留下至深的印象。

穿插有两点作用：(1) 集中注意力。演讲注意力分散有两种情况：一是人们尚未进入“听你讲”的情境，这使演讲在一开始就处于不利的状态；二是你讲的东西太抽象，不易理解。这时运用穿插，可帮助你从多方面、多角度，生动而形象地表现你的主题。(2) 增强吸引力。演讲者总是力求自己的演讲好上加好，总希望出现这样的场面：每个听众的表情都跟演讲的情境相吻合，而且演讲者不厌其烦地希望听到多多的掌声。听众能否做到这一点，取决于演讲者。没有固执的听众，只有不开窍的演讲家。

穿插什么，有四个因素可以考虑。

（一）幽默

幽默在演讲中有着重要作用。它可以帮助你消除面对听众时的紧张感；可以帮助你委婉地表达自己的意见；可以帮助你巧妙地解除窘境；可以帮助你善意地说服别人。演讲过程中使用幽默，能使你的演讲情趣盎然，引人入胜。

【范例六】

爱迪生在向公众讲述他小时候被列车管理员拽聋了耳朵时，不无幽默地说："我真得谢谢那位先生，他终于使我清静下来，不必堵着耳朵搞实验了。"

幽默不仅在一般演讲场合中得到广泛应用，而且在政治演讲场合中也开始广泛地应用起来。据说较早在政治场合中应用幽默方法的是林肯总统。他的枕边经常放着一本《哈罗笑话集》，他能熟练地把这幽默恰如其分地应用到各种场合。

（二）名人警句

在演讲中穿插名人警句，不单是为了演讲辞的华丽，更重要的是为自己的议题提出权威性的依据，增强精神感召力。引用原文，要准确无误，不要以讹传讹。

【范例七】

著名演员、毛泽东的扮演者古月，一次在山东某大学进行演讲。因为大家对毛泽东的深切怀念和古月惟妙惟肖的模拟讲话，大家如醉如痴，激动万分。这时"毛泽东"即兴又朗诵了《菩萨蛮·黄鹤楼》词："茫茫九派流中国，沉沉一线穿南北，烟雨莽苍苍，龟蛇锁大河。”（原文应是“龟蛇锁大江”）最后一句，使大家一愣，然后意识到眼前的到底是古月，于是激动顿时全无，叹息不已，失望不已。

【范例八】

但丁说：“走你的路，让别人去说吧。”莎士比亚说：“走自己的路，让别人说去吧。”如果这两句话引用说明有误，将导致整个演讲的效果不佳。

（三）寓言典故

在相同的情况下，运用寓言和典故是最有说服力的。

【范例九】

古人常用寓言来表述自己的观点。梁惠王问孟子：“我对治理国家可谓费尽心机，考察一下邻国，没有一个君主像我这样对待百姓的，可是为什么邻国的百姓不见少，我的百姓不见多呢?”孟子说：“大王喜爱战争，让我用战争作比喻吧。两军交战的时候，有两个士兵弃甲而逃，一个跑了五十步就停下来，另一个跑了一百步才停下来，因为自己跑了五十步就笑话跑了一百步的人，对不对呢?”梁惠王说：“不对，跑五十步只不过没跑一百步罢了，但这也是逃跑呀!”孟子说：“如果大王懂得这个道理，那就不要希望你的百姓增加了。”孟子在这里批评梁惠王的意图已经很明显了，意即你梁惠王的“政绩”与别的国王没有多么大的差别，老百姓在哪里都是一样的。

古人成功的演讲范例，给我们提供了宝贵的经验。“引经据典”已成为我们论证的固定形式之一。

引经据典要注意以下三个问题：

1. 由于“经”、“典”都是文言文，所以应尽量翻译成白话文。若是直接穿插文言文，听众自己还有个反省、暗译的过程，这样就会影响演讲的效果。

2. 翻译应尽量保持直译。

3. 抓住寓言和典故的核心，删除不必要的重复和陪衬，尽量使寓言、典故短小精悍，说明问题。

（四）道具

道具本来是戏剧中所需要的物品，但因为演讲也有“演”的性质，所以道具也被借鉴来用了。

演讲中的道具具有自己的特点：

1. 它是你身旁或身上的物品。

2. 它是小的，容易拿取的。

演讲不需要大道具，也不需要花大精力去准备它，它小而易取，让人看起来和谐自然，无做作之感。

【范例一〇】

卡耐基在一次关于劳伦斯的演说中，打开刚出版的《查泰莱夫人的情人》一书，里面有两张纸立刻燃烧起来，这是他从魔术师那里学到的方法。然后，他就合拢书说道：“大家已经看到，这本书的热情太高了，它差点引起火灾。”观众一通大笑。他这次演讲给大家留下了深刻的印象。

演讲中穿插小道具是为了增强听众的视觉效果，提高听众的注意力。为了达到这个目的，是需要动一番脑筋的。

【范例一一】

卡耐基说他有一次参加演讲，台下乱哄哄的，他灵机一动说："现在是七点钟，开始演讲。"他举起了一只手，伸出了七根手指头。听众一看，原来他的五个手指间夹着两支钢笔。

穿插道具应注意不要太大、太奇，以免分散听众的注意力。

穿插是演讲的一个辅助手段，因而穿插不宜过多，以免造成累赘之感。

八、随机应变

在通常情况下，除即兴演讲外，演讲者对听众对象、演讲场合事先都有一定的了解，演讲的内容也都是经过精心准备的。但是及至临场，由于各种原因，演讲的场景如场内气氛、秩序，听众情绪、注意力等，常常是有变化的。这就需要演讲者善于随听众的情绪因势利导，依照演讲的情绪变化而随机应变，这样才能调整演讲内容，有效控场，收到事半功倍的效果。

【范例一二】

有一年夏季，美国总统布什访问匈牙利，原准备在广场向群众作书面演讲。当他下飞机乘车来到广场时，雨下不止，广场上一片人的海洋，数千人在雨中等待欢迎他。轮到布什演讲时，他笑容可掬地走到麦克风前，一边呼唤"女士们，先生们"，一边向群众挥动双臂致意。就在这一刹那间，惊人之举发生了：只见布什从衣袋里掏出讲稿，双手举过头顶，嚓嚓几下把它撕成碎片。并声明说："讲稿太长，为使大家少淋雨，改为即兴讲话。"话音刚落，人群中立刻爆发了一片掌声和欢呼声。可见，布什的审时度势取得了极佳的效果。

九、遇乱不惊

(一)“卡壳”

开会了，主持人请你作即席演说。于是，稍作准备你就登上讲台。只见会场人头攒动，黑压压一片，几百双眼睛像探照灯的光束朝你射来。你口讷了，心慌意乱地讲了几句，只觉脑子里一片空白，讲不下去了。这就是人们常说的“卡壳”现象。“卡壳”如何解脱？下列两点可供参考：

1. 想想讲题

你的“卡壳”很可能是被那份既定的讲稿牵着鼻子走造成的，也可能是你即兴发挥如脱缰之马无法收回造成的。但现在那份“完美无缺”的讲稿在你脑海里已支离破碎了。怎么办？应当机立断，使自己从讲稿的拘囿中挣脱出来，反思讲题并紧扣讲题，利用自己脑中“库存”的信息，用自己的话讲下去，讲到底。

2. 宽松解脱

终于，你“卡”住了。你可以移动一下话筒的位置，或者调节一下它的高度，也可端起茶喝上一口，还可以与听众交流，你可以说：“说到这里，不知在座的各位是否有同感？”这些无伤大雅的附加动作与平等交流，是难以觉察的缓兵之计。在你延宕几分钟后，下面的话也许就“跳”了出来。至此，你如仍然无可逆转地“断档”了，晾在台上，怎么办？你只得寻求宽松解脱。

【范例一三】

听说“铁女人”撒切尔夫人有顶美丽的遮阳帽，在这位女首相访问西德的一家工厂时，被一阵突如其来的风吹得不知去向了。在这个有损于领袖形象的意外面前，撒切尔夫人举起双手，脸上立刻显出幽默、甜美的笑容，记者摄下了这个饶有风趣的镜头。撒切尔夫人用的就是“宽松解脱”。

【范例一四】

据报载，杨澜、赵忠祥两人在主持“正大综艺”之余，曾到南方某个大城市主持一次文艺晚会。想不到当杨澜、赵忠祥两人各手持话筒，面带微笑从幕后走到台前的一瞬间，身穿旗袍的杨澜因脚踩在话筒线上而一个趔趄跌倒在地上。全场观众以及摄像师都惊呆了，杨澜从地上爬起来后，浑身疼痛且脑子一片空白。但是沉着老练的杨澜临场说了几句话，迅速地使自己镇静了下来，并且想起了自己该做的事、该说的话。她当时是这样说的：“哎呀，真是人有失足，马有失蹄啊，刚才我的狮子滚绣球的节目不算怎么精彩吧，但是精彩的节目在下面。”台上台下为其精彩的“过渡语言”而顿时响起雷鸣般的掌声。

(二) 失言

演讲者的失言通常是在潜意识或情感的作用下，自觉或不自觉地说出来的。话一出口，有时当时意识到此话不当说，有时立即意识不到，需经别人提醒才能反应过来。怎么办？

1. 将计就计

这种方法就是把特殊出现的情况特殊处理，而万变不离其宗。

【范例一五】

一个推销员当众推销他的铁锅，他滔滔不绝地讲述他的铁锅如何结实，质量如何好。为证实起见，他举起一只铁锅往地上一摔，没想到这只锅竟被摔破了，他马上接着说：“看，像这样的铁锅我们一只也不卖。”

2. 顺水推舟

这样方法就是不承认自己是失言，而是特意这么说的，而这么说又是有道理的。

【范例一六】

传说民国时期一个军阀召集手下文僚训话，他把“文墨之士”说成了“文黑之士”，引起台下一片讪笑之声。他身后的秘书小声说：“黑字下面有个土念墨，是文墨之士。”他支吾一下说：“我不知道你们是文墨之士吗？我嫌你们太土了，特意去掉这个土字，你们大家都要当气派的文墨之士。”

【范例一七】

一次，袁鸣随中央电视台“东西南北中”节目组一行到达海口机场，走下飞机，袁鸣心急火燎，因为晚上8时，她要在海口狮子楼夜食城主持海南狮子楼京剧团建团庆典，狮子楼是个什么样子，新建的京剧团情况如何，晚上要面对哪些来宾等等，袁鸣一无所知。

还好，到达狮子楼后，主人立即送来了有关材料。袁鸣一边吃饭，一边阅读：“呀，原来海南历史上没有京剧团，狮子楼京剧团的建立填补了海南戏剧界的空白。自己能主持建团庆典，真是幸运！”

庆典开始，身着黄色上衣、黑色长裤的袁鸣走上舞台。衣着、气质既庄重又潇洒，面对几百来宾，袁鸣用充满激情的言语介绍京剧，介绍剧团，介绍来宾。

“光临庆典的，有中共海南省委宣传部部长刘学斌先生！”袁鸣语毕，刘学斌起立，大家鼓掌。

“有海南师范学院党委书记南新燕小姐！”随着袁鸣的介绍，

坐席上慢腾腾地站起来一位花白头发的老汉——南新燕！

全场哗然。袁鸣不自然地笑了。

袁鸣真诚地致歉："对不起，我是望文生义了。不过……"稍一转折，袁鸣施展了自己的口才："您的名字实在是太有诗意了。我一见这三个字，立即想起了两句古诗：'旧时王谢堂前燕，飞入寻常百姓家。'这是一幅多么美的图画。今天，这里出现了类似的情景，京剧一度是流行在北方的戏曲，而现在，京剧从北到南，跨过琼州海峡，飞到了海南，而且在这里安家落户，这又是一幅多么美妙的图画呀！"袁鸣由自己的失误引出话题，即兴发挥，侃侃而谈，赢得全场观众异乎寻常的热烈喝彩。

（三）诘难

在演讲中，听众有时会把自己不懂的问题提出来，而这个问题很可能是演讲者自己也不懂的问题，这是无意的问题；有时，听众积极地指出你演讲的漏洞和错误，或是"问问你，考考你"，这是有意的。

1. 反诘法

这种方法就是不要正面回答问题，而是提出一个反问，让对方回答。

【范例一八】

古月是我国著名的特型演员，因成功扮演毛泽东而闻名于世。有一次他接受外国记者的采访，一位记者问："文化大革命是否有损于毛泽东的形象？"古月略一思索，反问道："你觉得维纳斯美吗？"答："美！"古月又问："维纳斯断臂不影响她的美吗？"

2. 歧路法

这种方法就是把不便说的主题隐蔽起来，而专就一些无关紧要的话题发挥出去。

【范例一九】

1984年的一天，美国总统里根正给复旦大学的学生作即兴演讲，一位学生向里根提问："您在大学读书时，是否希望有一天能成为美国总统?"里根显然对这个问题没有准备，他略一沉思，答道："我学的是经济学，我也是个球迷，可是我毕业，美国的大学生大约有1/4要失业，所以我只想先有个工作。于是当了体育新闻广播员，后来又到好莱坞当了演员，这是五十年前的事了。但是，今天我能当上美国总统，我认为早先学的专业帮了我的忙，体育锻炼帮了我的忙。当然，一个演员的素质也帮了我的忙。"里根的答复是巧妙的。他迅速巧妙地回避，躲开了难题。

3. 免告法

这是回答听众问题的最后一种招架之法。有的问题涉及国家机密、组织纪律、个人隐私，不便在公开场合宣传，所以只能回答："无可奉告。"但也不可滥用此语，否则给人一种"故弄玄虚"的感觉。

十、应急处置

当你进行演讲时，有时会遇到一些棘手的情况，使你尬尴难堪。

1. 当听众甚少时

从演讲者的心理来说是希望到场的人多一些，但常常事与愿违。本来计划到几百人，结果来了几十人；或者开始还多，中间一休息就变少了。面对这种情况，一个对听众负责的演讲者，应运用良好的理智来控制自己的感情，做到人多人少一个样。特别是当听讲人少时，应做到内容不减，感情不抑，情绪不低，即使只有几个人到场，也要认真地讲下去！

2. 当听到鼓倒掌时

鼓倒掌是一种讥讽心理的反映，是对某种事物表示不欢迎的行为方式。演讲者再也没有比听到鼓倒掌更令其心寒的了。

在演讲场合碰到鼓倒掌的情况，你首先要分析一下产生这种现象的原因，而不能视而不见，置若罔闻，依然我行我素。如果是自己演讲过程中出现的错误造成的，譬如讲了错话，念了错别字，或者体态动作失调，那就立即纠正过来；如果是个别听众故意捣乱，也不必惊慌，而要更加庄重和老练，只管沉着地往下讲。在真理的感召下，这些人会渐渐地感到自讨没趣而去其恶意，或者受到多数听众脸色、目光的制止和谴责，而变得规矩起来。

3. 当演讲时间临时改变时

临时改变时间，指演讲时间或提前，或推后，或缩短。

应付这种情况的最好方法是，演讲者对自己演讲的内容能达到“滚瓜烂熟”的程度，并养成良好的处事心理品质。做到提前演讲不心慌意乱；推后演讲不心灰意懒；演讲时间长不失其恢弘；演讲时间短不失其精妙。

【范例二〇】

一次，某单位邀请三位演讲员同台讲三个专题，每人讲一小时，演讲员刘同志排在第三位。但由于前两位同志时间把握不好，轮到刘同志登台时只差 40 分钟就下班了。怎么办？当他从容不迫地走上讲台时，第一句话便是：“同志们，现在是 5 点 22 分，我讲到 5 点 50 分准时结束。”就这么一句预告性的话，就像给听众吃了“定心丸”，会场上一下子安静下来。当他在预告的时间内讲完了紧凑而充足的内容走下讲台时，听众长时间热烈鼓掌，并向他投去钦佩的目光。

4. 当收到条子时

演讲时，台下往上递条子也是司空见惯的事。

递条子和面对面地提问题，性质是一样的。但递条子是“半秘密”的，听众和听众之间是“背靠背”的，因此扩散面小，演讲者不必逐条地马上作答。这就给了你思考对策的时间。

当你接到条子时，最好潇洒自如地把条子打开，整整齐齐地放在讲桌的一边，不要中断讲话去专门看条子，要利用讲话的间隙时间瞟视。这样做，不仅可避免打乱自己的讲话思路，引起多数人的不满，分散听众的注意力，而且可给写条子者一种“被重视”的感觉。对于条子上提出的问题怎么办？如果这些问题在下面的演讲内容中有，待讲到这些内容时，联系起来讲就可以了，当然需要加重语气，针对性更强一些。如果条子上的问题刚才已经讲过了，但没有讲透彻，就可以把它放在小结时或其他适当的时候，进一步讲清讲透；如果条子上的问题你事先有准备，这时能现场作答，那就可巧妙的“加塞”，把它加到某个地方去；如果是属于不同意见或自己一时还没想明白的问题，就放到会后处置。

【范例二一】

作家刘绍棠在一次演讲中，看到听众递上来一个纸条，上面写着：“共产党不是伟大、光荣、正确和战无不胜吗？为什么连‘现代派’和‘存在主义’都要抵制，怕得不得了呢？”他看后，一会儿，找到一个时机，念完了条子，“忽”地一下站起来，问道：“你们说我身体好不好？”（刘绍棠满面红光，体魄健壮）大家异口同声地说：“棒！”接着他问道：“那么你们说，我为什么不能吞食苍蝇呢？”于是博得全场一片掌声。

实践证明，因为波折的衬托，反而能使演讲获得更大的成功。

下面再说说即兴演讲的独特的技巧。

其一，迅速调动自己的活跃的创造性思维。

即兴演讲是在知道演讲题目之后，几分钟，最多十几分钟后即开始的演讲。因而，它需要在极短的时间内调动起积极的思维，使所有的精力和心思都高度集中在演讲的题目或讲说的内容上，迅速组织好演讲的提纲。可见，这些内容是敏捷的才思和机智的应变能力的集中体现。在演讲的过程中，人的思维变得十分活跃，千头万绪，纷至沓来。敏捷的才思和智慧得以创造性发挥，灵感的火花也随时闪烁，因而演讲中充满了“活的东西”，创造性的内容。在思路活跃的状态下，即兴演讲者在兴奋的创造性活动中讲出的话其精妙程度事后令自己都感到吃惊。

【范例二二】

美国总统里根访问加拿大，在演讲时遇上一群反美示威的人。加拿大总理十分尴尬，而里根却笑着说：“这种情况，在美国是时常发生的，我想这些人一定是特意从美国来到贵国的，可能他们想使我有一种宾至如归的感觉。”里根这一番机智幽默的话，敏捷地摆脱了宾主的尴尬。

其二，演讲的内容既要简练又要完整。

即兴演讲因为准备的时间短，演讲的时间也相应地短。但是不能因为准备时间短、演讲的时间短，而使内容丢三落四，有头无尾。必须把话讲完整，把意思讲周全，这才称得上“即兴演讲的佼佼者”。

【范例二三】

李雪健因主演《焦裕禄》的主角焦裕禄，同时获得“金鸡奖”和“百花奖”最佳男主角两项大奖。他上台领奖时，主持人问他有何感受，他真诚地说：“苦和累都让一个大好人——焦裕禄受了；名和利都让一个傻小子——李雪健得了。”他的话刚停，全场掌声雷动。

【范例二四】

亚洲小姐利智在参选的时候，主持人曾向她提出一个问题：“美多少年不变？短暂的美是不是美？”利智回答：“美是没有年限的，短暂的美也是美。中国古代有四大美人，她们的生命是短暂的，但她们的美名却流传百世。”

【范例二五】

胡适留学美国康奈尔大学时，万国学生会曾请他演讲中国的婚姻制度。当时西方人讽刺中国人的婚姻为“盲婚”，尤其是胡适的婚姻是典型的包办婚姻，所以演讲的题目实在让他难堪。但胡适毕竟能言善辩，遇乱不惊，一番言语堪称妙论：“贵国人结婚，男女是先恋爱，恋爱热度达到极点乃共结姻缘；敝国人结婚，从前是由父母之命，媒妁之言，男女素未谋面，结为夫妻后始行恋爱，热度逐渐增加。其贵国之婚姻是爱情之终也，敝国人之婚姻则爱情之始也。”这番妙论博得一片掌声，不仅为自己解了围，也使听众不得不叹服他的智慧和幽默。

其三，灵活多变，见风使舵。

即兴演讲，即便是作了几分钟的准备，在演讲的开始或当中、结束时，还要观察现场的随时变化或者回答主持人的随时提问，灵活机动，见风使舵。只有做到这一点，才是真正的“即兴”演讲。也只有那些真正的、知名的、确有实力的演讲者，才能在这关键时刻显示出他真正的才华与机智。

【范例二六】

中央电视台组织“心连心艺术团”赴革命老区江西遂川慰问演出，受到老区人民的热烈欢迎，简易的露天演出台前人山人海，人们从四面八方赶来观看。当女中音歌唱家关牧村一曲《多情的土地》之后，阴沉的天空淅淅沥沥地下起了小雨，台下的人群躁动起来。此时，主持人赵忠祥稳步走上台说：“刚才关牧村一曲《多情的土地》，她的眼睛湿润了，（稍稍抬高语调）老乡们的眼睛湿润了，（稍停，抬头看天）老天的眼睛也湿润了——下起了小雨。不过没关系，只要你们不走，我们是不会走的，请大家维持好秩序，演出继续进行。（报节目）”

短短几句话，既给关牧村的深情演唱以充分肯定和赞美，又消除了观众们心中的疑虑（观众以为下雨了，演出要被终止）；既提醒了观众，注意台下秩序，又把演员们为老区人民演出不畏艰难、情真意切的崇高精神不知不觉地传达给了大家。

台下的躁动平静了，随之爆发出阵阵掌声。

【范例二七】

艳阳和风，春光明媚，一场热闹的婚礼正在喜庆的气氛中进行着。忽然一阵风吹来，挂在帷幕正中的大红喜字随风刮上天空，后又慢慢落下。这突如其来的变故令在场的嘉宾面面相觑，不知所措。见此情景，正在现场主持婚礼的司仪灵机一动，马上满面笑容地说：“大家看，刚才多情的春风把喜字捧上了天空，可谓‘喜气冲天’；喜字随风飘舞，落到我们中间，真是‘喜从天降！’看来，今天是‘双喜临门’啊！×××先生结婚能有这么强劲的东风做伴，真是天遂人愿，看来你们两位新人要在奔‘小康’的远大前程上春风得意，一帆风顺啦！”

话音刚落，现场就爆发出热烈的掌声，宾客们对司仪这段精彩的现场发挥大加称赞，尴尬的局面顷刻烟消云散……

思考与练习

1. 假如你登台演讲之前有紧张情绪，你该采取何种方法克服它？

2. 假若你登上演讲台之后，台下仍然乱哄哄的不安静，你该怎么办？

3. 假设在《歌颂祖国》的演讲会上你本想说“我们不能不热爱我们的祖国”，结果却说成：“我们不热爱我们的祖国……”之后你该怎样继续讲下去？

4. 假设在《歌颂祖国》的演讲会上，当你讲到“要把自己的一切献给祖国”时，有人送你张条子，上面写道：“请问你有没有私心，你爱不爱钱？”你该怎样办？是置之不理，还是作出回答？如果回答，该怎样回答？

第八章　辩　论

第一节　辩论的特点

辩论，也称“论辩”，是指交际双方在口头或书面对话中就相互矛盾的思想观点进行论证和反驳。辩论双方的观点是通过一对矛盾命题得以体现的。这里含有两层意思：一是辩论是不能同真、不能同假的相互矛盾的思想的对抗和斗争。两人远远望见一物，甲说是牛，乙说不是牛，这就构成一对矛盾，可以进行辩论了。也就是说，两个命题必须具有矛盾关系。二是为了对抗和斗争，辩论双方必须对辩论中的基本概念、辩题意义作出一致的规定和理解。如果概念不明确，判断和命题的含义不明确，辩论就难以有效地开展。如两个中学生争论“爸爸与儿子谁聪明”，一个说：“爸爸比儿子聪明，因为提出相对论的是爱因斯坦而不是爱因斯坦的儿子。”另一个说：“儿子当然比爸爸聪明，因为提出相对论的是爱因斯坦而不是爱因斯坦的爸爸。”这里，两个基本概念不指特定的对象，含义模糊不清，因此，不能算是真正的辩论。由上观之，辩论具有以下特点。

一、辩论是具有相向目的性的活力对抗

这里有两个要点：一是辩论必须在辩题规定的范围内进行，辩题是辩论双方争辩的焦点；二是论战双方的命题是相互对立、相互排斥的。第一点说明辩论具有同一性特点，参加论战的人无论持肯定观点还是否定观点，都必须遵守共同的命题，立论和驳论都不能脱离这一辩论的焦点；第二点说明辩论具有对抗性特点，双方所持的命题之间是对立的。例如，某校辩论《逆境出人才》的辩题，甲方的观点是逆境出人才，乙方的观点是逆境不出人才。双方争辩的焦点是“逆境是不是出人才”。出人才与不出人才是针锋相对的观点，因此，可以辩论。反之，如果乙方把题目改为“逆境不一定出人才”，“不一定”的含义是“可能出人才，也可能不出人才”，这与“逆境出人才”的观点就不具有对抗性的矛盾关系了。因此，就不是真正意义上的辩论。

二、辩论中双方论证对抗的排斥性和对策的互含性

排斥性说的是，一个正规的辩题，必然由一对矛盾的命题组成，存在对辩题表示肯定态度的正题方命题和对辩题表示否定态度的反题方命题之间的对立关系。它们的命题是相互排斥的：一种现象的真与假，一种性质的优与劣，一种行为的善与恶，一种认识的是与非，一种理由的曲与直，一种装饰的美与丑……以之组成命题，体现了两种相反的意向。辩论是两种相对的谋略和技巧的抗争。

互含性说的是，在辩论的对抗中，一方的论证必然引出对方的反论证。一方防守的薄弱环节，导制对方向薄弱环节进攻的意图。攻以守为前提，守方又采用顺推或逆挽的对策来破解其攻势，守即以攻为条件。在辩论交锋中，敌变引出我变，我变引出敌变，敌中有我，我中有敌。双方对策有相容关系。

【范例一】

甲："礼貌用语在任何情况下都是'礼多人不怪'的。"

乙："不见得，'欢迎您再来'这一句礼貌用语呢？"

甲："只要是对顾客说，都能使顾客满意。一位顾客从饭馆走出来，服务员笑颜相送：'欢迎您再来！'顾客能不满意吗？"

乙："一位顾客走出理发店？"

甲："理发师笑颜相送：'欢迎您再来！'"

乙："一位母亲抱着婴儿从急诊室出来。"

甲："护士笑脸相送：'欢迎……'——不，不要再来！"

乙："怎么，不是在任何情况下都是'礼多人不怪'吗？"

乙的辩难是从甲的命题中引发的。因为乙发现"欢迎您再来"这句礼貌用语并不是在任何情况下都能使服务对象满意的，如果不辨场合地滥用，也有使对方产生反感的可能。甲的观点中包含了乙反驳的前提，甲与乙的论辩不仅是排斥的，也是相容的。

【课堂训练一】

上海某大学团委曾经组织过"当代大学生思想性格特点辩论会"，在会上有人举了许多例证，阐述当代大学生接受新鲜事物的敏感和求知欲望；有人条理分明地论证当代大学生"知不足常乐"的进取精神；有人全面分析了当代大学生在攀登科学高峰中艰苦卓绝的奋斗精神……可是发言者都只顾自己立论，丝毫没有"侵犯"他人的观点。

你对这样的"辩论会"持怎样的看法？

【课堂训练二】

有人将辩论对手看做射击场上的“靶子”，只要自己论证的“子弹”射中“靶子”，“靶子”就会应声倒下，因而认为自己的雄辩具有所向披靡的威力。

你在学习了“辩论是具有相向目的性的活力对抗”以后，怎样批驳上述观点？

【课堂训练三】

有一段对话，只是各抒己见的讨论，相互间没有论证对抗的排斥性和对策的互含性。你能将这些发言作为正题方命题，予以反驳，形成辩论吗？

A、B、C在一起谈论什么是幸福：

A：“幸福就是年过四十还是光棍一条，突然有一天收到一位年轻、漂亮的姑娘寄来的照片和求爱信。”

B：“幸福就是我正为这个月工资入不敷出发愁，连买件T恤衫都不敢问津时，会计室的小丁来说我的有奖储蓄中了头奖。”

C：“美国华侨××先生归国寻找他失散了五十年的侄儿，因为他至今膝下犹虚，有一笔数额巨大得令人吃惊的财产要找侄儿继承，这个侄儿就是我。这才是真正的幸福。”

第二节 辩论的技巧

辩论与交谈、演讲有所不同。它和交谈一样是双向直接的交流，却又是针锋相对、争强好胜的舌战；它和演讲一样需要口才和充分说理，但又要随时随地地扬长避短，机敏应变，以战胜对方；它和正常的与人交往一样，都要平等待人，不能强词夺理，也不能挖苦损害对方，但必须以理服人，争夺优胜。如果在辩论中谁都不想取胜，那还有什么意思呢？因而，辩论的技巧，其核心问题就是如何取胜；辩论的技巧，就是战胜对方、说服对方的方式和方法。古今中外，辩论的技巧可以说是多种多样的，具体划分则可以分出几十种乃至上百种。但是这些技巧、方法并不是孤立存在的，我们的划分也只是理论上的分类。在辩驳活动的实践中，这些技巧的使用往往是交织在一起的。参辩者应当根据具体的辩题、对手的情况和环境气氛等条件，作出适当的选择，这样才能达到辩驳成功的目的。在此，我们从两个方面予以介绍：一是方法运用上的技巧；二是语言运用上的技巧。

一、进攻与防守

进攻，就是辩论者主动向对方发起进攻，力图让对方接受自己的观点；防守是对来自对方的进攻作积极的应对，在挫败对方进攻的同时，树立自己的观点。辩论是进攻与防守的统一，没有进攻就没有防守，边进攻边防守，直至辩论终结。进攻的方式灵活多变，防守要依据“敌情”来决定使用的对策。辩论的双方相互进攻防守，体现出多种技巧。

（一）擒贼擒王法

舌战时，将主攻目标对准论敌提出的命题，分析其实质，击中其要害，对方命题站不住脚，自然就会败下阵来。

【范例一】

抗战期间，厦门大学的某英籍客座教授在一次酒会上大放厥词，诬蔑厦大不如“英伦三岛之中小学校”：

“欧美开风气之先河，执科学之牛耳。敝国有诗圣拜伦、雪莱，剧圣莎士比亚，现代生物学之父达尔文，力学之父牛顿。可叹泱泱中国，国运蹇促，岂可侈谈‘物华天宝，人杰地灵’之邦乎?”

当时的厦大校长萨本栋理直气壮地以事实据理反驳道:

“教授先生,您别忘了:中国的李白、杜甫如彗星经天之日,英伦还在中世纪蒙昧之时;中国的李时珍写下《本草纲目》之际,达尔文之乃父乃祖不知竟在何处!”

英籍教授这时恼羞成怒:

“校长阁下,请记住,是美利坚合众国的伍斯特工学院和斯坦福大学造就了您的学识和才能!”

萨校长微微一笑:

“博士先生,我提醒您,中华文明曾震惊世界,没有中国远古的三大发明,也决不会有不列颠帝国的近代产业革命!”

在这里萨校长抓住对方论点(中华文明落后)的失误,给予反驳,英教授终于哑口无言了。

【课堂训练一】

请用“擒贼擒王法”反驳“一个国家向外扩张是由于人口过多”的观点。

【课堂训练二】

“我是厂长,我是能人,能人不是完人,公款吃喝是不好,不过只是我这能人的一个小小的缺点而已。我当了厂长,一个人救活一个厂,养活了几百人,吃点喝点有什么不对?现在是社会主义的初级阶段,初级阶段不可能尽善尽美,大吃大喝在所难免。”

请指出上述言论中三个错误观点,并分别用“擒贼擒王法”予以批驳。

（二）针锋相对法

这是论战中正面进攻命题的方法中最为典型的一种。针锋相对的战术，给论题以眼还眼、以牙还牙的正面攻击，能有力地阻遏论敌的攻势，使之无从闪避，最终窘态毕露。

【范例二】

E公司的经理在一次业务谈判中，受到Y公司工作人员的顶撞，为此，他打电话给Y公司经理：

E："如果你们不向我保证辞退上次那个蛮横无理的工作人员，那么显然是没有和我公司达成协议的诚意。"

Y："对工作人员的态度问题，是批评教育还是撤职处理，都是我们公司的内部事务，无须向贵公司作出什么保证。这就同我们并不要求你们的董事会一定要撤换与我公司工作人员有过冲突的经理的职务，才算是你们具有与我们达成协议的诚意一样。"

运用这一技巧，每当论题出现，要求论者迅速进入精神高度集中的状态，经历以下三步心理活动过程：第一步，专心致志，认真对待对方的命题，进入临战状态；第二步，将分散的思考集中统一到与论敌命题方向相反的思维框架中来；第三步，将外部思考转向内部思考，对论敌命题进行实质性解剖，提出针锋相对的论断。

【课堂训练三】

据说有一次英国保守党议员威廉·乔因森希克斯在议会上演说，看见丘吉尔在摇头表示不同意，便忍不住说：

"我想提请尊敬的议员注意，我只是在发表自己的意见！"

你想，丘吉尔怎样给予针锋相对的回答呢？

【课堂训练四】

左宗棠率领湘军出关，收复新疆，大军所到之处，入侵者闻风而逃。眼看英帝国扶持的阿古柏政权摇摇欲坠，面临覆灭危险，英国公使威妥玛慌了，急忙找到左宗棠，说道："中华地大物博，以仁义立国，为什么容不下一个小小的阿古柏，非要斩尽杀绝，未免太不人道了吧？"

对此，左宗棠给予了针锋相对的反击，威妥玛当即面红耳赤，只好灰溜溜地走了。

考虑一下：左宗棠用了怎样的话语来反驳对方？

【课堂训练五】

你认为"针锋相对法"在辩论中的表现主要有哪几个方面？

（三）正攻论据法

一个观点是否令人信服，关键是看证明此观点的论据是否充分。正攻论据法就是瞄准论据中的薄弱环节予以进攻。

【范例三】

爸爸和女儿有下面一段对话：

爸爸："这次期终考试小弟有三门课不及格，这要怪你带回来那些情调不健康的所谓流行歌曲音乐磁带，给小弟如痴如醉的消极影响，所以，他的学习成绩显著退步了。"

女儿："这怎么能怪我？更不应该迁怒于音乐磁带。照您这样说来，资本主义国家的学生，终日在乌七八糟、诱人堕落的音乐包围之中，他们学校就没有成绩优异的学生了吗？"

这位姑娘发现她爸爸的立论中出现了论据不足的薄弱环节。

因为影响一个学生学习成绩的因素有多种，在不同的学生身上，各种因素所起作用的大小又不尽相同。即使某个学生嗜听不健康音乐是影响其学习的主要因素，其影响过程也是错综复杂的。一个简单的论据代替不了复杂的事因，这种论据就如同三条腿的桌子——论据不足，因而父亲的命题给女儿留下了进攻的缺口。

【课堂训练六】

有人说："人们拥护改革，积极参加改革，是因为改革给个人带来更多的物质利益。这正说明钱是改革的动力。"

这种说法的命题是："钱是改革的动力。"论据是："改革给个人带来更多的物质利益。"

你以为这种说法怎样？有无值得批驳之处？如何批驳？

【课堂训练七】

在"跳槽是否有利于人才发挥作用"的辩论中，有这样一节辩词：

正方："××，全国乒乓球锦标赛的冠军，就是由江苏跳槽到陕西的。对方辩友还说他没有为陕西人民作出贡献，真叫人心寒啊！"

反方："请问，××到陕西体工队可能是跳槽去的吗？这恰恰是我们这里提倡的合理流动啊！对方辩友带着跳槽眼镜看问题，当然天下乌鸦一般黑，所有的流动都是跳槽了。"

具体分析反方的辩辞是如何指出正方论据与论题的关联不紧密或背道而驰，从根本上矫正正方论据的立足点的。

（四）釜底抽薪法

论敌以虚假理由作为论据，可以作为攻击目标。因为不真实的论据经不起事实的检验，粉碎虚假论据就能轻而易举地推翻论敌的命题。

【范例四】

三国时，张昭攻击诸葛亮这个军师比不上管仲、乐毅，其论据是诸葛亮面对曹操的进攻“丢盔弃甲，望风鼠窜”，以至“弃新野，走樊城，败当阳，奔夏口，无容身之地”。

诸葛亮反驳说：“刘玄德（备）起身之初，兵不满一千，将只有赵、关、张。新野小县粮少人稀，我们却火烧博望在先，火攻新野在后，杀得夏侯惇、曹仁十万大军心惊胆裂。管仲、乐毅用兵也不过如此吧！……想当年，汉高祖屡败于项羽之手，而垓下一战，终于获得最后胜利，靠的是韩信的良策啊！而韩信辅佐高祖也并不是每战必胜。”

在此，诸葛亮首先以事实批驳了张昭论据的虚假，其次针对所谓“无容身之地”的诬蔑援引了刘邦、韩信的先例，说明“胜败乃兵家常事”，“求决胜不求累胜”乃是刘备的战略方针。张昭之流无言以对，只好败下阵来。

如果将釜底燃薪，釜中水沸看做事态的全局的话，那么，釜底抽薪的对策，就意味着抓住全局的关键，从根本上解决问题。这种关键必然又是对手的致命弱点。这一事例说明，无论多么复杂的辩题，其中必有一个关系重大的核心，找到了它，就把握住了决胜全局的关键。

【课堂训练八】

某市化工厂“招工启事”说：招工总数为4人，其中可招女工8%。

区妇联主任责问该厂劳动工资科科长：“你们这不是歧视妇女吗？”

“谁说歧视妇女，我们不是说明留8%的名额给女工吗?”

“招工人数4名，女工招8%，即可以招收0.32个女工。岂有将人分割使用的道理?其实打出招收0.32个的幌子，无非是掩盖歧视妇女、拒女工于门外的真相。电视剧《红衫女侠》中的女大侠邢燕飞除暴安良，威震南北；北宋的穆桂英挂帅出征，千古流芳；女才子苏小妹三难新郎。这一切都说明女子是有能力、有才华的。我们决不应该轻视妇女在社会主义建设中的作用。”

你认为妇联主任的批驳怎样?

（五）驳“推不出”法

论证是用论据来证明命题的真实性以推出命题的论述过程和推理形式。有了命题和证明命题的论据，还得按一定的逻辑要求组织论据，安排论证过程。参加论战、反驳，矛头除了指向命题，指向论据外，还可以指向论敌在论证过程中的错误——论据与命题之间逻辑关系的错误。

【范例五】

一天，乙用报纸包着馒头送到甲的家里来。

甲：“报纸包食品是不利于身体健康的。”

乙：“没关系，这是《健康报》。”

甲：“只要是报纸包食品就不卫生，而用《健康报》包食品就不存在不卫生的问题了吗?”

这里乙的论据“用来包馒头的报纸是一张《健康报》”，尽管论据是真实的，然而论据与命题“报纸包食品是不卫生的”之间没有必然的联系，由这一所谓“真实”的论据无法推导、证明命题的真实。

【课堂训练九】

有一个流氓在受审时狡辩："我在公共汽车上对那个女人有过轻浮举动，可是我只有50%的责任，还有50%应由她负责。"

"为什么？"

"谁叫她长得漂亮？如果她很丑，我决不会去碰她。"

你看流氓的狡辩错在哪里？

【课堂训练一〇】

在拥挤的公共汽车上，一位妇女抱着孩子东倒西歪，难以站稳。一个军人对身边坐着的姑娘说："同志，请给她们母子让个座吧。"

"让座？凭什么我让座？"姑娘把脸一沉。

"年轻人要助人为乐，讲点精神文明嘛！"

"还讲精神文明？"姑娘眼皮一眨巴，嚷开了，"你把唾沫都吐到我脸上了！简直是无赖！"

"谁是无赖？你这是无中生有！"

"你就是吐了！"姑娘掏出手绢往脸上一擦，"这不是口水是什么？你这叫讲文明？……"

你能用"驳'推不出'法"驳倒那位姑娘的狡辩吗？

（六）逆向反攻法

面对论敌的命题，既可以考虑从正面进攻，也不妨考虑从反面进攻，从逆向进攻，这也是一条制胜捷径。

【范例六】

某中外合资房地产公司经理派张工程师担任一项设计工作，估计张工程师不愿接受。这位经理先有意与张工程师围绕工程艰巨与否引起争辩：

经理："我考虑了很长时间，决定放弃这一工程。因为根据我们公司现有工程人员的技术水平，是承担不了这一工程的。"

张工程师："高层建筑设计施工，虽然应该有更多的安全系数方面的考虑，不过也绝非无能为力的。"

经理："你可能对这项工程的技术要求还没有完全理解。如果稍有差错，不仅要承担法律责任和经济赔偿责任，而且也会影响我们公司的声誉。"

张工程师："我已经详细研究过该项建筑的有关方案，是需要付出相当的精力的。您认为我没有完全理解工程的技术要求，只是主观臆断。您也不用拿法律责任、经济责任和公司信誉来吓唬人。"

经理："对待复杂的建筑方案有雄心壮志当然是好的，可是缺乏冷静思考，对我们公司的工程设计水平、施工实力缺乏客观估计——请恕我直言，没有自知之明，恐怕画虎不成反类犬啊!"

张工程师："这样吧，您要是信得过我，我愿意在您这儿立下'军令状'，承担这项工程的设计任务。"

在特定情景中，运用这种"形逆实正"的逆向反攻法，实际上是对某种观点不作正面论述，而是采用正话反说的方法，使对方疏于防范，起到更好的效果。

【课堂训练一一】

请思考什么是"形逆实正"，然后据此设计一段模拟辩论。

（七）以迂为直法

"以迂为直"是一种军事谋略，运用到辩论中就是通过间接的证明或反驳达到说服对方或让对方认同的目的。

【范例七】

卡耐基为了举办一系列的讲习会，每季度都要租用纽约某饭店的大厅二十天。一次，饭店通知卡耐基租金要提高三倍，而当时所有的入场券都已卖出去了。

卡耐基当然不同意涨价。第二天他找到饭店总经理说："接到通知时，我很吃惊，但考虑到您的立场，该为饭店的利润而努力，否则就会被免职。因此我不能责怪您，但是我们是否可以共同列表研究涨价对饭店的利弊呢?"

卡耐基取出纸，从中间画一条线，标出"好处"、"坏处"两栏。

然后在"好处"栏内写上："大厅可以空出来，租给舞会或集团使用，所得的租金比讲习会高得多。所以被利用二十天来讲习，的确是饭店的一大损失。"

接着在坏处栏内写上："饭店从我的讲习会上所得的利润不但不会增加，反而减少，不但减少，根本一毛钱都拿不到——因为我无法付出你们所要的租金，讲习会只好异地举行。再者，参加讲习会的大多是知识分子，他们对饭店是一个最好的宣传。你花再多的钱去做广告，也不见得有这么多的人来参观。停止讲习不是对饭店更大的损失吗?"

隔天，卡耐基接到了通知，租金只增加50%，而不是三倍。卡耐基"以迂为直"，轻易达到了自己的目的。

此法的奥妙就在于通过迂远的途径，达到近直的目的。运用此法，需机动掌握论战目标和论战手段之间的变异关系，权变地选用形式上与辩论目标相反或相偏离的论证手段，并调整当前的目标，用以配合手段。论战构想应有弹性，安排迂回进攻的途径。

【课堂训练一二】

结合工作和生活实际，设计一场用“以迂为直法”来说服上级、权威、师长的辩论。

【课堂训练一三】

对照［美］利德尔说过的“在战略上，最漫长的迂回道路，常常是达到目的的最短途径”，体会“以迂为直法”的特点。

（八）借题发挥法

在辩论中，当我方受到攻击时，可以不直接从正面答辩，而借助论敌提供的话题进行还击，从而改变论战的局势。

【范例八】

1959年，美国副总统尼克松访苏，在此之前，美国国会通过了一项关于被奴役国家的决议，对苏联及东欧社会主义国家进行攻击。在尼克松和赫鲁晓夫会晤时，赫鲁晓夫对尼克松说：“这个决议臭极了，臭得像刚拉下的马粪，没有比马粪更臭的东西了。”

赫鲁晓夫出言粗俗，欲使尼克松难堪。谁知尼克松回敬道：“我想主席先生大概搞错了，比马粪臭的东西是有的，那就是猪粪。”

因为赫鲁晓夫年轻时当过猪倌，所以，尼克松借题发挥，歪打正着，使赫鲁晓夫更加难堪。

【范例九】

有一次周恩来总理与前苏联领导人赫鲁晓夫进行会晤，批评后者在苏联全面推行修正主义路线。赫鲁晓夫并没有直接回答这一问题，而是就当时颇为敏感的阶级出身问题对周总理进行攻击："你批评得很好。但是你应当同意，出身于工人阶级的是我，而你却出身于资产阶级。"言外之意是指责周总理是资产阶级的代言人。

听到这些话，周总理只是稍稍一顿，然后平静地回答："是的，赫鲁晓夫同志，但至少我们两人有一个共同点，那就是：我们背叛了各自的阶级。"此言一出，赫鲁晓夫十分尴尬而不得不自吞苦果。

周总理在这里使用的方法就是以对方的问题为起点，提出另一个问题，使原来的恶意改变方向，成为对方攻击其自身的有力杀伤武器。他并没有就人的阶级出身与阶级立场问题进行辩论，如果这样做，其结果是对赫鲁晓夫的问题反击力度不够，也达不到理想的反驳效果。

运用此法应注意：第一，要正确分析对方的"题"，此乃"发挥"的基础；第二，要处理好借来之"题"与"发挥"的关系，其间有着必然的联系；第三，"发挥"是对借"题"充分展开联想，既可横向发展，也可纵向发展；第四，要求头脑机敏，反应灵活，富于联想，善于寻找契机，善于表达言辞。

【课堂训练一四】

著名的英国侦探小说作家克里斯蒂的第二个丈夫是一位考古学家，有人问她为什么找了一位考古学家。

克里斯蒂认为感情这东西非常微妙，难以三言两语说清楚，而且这是私人的事，不想多说，但出于礼貌，又不好不作答。

请你用"借题发挥法"替克里斯蒂回答别人的问话。

【课堂训练一五】

“文革”期间，英国一位名叫安东尼·格雷的记者被红卫兵关押两年，心理上受到严重摧残，欧洲人对此事议论纷纷，在国际社会上对中国国家形象产生了不好的影响。后来经周总理的努力，格雷得以释放。在一次宴会上，周总理就此事对英国代办真诚而友好地说：“好啊，格雷放出来了，他自由了。”

可是，英国代办却话里有话地回答：“是的，他还没有离开中国。”也就是说格雷虽然不被关押了，但是他还不自由，因为他还没有离开中国。这句话显然是对中国进行的指责和诘难，有损于中国的国际形象。

周总理这时并没有顺着对方的思路走下去，而是借着“他还没有离开中国”这一话题，顺水推舟地提出：“好嘛，如果他愿意的话，他可以留下来。”

请用“借题发挥法”分析周总理的最后一句话所借的“题”是什么。

【课堂训练一六】

体会以下辩例中萧伯纳“借题发挥”的辩术。

萧伯纳新创作的剧本《武器人》首次公演，观众纷纷要求萧伯纳上台，接受群众的祝贺。可是萧伯纳走上舞台，准备向观众致意时，忽然有一个人向他大声喊道：“萧伯纳，你的剧本糟透了，谁要看！收回去，停演吧！”

观众都以为萧伯纳一定会气得浑身发抖。可是萧伯纳没有动怒，反而笑容可掬地对那人鞠了一躬，彬彬有礼地说：“我的朋友，你说得好。我完全同意你的意见。”说完指了指满场热情洋溢的观众说：“但遗憾的是，我们两个人反对这么多观众有什么用呢？我们能禁止这剧本的演出吗？”

这一番妙语引起全场一阵笑声和掌声，那个故意寻衅的人只好灰溜溜地走掉了。

（九）腹背夹击法

这种防守技巧又称“二难推理法”，是一种陷论敌于左右为难境地的对策。运用此法时，由一方提出具有两种可能的大前提，对方无论肯定或否定其中哪一种可能，结果均于自己不利，必然腹背受敌，进退失据。

【范例一〇】

父亲：“我坚信佛法无边，只要你虔诚祈祷，有求必应。”

儿子：“爸爸，左邻王大爷和右舍李老爹都是佛教信徒，一天他俩下棋，都暗自祷告上苍，保佑自己赢对方输，不要下成和棋。老天爷将怎样‘有求必应’?”

【范例一一】

著名作家梁晓声接受一家英国电视台采访时，记者问：“没有文化大革命，可能也不会产生你们这一代青年作家。那么，文化大革命在你看来是好还是坏呢?”

梁晓声为之一愣。因为他无论怎样回答，都可能陷入对方的圈套。于是他反问道：

“没有第二次世界大战，就没有因反映二战而著名的作家，那么你认为二战是好还是坏呢?”

运用这一战术，必须抓住论敌的致命弱点，进行反击，否则难以克敌制胜。

【课堂训练一七】

用“腹背夹击法”分析下列两段辩词的推论过程。

辩词一

美国国务卿基辛格在对莫斯科进行访问的过程中，向随行的美国记者介绍美苏关于限制战略武器四个协定签署会谈情况时提到：“苏联生产导弹的速度每年大约是250枚。”

记者中马上有人问道：“我们的情况怎么样？美国究竟有多少潜水艇导弹配置了分异式多弹头？究竟有多少‘民兵’导弹配置了分异式多弹头？”

基辛格回答说：“我并不能确切地知道有多少‘民兵’导弹配置了分异式多弹头。至于潜艇，数目我是知道的，但我不知道是不是保密的。”

记者说：“不是保密的。”

基辛格反问道：“不是保密的吗？那请你说是多少呢？”记者一下哑口无言了。

辩词二

春秋五霸之一的齐桓公，想重用易牙、开方等人。大臣管仲劝阻说：“这几个人绝对不能亲近。”

齐桓公很不理解，说：“易牙能亲手杀了他的儿子，用儿子的肉做成肉羹让我尝一尝人肉的滋味；开方的父母去世，他也不去奔丧，为的是侍奉我。他们的行为说明他们爱我胜过他们的儿子、父母。这样的人难道还不能信任吗？”

管仲说：“爱，莫过于爱自己的孩子；亲，莫过于自己的父母。但他们连自己的孩子都不爱，自己的父母都不亲，对君主还会好吗？”

听了这番话，齐桓公打消了重用易牙、开方的念头。

（十）制敌要害法

这种方法在于及时堵塞缺口，对论敌事先断其后路，一举歼灭。此法较多地运用于审讯之中。

【范例一二】

有一起盗窃案，某公司财务科的保险柜被人打开，盗走现金2500元，在保险柜上留下了曹某的指纹。曹某是该公司的业务科科员，他百般狡辩。

审讯人："案件发生后，你到哪里去了？"

曹某："案件发生后，我也跑去看了。"

审讯人："你和谁一起去的？站在什么地方？"

曹某："我和小林一起去的，我们站在门口。"

审讯人："到里面去了没有？"

曹某："小林可以证明，我俩都没有进去，然后又是我俩一起离开的。"

审讯人："是真实的？"

曹某："一点不假。"

审讯人："在这之前，你到财务科去过没有？"

曹某："没有。"

审讯人："你昨夜起来到哪里去了？"

曹某："我起来小解，还碰见王师傅。"

审讯人："为什么要到财务科这边来小解？"

曹某：……

审讯人："你进入财务科拿走了现金，可是在保险柜上留下了你的手迹，你看！"（出示指纹照片）

从以上的审讯过程可以看出，审讯人的第二问和第三问，很明显，提问不是目的，而是“制敌要害”对策中决定审讯对策胜负的重要一步：“我们站在门口”，“我俩都没有进去”的供词关门落闩，为审讯人出示指纹痕迹证据预留一道栅栏。这一对策要求在论战中迅速抓住论敌命题的核心，以全力关锁其论证的要害，使之进退失据，俯首就擒。这一战术成败的关键，在于辩者着眼全局，宏观统照，因情因势恰当选择关锁时机，于防守之中掌握主动。

【课堂训练一八】

先看下列辩例：

武昌市××街×号有一独居的老太太于某星期日下午四点在自己的卧室遭人杀害。公安部门怀疑是老太太的侄儿妄图继承伯母的遗产而杀人。提审时嫌疑人百般狡赖。

问：“星期日下午四点你在哪里？”

供：“星期日下午四点我在汉口江边武汉关前拍照。不信，我这里还有那天拍摄的照片。”

嫌疑人拿出一张在武汉关前拍摄的照片，背景是武汉关的大时钟，时针正好指在四点，证明人命案发生时他不在现场。审讯人员观察了照片后，立即断定凶手就是老太太的侄儿。

问：“这的确是你的照片，可是这张照片不是星期日照的，而是另一天上午八点照的。”

供：“这张照片的背景武汉关的大钟明明是四点。”

问：“在这张照片上你穿的还是你现在身上的这件西服上衣吗？”

供：“是的。这又与案件有什么关系？”

问：“大有关系。照片上你的西服上衣的口袋和纽扣洞都在右边，你看看现在你的上衣，口袋和纽扣洞都在左边；下午四点你身后那个卖报老汉早已收摊了，只有上午他才在那里。这一切都显示你故意把另一天上午八点在武汉关前拍摄的底片反过来冲洗，所以大钟上的四点其实是八点。如果你不是凶手，为什么事先准备这张反印的照片？”

供：“…………”

比较一下这一辩例和前面的“范例”有什么共同处。你对“制敌要害法”有什么新的体会？

（十一）力挽狂澜法

参加论战难免陷于被动境地，须有尽力挽回被动局势、变被动为主动的本领。

【范例一三】

小张和小王只有一个女儿。小张常常骂女儿没有出息，小王则加以袒护。某天下午夫妻俩又为此争辩。

小张：“这个丫头会有出息？你看她常常开着电视机做作业，读外语时播放音乐磁带，心思根本不放在学业上。天资低，再不肯用功，怎么会有出息？”

小王：“你管她这些干什么？毕竟她是在做作业，读外语。”

小张：“这样的学习态度会有好成绩吗？”

小王：“那也不一定成绩就不好。”

小张：“好啊！你看，你看。这是她藏在枕头下面的期中测验试卷：语文 57，几何 42，英语 25。这就是你认为的好成绩吗？”

小王一愣，转瞬辩道：“一次三门功课测验成绩不理想，不能就此肯定她各门功课不理想。学习搞不好，也不一定是智商低。你总不会认为我国文学巨匠鲁迅的智商低吧？他当年在日本仙台医专读书时，几门功课的成绩常在及格线以下，名次也排在班级偏后。至今日本鲁迅纪念馆里还保存着鲁迅那时的成绩记录单。就学业而言，显然可以将鲁迅归入现在时髦的命名‘差生’之列。但是鲁迅后来的成就，证明了他不但不笨，而且是文坛上少有的天才。你要知道低分不一定低能。如果以一时分数的高低就下聪明愚笨的结论未免太片面了。”

小张：“原来我们家里将来会有个‘鲁迅第二’。”

运用此法，要处理好心理上的应激状态（由出乎意料的情况所引起的一种情绪状态），在面对紧张的局势时，能独立地采取果断的决定，在瞬息万变的情境中作出迅速反应。这样的辩手的思维模式具有创造性思维特征，不依常规，善于寻求变异，有能力对同一问题从多种角度着眼，搜寻多种设想，多方探求应变的方案。

范例中小张拿出女儿三门功课测验不及格的试卷，为自己的观点提出确凿的“物证”，小王看来是只有在对手的观点前“缴械投降”了。可是他偏能想起鲁迅读书时成绩不理想而后来仍然获得非凡的成就的例证，于“山重水复疑无路”的境地，巧妙地开拓出“柳暗花明又一村”的新天地，证明一时学习成绩与前途、成就和天资无必然因果关系，转败为胜，稳住了自己的命题。

要培养这种能力，需经常运用辩证的方法透视事物之间的差异性和相互制约关系，经常开展多向性思维活动，使思路开阔，才能具备力挽狂澜的智力条件。

【课堂训练一九】

想一想你过去所知道的辩论中有没有运用“力挽狂澜法”的实例，举出来，供大家赏析。

二、反击诱导

前面所谈的进攻和防守，往往是就辩论双方的主动性和被动性而言的，或者是一方处于强势，而另一方处于相对弱势时所采用的辩论策略。在有些情况下，由于参辩双方对事物认识的立场、角度不同，各自有其理论佐证，而且双方往往势均力敌，有充分的理由去驳斥对方的观点，如果采取直接反驳的方式，很难收到预期的效果。这时反击诱导的辩论策略应当为交际双方所采纳。

反击诱导是一种利导型策略，是在活力对抗中的一方，研究另一方的心理动态趋向后，利用对手暴露出的符合自己主体意愿的发展因素而疏引利导的策略。这种策略顺应对手的发展动因，按其原有意志，“疏浚引流”，充分诱导。这种诱导是抓住论战过程中于我有利的态势，将计就计，顺水推舟，投其所欲，以便改善辩论环境，有效触及辩题的实质。例如论敌有求胜心理，即具有诱敌入彀、引敌深入的条件。在刑事案件的审讯中，常常存在审讯与反审讯的较量，审讯人员为了斗争的需要，诱敌暴露，即是利用刑事侦查对象特定阶段的心理动态进行的。常用的反击诱导技巧主要有以下几种：

（一）归谬推理法

为了战胜对手，有时先假定论敌的观点是正确的，由此出发，将计就计，推出有悖常理、自相矛盾的荒谬结论，从而驳倒对方。这种方法是辩驳中驳倒诡辩的有力工具，可以起到以其人之道还治其人之身的作用。

【范例一四】

俄国著名作家赫尔岑有一次应邀参加一个音乐会。音乐会开始不久，他就捂着耳朵打起瞌睡来了。女主人问他："先生，难道您不喜欢音乐吗?"赫尔岑摇摇头，指着正在演奏的乐队说："这种低级轻佻的音乐有什么好听的!"女主人惊呼道："您说什么?这里演奏的都是流行的乐曲呀!"赫尔岑平静地反问道："难道流行的东西就是高尚的吗?"女主人也反问道："不高尚的东西怎么会流行呢?"赫尔岑听后，微笑着说道："那么，流行感冒也是高尚的啦?"

【范例一五】

加拿大前外交官切斯特·郎宁，1893 年出生于我国，当时他的父亲是美国来华的传教士。小朗宁出生后喝的是中国奶妈的乳汁。后来他 30 岁时参加议员竞选，遭到了反对派的攻击："朗宁曾喝中国人的奶长大，身上一定有中国人的血统，因而不能参加加拿大竞选。"朗宁反击道："你们中有没有人喝过加拿大奶呢?你们身上不是也有加拿大的血统吗?当然，你们可能既喝过加拿大的人乳，又难免喝过一些加拿大的牛乳，你们岂不都成了人牛血统的'混血儿'了?也许你们长大了，不仅靠'喝'，自然还得'吃'，吃鸡脯，吃羊排，吃羊腿……这样一来，你们的血统一定是很难认定了。"

朗宁就是这样，运用了引申归谬的逻辑推理方法，驳其论证，说明对方命题与结论间毫无逻辑联系。

运用这一技巧，应做到：第一，要顺应论敌的论证趋势置辩，而不是站在对面反抗；第二，对论敌的荒谬处加以引发；第三，引发中逐渐显露其荒谬，然后集中火力，乘机猛攻，使之无法招架。

【课堂训练二〇】

某市民政部门有一天接待了一对青年夫妇，女方因有外遇，坚决要求离婚，男方已经发现他的妻子要求离婚的真实意图，执意不同意离异。

女："他一向不把我当人看待，把我当成他的私有财产，要我为他一个人服务，自私自利，还是大学生哩！"

你如果站在男方立场，能不能运用"归谬推理法"反驳她呢？能谈谈体会吗？

【课堂训练二一】

阿凡提开了间小染坊，给附近的乡亲们染布。有一巴依听见乡亲们都夸阿凡提的染坊，于是提着一匹布，一进门就大声嚷道："来，阿凡提，给我把这匹布好好染一染，让我看看你的手艺。"

"您要染什么颜色，巴依？"

"我要染的颜色普通极了。它不是红的，不是蓝的，不是黑的，又不是白的，不是绿的，也不是青的，你明白了吗？"

"明白了，明白了！"阿凡提把布接过来说："我一定照您的意思染。"

"什么，你能染？那我哪一天来取？"

请运用"归谬推理法"替阿凡提回答巴依的问话。

【课堂训练二二】

阿Q偷了人家的萝卜，人家问他为什么偷他家的萝卜，阿Q说："这萝卜不是你的，你能叫得它答应你？"

请用"归谬推理法"予以批驳。

（二）迂回诱入法

这种方法就是先让对方提出一个正确的标准，借用其他话题，按照这一标准，再指出对方论点中的错误，达到令对方心悦诚服的论辩目的。

【范例一六】

《墨子·非攻》中记载有墨子和公输般的一次辩论。

公输般问："先生有何见教?"

墨子故意说："北方有人侮辱我，我想借助您的力量除掉他。事成之后，我送您一千金，以表谢意。"

公输般断然拒绝说："我是讲仁义的，所以不随便杀人。"

墨子于是提出："请允许我向您进言。我在北方听说您制造了云梯，准备用来攻打宋国。宋国有什么罪呢?楚国多的是土地，而缺少的是人口。通过发动战争来杀害自己缺乏的人口而争夺并不短缺的土地，不能算作聪明。宋国没有罪，反而却要去攻打它，不能算作是仁爱。懂得这个道理，不去据理力争，不能算是忠诚。争辩但达不到目的，不能算是坚定。杀一个人是不义，但却要杀许多人，不能算是会类推事理。"

墨子诱使公输般说出自己讲仁义的话来——"吾义固不杀人"，然后从智、忠、义等方面展开论战，经过一连串的责难，引入"义不杀少而杀众"的矛盾结论，使公输般暴露自己的矛盾，无力反驳而最终认输。

运用这种方法时，我们应该注意的问题是：首先，请对方提出一个判定是非、正误的标准，而不是自己提出；其次，用这一标准来类推对方其他问题上的所言、所行，并说明它们的错误所在，达到辩服对方的目的。

【课堂训练二三】

分析下列辩例，看看孟子是如何巧妙地运用“迂回诱入法”的。

孟子到了齐国边境的平陆，对邑宰孙距心说：“如果你的士兵一天三次失职，你会开除他吗?”

孙距心回答说：“不必等三次，我就已经开除他了。”

孟子接着说：“那么，你自己失职的地方很多。灾荒连年，你的百姓当中，年老体弱者被抛尸露骨于山野之中，年轻力壮者奔逃四方，已经将近千人了。”

孙距心辩解说：“这种事情不是我的力量所能解决的。”

孟子说：“比如现在有一个人，接管别人的牛羊并替他放牧，那就一定为牛羊寻找牧场和草料。如果牧场和草料都找不到，是把牛羊退还给原主呢，还是站在那里看着它们一个一个地死掉呢?”

孙距心答道：“这个就是我的过错了。”

(三) 类比推理法

类比推理法是逻辑方法在辩论中的应用。它是根据两个对象之间具有某种相同或相似的属性，从而推出它们的其他属性也相同或相似的方法。在辩驳的过程中，如能因势利导，针对论敌的辩题或本方的观点，作出富有创造性的生动形象的类比，可以使对方心悦诚服，取得意想不到的效果。

【范例一七】

1984 年扮演毛泽东的特型演员古月在接受记者采访时，一位外国记者问古月：“文化大革命给中国带来了重大损失，这会不会影响毛泽东的形象呢?”

古月沉思片刻，反问道："你觉得维纳斯美吗?"

"美，很美。"有位记者不假思索地回答。"维纳斯的胳膊都断了，难道还算得上美吗?"古月问道。另一位记者马上答道："虽然胳膊断了，但这并不影响维纳斯的整体美。"

这时，古月笑着说道："你们的话已经回答了这位记者先生的提问。"

【范例一八】

1986 年亚洲大专院校辩论赛上，辩题是"发展旅游业是否利大于弊"。

正方："旅游业的发展是帮助一个国家吸引外资，来对自己国家未来发展奠定基础的长线投资，有助于各个国家和地区之间的经济文化交流，有助于增进各国人民之间的相互了解。"

反方："旅游业的兴衰完全依赖于世界经济形势的好坏。打个比方，如果世界经济打个喷嚏，那么，旅游业就会感冒，甚至得肺炎。旅游业现在不景气是有目共睹的事实。旅游业的重新繁荣，需要世界经济的高速增长来带动，但是可惜的是，现在正是那个发动机出了故障。"

反方的发言，连续两次运用了类比推理法。一是将旅游业与世界经济形势之间的关系类比为感冒与打喷嚏之间的关系；二是将旅游业的繁荣与发展同世界经济的关系比为一台机器与发动机之间的关系。这个类比的运用，首先说明了发展旅游业是有条件的观点，论述了如果忽视外部条件的客观性，或者在外部条件不成熟、不具备的时候，去发展旅游业，则是弊大于利。其次，针对对方的观点，生动形象地进行了驳斥，极大地增加了自己一方观点的说服力。

我们在使用此法时应注意：第一，进行类比推论时，须注意把握两个对象之间的关系，其联系程度越紧密越好，两个对象间的属性关系越贴近越好。这样才能使辩论中的观点富有论证性并增强说服力。第二，不能以对象表面上某些相同或相似的情况作为推论的根据，否则会出现“机械类比”的错误，使得论辩缺乏力度，给对方提供把柄，从而造成失利。

【课堂训练二四】

阅读下列辩例后，你知道张对此事有什么不同看法吗？

张：“您知道香港《大公报》上的一篇关于‘铁笼婚礼’的报道吗？”

王：“我听说了，你指的是墨西哥马戏团的一位驯兽师，最近同他美丽的女助手举行的‘冒险婚礼’？”

张：“是的，这对恋人在马戏团的大铁笼内举行结婚仪式，而且邀请了六只大老虎做伴郎和伴娘。你对这件事怎么看？”

王：“这纯粹是为了追求新奇。弄不好，新郎、新娘会给老虎当成‘喜庆佳肴’，没有多大意义。”

张：“就事论事，你的看法太肤浅。”

【课堂训练二五】

30 年代，香港茂窿皮箱行生产的皮箱货真价实，生意特别好。美国商人威尔斯很嫉妒，企图敲诈，于是订购 3000 只皮箱，讲定一个月后取货，逾期不按质按量交货，赔偿总金额的 50%。茂窿皮箱行如期交货，但威尔斯说，订购的是皮箱，但交的皮箱里有木版，不能算皮箱。于是对簿公堂。律师为皮箱行作了精彩的辩护，最后赢得了胜利。威尔斯因诬告，罚款 5000 元。

你如果是律师，请用“类比推论法”来反驳威尔斯。

(四) 对比说理法

对比说理法是把论题与相关的问题进行同、异对比，并以之为据进行辩论的方法。这是辩论中常用的利导性技巧。它不仅具有反驳的特殊功效，同时也是一种有效的证明方法。

【范例一九】

1933年9月，国民党以“危害民国”的罪名逮捕了陈独秀。1934年3月，苏州高级法院开庭审理，章士钊大律师自愿担任陈独秀的辩护人，审判顿时引起了社会各界的普遍关注。开庭那天，审判庭座无虚席。当检察官指控陈独秀宣扬共产主义，危害民国等“罪状”后，章士钊开始了他的辩论：

“本庭高悬孙总理遗像，国人奉为国父；其所著之三民主义，国人奉为宝典。孙总理有云：民生主义即共产主义……为何孙总理宣传共产主义被奉为国父，而陈独秀宣传共产主义，即危害民国？于理于法能服人吗？”

章士钊此言一出，检察官顿时噤若寒蝉。章士钊的方法就是将两个相似的对象同、异之处加以对照，使人们更加明确地认识和体会其相同之处——同为宣传共产主义，区别其差异之点——一个有功，一个有罪，从而使自己的观点更加鲜明，更具有攻击力。

运用对比说理法进行辩驳，应当注意的问题是：两个对象之间必须具有可比性，具有本质上的相同因素。同时，将两个对象进行相应的多方面的比较，说理才具有说服力。

【课堂训练二六】

评述下列辩例。

有一个专为黄色刊物写淫秽小说的作者，每次寄出稿件后就将底稿付之一炬。有一次急于上班，将这一任务交给他的妻子。其妻一时疏忽忘了将昨晚的底稿烧毁，晚上这个作者回来发现此事，责备他的妻子：

“你这人怎么这样糊涂，叫你烧掉昨晚的底稿，你到现在还不烧。你难道不知道这样疏忽大意会造成什么后果吗？”

“这有什么大惊小怪的？”

“你忘了我们有个未成年的孩子吗？这些东西万一给孩子看见，他受到影响，将来误入歧途，岂不毁了他的一生？”

你能运用“对比说理法”对上述言行给予批驳吗？

【课堂训练二七】

齐景公饮酒，田桓子作陪，桓子见晏子来了，便对景公说：“请罚晏子酒。”景公问：“什么理由？”

田桓子说：“晏子穿黑衣裳、鹿皮裘，乘坐着破旧的马车，驾着瘦弱的马来上朝，这是隐瞒了您对他的恩赐啊！”

景公说：“好。”

晏子刚坐下，斟酒者端着酒杯递给他说：“君王命令您饮酒。”

晏子问：“什么理由啊？”

田桓子说：“君王赐您上卿爵位使您尊贵，赏百万之金使您富裕，所有大臣的爵位没有谁比您更尊贵，俸禄没有谁比您更高。如今您却穿着布衣，坐着破车，驾着瘦马来上朝，这不是隐瞒了国君的恩赐吗？所以罚酒。”

晏子站起来，恭敬地说：“请问是饮完酒再解说呢，还是解说完再饮酒呢？”

景公说：“解说完再饮吧。”

晏子说：“您赐我卿位使我尊贵，我不敢为了显贵而接受，为的是国君之命得以施行；赏百万之金使我家过上富裕生活，我不敢为了富有而接受，为的是使国君赏赐能够实行。我听说：古代的贤君，对受着丰厚赏赐而不照顾他的封国或家族的人，就责罚他；对所担负的工作不能胜任，就责罚他。您的臣属，我的父老乡亲，如果有的流离失所，身处荒凉之地，这是我的罪过；军事装备不充足，战车没有修造好，这是我的罪过。驾着破车劣马上朝，我想那不是我的罪过吧？再说，我凭着您给我的赏赐，使我父系亲属都有车坐，母系亲属没有不丰衣足食的，妻子的亲属没有挨冻受饿的，国内士人等着我的接济然后才能生火做饭的有几百家。像这样，是隐瞒了国君的恩赐，还是昭彰了国君的恩赐？”

景公听后，大声说：“好！替我罚田桓子。”

请分析晏子的辩辞中所使用的对比说理技巧。

（五）易位还击法

易位还击法就是当自己受到论敌的攻击时，可就论敌的话题作易位思考，置对手于自己的地位，甚至仿效他的论断，以倍于他所使用的力量给予还击。

【范例二〇】

听说某公司老马因工作积极，上级提升他当了科长，这引起了小牛的嫉妒，不仅背后到处诽谤老马，有一次甚至当面奚落。

小牛：“大科长来了，我没有看见，失敬失敬。您当科长真令人望尘莫及。”

老马：“什么科长不科长，这只是分工不同。领导要我为科里的工作多承担些责任而已，有什么与众不同的呢？”

小牛：“不，你当科长确有得天独厚之处。”

老马：“这话我不能理解。”

小牛："你不是姓马吗？姓马的容易讨上级喜欢。"

老马："我的姓哪来这种功能？"

小牛："哪位上级不喜欢拍呢？岂非得天独厚，与众不同？"

老马："其实你早该当处长了。"

小牛："此话怎讲？"

老马："靠吹更能骗得上级的信任。"

【范例二一】

某次俄罗斯著名马戏丑角演员杜罗夫在观摩演出的幕间休息，一个傲慢的观众走到他面前，讥讽地问道："丑角先生，观众对您非常欢迎吧？"

杜罗夫："还好。"

观众："作为马戏班中的丑角，是不是必须生来有一张愚蠢而又丑怪的脸蛋，才会受到观众欢迎呢？"

杜罗夫："确实如此。如果我能生一张像先生您那样的脸蛋儿的话，我准能拿到双薪！"

【课堂训练二八】

美国一名汽车修理技工阿鲁夫控告他的母亲，并在法庭上进行辩论。

阿鲁夫："被告是我的母亲，近几年我为她修理客车及货车多次，从未付钱，总计欠我修理费用 2613 美元，要求法庭判令她如数偿还。"

您如果是被告的辩护律师，能运用"易位还击法"予以辩驳吗？

（六）诱导论证法

诱导论证法是在辩论过程中让对方先提出一种观点，然后找出相反的事例说明其观点中的自相矛盾处的辩驳方法。

古希腊的苏格拉底与美诺讨论什么是美德的问题时，就是用启发方式提出问题，请美诺回答，并逐渐找出与其答案相矛盾的事例，最终得出关于美德的普遍定义，从而让对方心悦诚服的。

【范例二二】

美诺（下称“美”）：“苏格拉底，请你告诉我，美德究竟是由教诲获得的还是由实践获得的？或者两者都不是，而是自然获得的？”

苏格拉底（下称“苏”）：“请你先说说什么是美德。”

美：“这不难。一个男人的美德是指他应如何治理国家，并在治理工作中如何损敌利友；一个女人的美德就是管理家庭，服侍丈夫。男女老少尊卑各有其不同的美德，都可予以定义。”

苏：“什么是它们（指各种不同的美德）彼此没有区别而是全部一样的性质？不管美德有多少种，它们都有一种使它们成为美德的共同性。在回答什么是美德时，最好着眼于这种共同的本性。不论家务或国家，若不以节制和正义，能管理得好吗？”

美：“当然不行。”

苏：“显然节制和正义是美德的共同性，请对一切美德下一定义。”

美：“美德就是支配人类的力量。”

苏：“这一定义包括一切美德吗？美德在一个小孩和一个奴隶那里是一样的吗？小孩能支配他的父母，奴隶能支配他的主人吗？那支配人的人还是奴隶吗？”

美：“我想不会。”

苏：“确实不会，这是没有什么理由的。照你说，美德是支配人类的力量，而你不加上正义的和不正义的吗？”

美：“我同意，因为正义是美德。但正义之外尚有许多美德，如勇敢、节制、智慧和豪爽等等。”

苏：“这是个别的美德行为，但需要找到贯穿一切美德之中的共同的美德。”

美：“是呀，苏格拉底！甚至现在我也还不能照你的意念来发现一个美德的共同的概念。”

苏：“我将设法接近这种概念，因为一切事务都有一个共同的概念。”

美：“现在轮到你，告诉我普遍来说美德是什么，要整个的完整的美德，不要碎片。”

苏：“美德是对高尚事物的向往和获得这种事物的能力。”

此范例在对话过程中，先提出一个问题，让对方作出初步定义；其次，再引一些事例，使之同定义发生矛盾，令对方推翻原先的定义。这样循环往复，最后得出一个完整的关于事物本质的定义。

【课堂训练二九】

仿照范例，运用“诱导论证法”设计一场关于什么是幸福的辩论。

（七）共识推辩法

共识推辩法是在辩论双方都承认和接受某一观点的前提下，以此作为根据和出发点，从中剖析出对方论点中存在的缺陷和问题，从而达到取胜目的的论辩方法。

这种方法的要求是：

1. 当事者双方有共同接受的观点和理论，这是其交流的基础；

2. 这一观点和理论与双方关涉到的问题有直接的联系或对

之有影响；

3. 以这一观点和理论为前提，能够推演出一系列与论题相关的必然性结论。

【范例二三】

20世纪70年代，我国曾花10亿巨资从国外引进了一批生产化肥的大型设备。在调试运行期间，其中的一套发生了透平机转子叶片三次断裂的事故，而每次停机的直接经济损失高达45万元之多。中外双方透平专家对事故的原因各有不同的解释。外方认为是偶然事故，准备用小修小补的办法来弥补，从而将经济损失转嫁给中方；中方专家则经认真考察，细致的测算分析，认为转子叶片三次断裂的原因是它的强度不够（亦即激振力系数不够），是属于设计的问题。根据这样一个判断，事故的责任在外方，他们需要更换设备，而且还要承担由此所造成的一切经济损失。由于赔偿数额巨大，外方不会轻而易举地接受这种事实，因此等待中方人员的将是一场唇枪舌剑的艰巨谈判。

在谈判过程中，外方的技术主谈为了说明他们的产品在设计方面具有充分的权威性，一再强调是根据世界著名的透平权威、德国的特劳倍尔教授的理论进行设计的。中方的技术主谈是西安交大的孟庆集教授。

当孟教授听到特劳倍尔这个名字时，心中一亮，表面上却显得非常平静，不露声色，并借机提出："我们非常赞同特劳倍尔教授的理论，它应当成为我们双方共同接受的准则。"他说这些话时，并没有引起对方的警觉，反被误认为中方在总体上会赞同他们的观点，外方技术主谈显得十分得意。这时，孟教授再一次强调说："我们钦佩特劳倍尔教授的才识，要尊重他的理论。"然后停下来等待对方的反应，而对方频频点头，表示赞许。至此，双方取得共识。

但是，外方的技术主谈不仅是技术专家，也是谈判的行家里手，点头之后，马上意识到潜伏的危机了，连连声明“不谈这些了”，然而为时已晚。孟教授接着说：“特劳倍尔教授的理论是我们谈判的共同基础，而教授在他的著作中一再强调‘激振力系数是很难取准、很难确定的’，那么你们依据教授的理论所设计的转子叶片的系数当然是很难取准、很难确定的。叶片三次断裂，而且不是在同一部位，其原因就不言自明了。”经过三天四轮谈判，中方最终取得了完全的胜利。

孟庆集教授在此次谈判中取得胜利的基本策略就是“共识推辩法”。

【课堂训练三〇】

你能归纳出“范例”中孟教授的推论结构吗？在此基础上说说运用这一方法时应注意的问题。

三、语言技巧

辩论是语言艺术，因而要有艺术的水准、艺术的要求。为了取得辩论的成功，当然要讲究语言的运用技巧。应该说我们所讲的口语艺术的全部内容都适用于辩论之道，但辩论与一般交谈和当众演讲毕竟有所不同，它的唇枪舌剑进行交锋的特点，决定了它的语言应当具有其独特的技巧。

（一）要善于造势、蓄势，乘势逼进

所谓“势”，指的是论战的气势，即辩者意气风发，通过语言手段显示出来的抑扬顿挫的语气和强弱疾徐的情态，从而形成的辩辞的浩浩荡荡的气势。特别是在舌战处于进攻时，采用这种“迅雷不及掩耳，猝电不及瞬目”的语言，能对论敌形成一种泰山压顶、势不可挡的态势和冲击力量。

【范例二四】

某君与某厂长的对话。

某君："假设您委托一位朋友为贵厂推销产品，结果产品没有推销掉，样品倒给卖掉并将其钱挪用了。对待这样的朋友，应该怎么办呢？"

厂长："讨回样品货款，和他断交。"（——造势）

某君："如果您厂里的一位供销人员，游手好闲，不务正业，工作毫无成绩。对待这样的供销人员，应怎么办？"

厂长："调出科室，下车间劳动。"（——蓄势）

某君："如果你厂里的一位车间主任不能管理车间生产，车间管理混乱，劳动纪律松弛。对待这样的车间主任，那应该怎么办？"

厂长："撤掉他！"（——再蓄势）

某君："要是人民群众将一家工厂交给一位厂长，而他却是一位'败家'的厂长。例如上海印染内衣厂女厂长张华妹，上任仅一年零八个月，资金用光，业务断光，人才放光，使工厂很快从盈利大户变为亏损单位。对待这样的厂长，那应该怎么办？"

厂长："检察院不是已经将她逮捕归案了吗？"（——三蓄势）

某君："那么您领导的这家工厂从厂长到中层干部，挪用公款至今尚未结清的达 75400 余元，干部游手好闲，工人不务正业，生产上不去，年年亏损，别说原有的业务关系大部分断绝往来，讨债的单位也接踵而至。因产品质量低劣，消费者要求退货的信件和消费者协会、主管局转来的有关材料如雪片飞来。厂内技术骨干思想波动，纷纷要求调离……对于您这样的厂长，那又应该怎么办？"（——乘胜逼近）

以上造势、蓄势的目的在于为乘胜逼近作铺垫，逼出对方不得不承认的结论来，自然对论敌产生使之不寒而栗的凌逼气势。懂得造势、蓄势，然后乘势进攻，与论敌对阵时，如鸷鹰搏雏，伸张正义时，凛若天神，发表议论时，排山倒海。其中，都离不开一个“势”字。善于乘势就应不放过置辩的机会。辩者的言辞得势，三寸之舌强于百万之师。

善于造势、蓄势，乘势逼近，往往要依仗于辩词用语和语言形式方面的技巧。

1. 辩词用语要险、快、决、短、贯、进

第一，险。地势险，不易通过。险象环生，是遇到不幸或发生灾难的预兆。“险势”好像拉满的弓弩。这使论敌感到胆战心惊，岌岌可危。如：“你难道不知道这里是无数赌棍粉身碎骨的舍生崖？你难道还要蒙上眼睛在这万丈深渊的崖边溜冰？”

第二，快。快是快人快语、直截了当、爽朗痛快的快，也是遂意称心的快。此言一出，迅速钻入听众之耳，使人顿觉轻快、痛快、畅快。如责备一个忘情负义、喜新厌旧的男子：“只有渔翁对不起鱼，鱼又何尝对不起渔翁？只有猎手侵犯野兔，野兔何尝侵犯过猎手？我现在要问你的，是你负于她，她又何曾负于你？你，你是忘情负义、喜新厌旧的‘陈世美’!”

第三，决。决断是成功的关键。说话坚决果断，毫不犹豫，其势同刀劈斧砍，其利似削铁如泥。如辩词中的断语：“擅长游泳的人淹死，善于骑马的人摔死!”

第四，短。辩词用语节奏短促而有力。这是舌战中的短兵相接，是辩论中的白刃战。语句急迫、短促，给人留下千钧一发、刻不容缓的印象。

人们熟知的刘吉与青年的对话，三言两语、简洁明快的风格是值得提倡的。青年们问：“青年人喜欢‘异想天开’，好吗?”刘吉答：“不会‘异想天开’，要僵化；只会‘异想天开’，要退化；‘异想天开’和脚踏实地结合，才能进化。”这样的语言精练而犀利，富有哲理性，很适合辩论的场合。

1988 年度的亚洲大专辩论赛中，香港中文大学对新加坡国立大学。双方的辩题是“个人功利主义是社会进步的最重要的因素”。香港队一个队员指出：“国父孙中山领导辛亥革命，推翻了两千多年的封建统治，难道是因为个人功利主义吗？爱迪生发明了电灯，造福于人类，难道是因为个人功利主义吗？”话虽简短，却犀利锋锐，切中要害，可谓一言九鼎。

第五，贯。这个“贯”是射中和穿透的意思。如旋转式钻探机，深入地层，勘探矿床。这种辩词用语，言辞尖锐，切中要害，刺入隐私，使人不可抗拒。如 D 和 M 的辩论：

D：“我厂今年 10 月份就完成了全年生产计划，利润比去年增长 32%。这是我们为建设有中国特色的社会主义，为迎接党的十四大的召开所作出的一点贡献。”

M：“的确，贵厂是提前完成了生产计划，利润也有了显著增长。可是，请问，这生产计划是怎么完成的？增长的利润是怎么得来的？请问，市物价检查团来了，您为什么将一篓炒焦的菜子藏起来？因为这篓炒焦的菜子是准备碾成粉末，装进精美的包装，充作咖啡去供应市场的！还有市卫生检查团来了，您又为什么急于邀请他们去餐厅赴宴，不让他们进炒房？因为炒房里正在烘烤数十斤发霉的肉松，准备再送到门市部卖给群众吃！这些就是您为建设有中国特色的社会主义所作的贡献？这些就是您为党的十四大召开所作的贡献？不，这是坑害群众，危害社会！您身为厂长，应该负什么责任？”

第六，进。当取胜有余的时候，就应及时采取进攻的对策。“进”的言辞，具有凌厉无比、所向披靡的神威。如：“按照这条外交路线，不但辱国，而且亡国；不但亡国，而且灭种！”

2. 语言形式的运用要细心揣摩有关的修辞特点

第一，多用反问句。用疑问的语气表达与字面相反的意义，对方意会到它的正面意义则触目惊心。

第二，多用连珠句。连珠句是前句结尾的词语作下句的起头，使辩词一递一接，环环相套，紧凑畅达，气势奔放，论证滔滔如大江东去，一泻千里。

第三，多用排比、层递句。这会使得表达抑扬顿挫，跌宕有致。

第四，多用对偶句。句式整齐，音调铿锵，有战鼓频催的节奏感，能形成旺盛的气势。

（二）要尽力使自己的语言机智幽默、妙趣横生

机智幽默、妙趣横生的语言在针锋相对的辩论中具有奇妙的功效，不仅可以增强说服力，巧妙地反驳对方，而且会赢得听众的兴趣和赞同。辩论当然主要是为了探求真理，但也是为了显示技巧和才力，特别是在紧张、激烈的辩论赛中。所以，它应有一定的艺术性和娱乐性。

【范例二五】

苏联童话作家奥雷洛夫长得很黑。有一次他在公园散步，几个无赖嘲笑他说：“看，来了一朵乌云！”奥雷洛夫应声巧答：“所以，癞蛤蟆们才叫起来了！”

乌云来了，癞蛤蟆就叫。奥雷洛夫从自然现象中得出了反击对方的结论，多么机智幽默，巧妙有力。

【范例二六】

在国际大专辩论赛的一次比赛中，复旦大学队阐述“艾滋病是社会问题，不是医学问题”时，说了一段十分精彩的幽默话语：“我们不能仅仅让医学来参与！在非洲很多地方，艾滋病已经导致了‘千山鸟飞绝，万径人踪灭’，还要让医学这个‘孤舟

蓑笠翁’来‘独钓寒江雪’吗?”赢得了一片喝彩。

【范例二七】

1990年亚洲大专辩论赛中，南京大学队与澳门东亚大学队对垒。辩题是“儒家思想能否推动经济的增长”。南大队根据情况在赛前设计了一些生动、诙谐的语句，在赛场上达到了挥洒自如、机智幽默的境界。如他们在说明新加坡1985年经济衰退后召开了一千多位学者参加的“经济对策研究会”后，马上接上一句：“如果儒家思想具有对方所说的功效，那么他们召开的不就是儒家思想研讨会了吗?”在指出“四小龙”都奉行“出口导向战略”时，连带着加一句：“如果儒家思想能够推动经济的快速增长，那么其他国家只要多进口几本《论语》、《孟子》，保证人手一册，经济快速增长不就十拿九稳、万事大吉了吗?”引起了观众的热烈掌声。还有，对方指出：“儒家思想提倡‘反本以开新’，它本身是发展的啊!”南大队马上接着说：“它是发展的，不过让我们看看它是怎样发展的。孔子说‘男女授受不亲’，孟子发展了，提出‘嫂溺，叔可援之以手’。可是这种发展还是无助于经济快速增长啊!”对方又指出：“儒家提出‘修身、齐家、治国、平天下’，修身和齐家虽然不能推动经济增长，可是它有治国、平天下的思想啊!”南大队则不紧不慢地反驳道：“还是让我们来看看什么是儒家所谓的天下大治吧。按照孔子的说法，无非是行周代的礼法，乘商代的车子，戴夏代的帽子，再来一段尧舜时代的歌舞。这怎么能带来经济快速增长呢?”一阵掌声之后，这位队员又说：“据我们所知，新加坡用的是公元历法，爱乘的是奔驰和三菱牌轿车，并且没有戴帽子的习惯，这怎么能说是儒家的天下大治呢?”一席话，博得了台下一片掌声和笑声。凡此种种，都对这场辩论取胜起了不小的作用。

辩论中很需要这样反应机敏的幽默语言，它不仅能以调侃、轻松的态度反驳对方，活跃气氛，而且能在观众面前表现出一种洒脱自如、才华横溢的自我形象。但须注意：幽默不同于滑稽，也不同于讽刺，而是一种言简意赅、饶有情趣的传递艺术和豁达而机敏的做人的风度。

（三）辩论的语言一定要严谨和准确

辩论的语言严谨准确有两个方面的含义：一个是语言逻辑本身要严谨准确，不能词不达意或自相矛盾；另一个是话该怎么说要从具体的场合和对象出发，使人乐于接受，容易理解。否则，就会产生不良后果。因为在辩论的场合，双方和听众总是密切注意着你的一言一语。

【范例二八】

在张某交通肇事一案的法庭辩论中，辩护人想为当事人推脱罪责，提出这样的理由："铁路交叉路口有弯道，有扳道房，又有林木，夜间行车不易瞭望，无法预料，因而不负刑事责任。"

公诉人答辩承认"不易瞭望"的事实存在，但明确指出："不易瞭望并不是不能瞭望，司机应特别注意瞭望，严格按照交通规则执行：'通过交叉路口时一看、二慢、三通过'和'看不清火车动向不走'。这次事故的发生就是因为被告违反了这一规定，属于疏忽大意的过失罪，因此，应当负刑事责任。"

公诉人的辩论之所以有说服力，就是因为抓住了"不易瞭望"与"不能瞭望"的区别，对照了有关交通法规的具体规定。这种辩论语言上的严谨和准确，就驳倒了辩护人语言不够严谨和准确的辩词。

辩论语言一定要严谨和准确，还有一点要特别注意，就是释义灵活，留有余地。该精确的要精确，该模糊的要模糊，要恰当掌握语言表达的具体性和概括性。

【课堂训练三一】

苏联诗人马雅可夫斯基在一次大会上对形形色色的听众演讲，不时引起台下阵阵笑声和掌声。结束时，忽然有人叫喊："您讲的笑话我不懂！"

"你莫非是长颈鹿！"诗人感叹道，"只有长颈鹿才可能星期一浸湿的脚，到周末才能感觉到呢！"

"我应当提醒您，马雅可夫斯基同志"，一个矮胖子挤到台上嚷道，"拿破仑有一句名言：'从伟大到可笑只有一步之差。'"。

"不错"，诗人边说边用手指着自己和那个人，"从伟大到可笑正是一步之差"。

"您的诗太骇人听闻了，这样写诗是短命的，明天就会完蛋，您本人也会被人忘却，您不会成为不朽的人。"

"请您过一千年再来，到那时我们再谈吧！"

"您说，有时应当把沾满尘土的传统和习惯从自己身上洗掉，那么您既然需要洗脸，这就是说，您也是肮脏的了！"

"那么，您不洗脸，就以为自己是干净的吗？"

"马雅可夫斯基，您的诗不能使人沸腾，不能使人燃烧，不能感染人。"

"我的诗不是大海，不是火炉，更不是鼠疫。"

请分析上述马雅可夫斯基的辩论口才体现出了哪些语言运用技巧？

第九章　实用口语

第一节　推销语言

推销是现代企业的重要市场行为，是企业实现经营目标、促进企业发展的重要保证。近年来，随着我国改革的深入和社会主义市场经济体制的确立与发展，企业不断走向市场，企业之间的竞争更加激烈，推销工作日益受到人们的重视，在我国现代社会经济生活中日益显示出巨大的作用。推销的过程，既是推销商品的过程，也是沟通关系的过程，是人际交往的过程。在推销过程中，推销语言不仅是传递信息的载体，也是沟通买卖双方情感的纽带，是交易成败的重要条件。为了促成交易，做好推销工作，我们必须了解推销语言的特点，掌握推销语言的主要形式和运用技巧，正确而灵活地运用推销语言。

一、推销语言的特点

1. 推销谈话语言恰当、成功与否，都要以产品最终能否推销出去作为检验标准，所以推销语言具有直接的目的性。

2. 推销谈话对象较单一，全部工作都是围绕如何促使顾客对产品产生兴趣，激起其购买欲望直至最终采取购买行动而展开的，所以推销语言具有周密的计划性和强烈的针对性。

二、推销语言运用的基本原则

（一）通俗易懂原则

推销语言最为基础的一条，是能让顾客容易听明白，容易接受。面对各种各样的顾客，最好要讲普通话，不讲方言俚语（特殊情况除外），多用通俗易懂的词语，少用晦涩难懂的专业术语、书面用语，要多用比喻、类比，配合实物演示，顾客才能易于接受。

（二）以顾客为中心原则

在推销过程中，真正的主角是顾客。把顾客作为被征服的对象，只顾介绍自己的产品，不顾顾客的需求、态度与变化是错误的。正确的做法应是围绕着顾客的需求，循循善诱，实事求是地与顾客交谈。不要正面指出顾客的不良习惯或指责顾客的错误，不要与顾客争论以显示自己的聪明，让顾客自己作选择，下结论。

（三）“低褒感微”原则

推销的诀窍有人概括为“低褒感微”四字要诀，推销语言的运用也要贯彻这一要诀。“低”是指态度谦逊，尊重顾客。“褒”是指赞美。赞美会使人精神振奋，心情愉悦。恰到好处的赞美，会增强顾客的购买信心和积极性，所以在推销过程中不要忘记赞美顾客。“感”是指向顾客表明感谢之意。即使已经成交，也应由衷地感谢顾客的订购和照顾，让顾客有美好的购后感受。“微”是指微笑。微笑交谈，能够创造良好的氛围，容易打动和感染顾客，容易沟通关系，促成交易。

（四）"说三分，听七分"原则

推销的过程是买卖双方双向交流的过程。为了了解顾客的真正需要和想法，也为了表明对顾客的尊重，应遵循"说三分，听七分"原则。要善于倾听，善于诱导顾客谈话；要善于提问，并同时解答疑问，以便了解顾客的情况，有针对性地进行推销。

（五）运用正面性语言，避免运用负面性语言原则

成功的推销与商谈的核心是运用肯定性的正面语言，促使对方说"是"，从正面明确向顾客表示购买商品是正确选择，会给顾客带来哪些好处。积极的正面语言容易使人心情开朗，气氛融洽；而消极的语言则容易让人沮丧、担忧，进而导致推销的失败。下面分别列举了一些正负面语言，仅供参考。

1. 正面性语言

（1）您。

（2）您会高兴。

（3）放心吧，可以放心。

（4）可以获得好处。

（5）会幸福。能够带来幸福。

（6）前景比较乐观。

（7）我想您态度积极一点比较好。您可以更积极一些。

（8）您可以尽管使用。

（9）有价值。

（10）请仔细地考虑。

（11）我可以保证。

（12）这是对的，正确的。

2. 负面性语言

(1) 今天这种天气真是讨厌！

(2) 今天不行吗？

(3) 我这个月成绩不好，请您帮一个忙好吗？

(4) 请您买好不好？

(5) 付款，请付款。

(6) 令人担心，您会担心。

(7) 困难，这太困难了。

(8) 责任，会发生责任问题。

(9) 会失去，会丧失。

(10) 完了，全完了。

【范例一】

有一位大学生陈君思想活跃，且为人诙谐，他在当了推销员之后，一次走进一家报馆说："你们需要一名有才干的编辑吗？""不。""记者呢？""也不需要。""印刷厂如有缺额也行。""不，我们什么空缺也没有。""那你们一定需要这个东西。"陈君边说边从皮包里取出一块精美的牌子，上面写着：额满，暂不雇人。后来，报馆欣然同意购买十个牌子。此次推销轻而易举地完成。

三、推销语言的主要形式

在推销活动中，不同的语言表达方式常常导致不同的推销效果。推销语言的主要形式有三类，即叙述式语言、提问式语言和劝说式语言。

1. 叙述式语言

在向顾客介绍产品或说明自己的来访目的时，一般要运用叙述性的语言。恰当的叙述不仅能表达你想要传递的信息，而且能控制推销进度。使用时需注意：

(1) 语言要准确易懂。

（2）提出的数字要确切，尤其是报价，不要含糊不定。

（3）强调推销要点。

叙述式语言包括正确选择和正确表达推销要点两个方面。这就要求把推销商谈中最能打动顾客、最能满足顾客需求、对顾客购买最具有说服力的要点选择出来，并用顾客乐于接受的方式表达出来。

2. 提问式语言

推销是一门提问的艺术，正确的提问可以发现和全面了解顾客的情况，采取正确的行动，成功地进行推销。提问形式主要有：一般式提问（您了解我们的产品吗）、直接式提问（买两件怎样）、诱导式提问、选择式提问（红色的看起来挺不错，但绿色的是不是更合适您）和征询式提问。

3. 劝说式语言

在推销过程中，面对的往往是顾客的疑问甚至是拒绝。为了让顾客改变初衷，从而甘心接受你的意见和建议，就要巧妙运用劝说式语言。使用时需注意：

（1）始终站在顾客的立场上考虑问题。

（2）强调顾客可以获得的利益。

（3）将商品的优点和缺点和盘托出。

（4）让顾客多发言。

【范例二】

一位顾客走进一家家电行。她想买台电冰箱，但拿不定主意该买哪一种好，于是她向店员询问："我该买大一点的较好呢，还是小一点的呢？"这时过来一位很有经验的推销员，这样告诉她说："这台大的比较好一些。夏天您不仅可以为每一个家庭成员准备好冷毛巾，甚至还可以将您先生的家居服装放在里面，使他度过一个凉爽的夏天。相信您和您的家人都会为此感到高兴的。”于是这位顾客点头作出决定：“是啊，那我就买这一台了。”

【范例三】

日本的“美津农”运动内衣里附着一张纸条，上写：“这个运动内衣在日本是用最优秀的染料、最优秀的技术染色的。但我们觉得遗憾的是茶色的染色还没有达到完全不会褪色的境界，还是会稍微褪色的。”这种老实的为顾客着想的做法反而赢得了顾客对该公司的信任。该公司后来成为年销量达 40 亿日元的世界性运动用具厂商。

【课堂训练一】

分别就叙述式语言、提问式语言、劝说式语言三种语言表达形式进行分组训练。有条件的可提前准备好一些推销商品。

【课堂训练二】

将三种语言表达形式综合起来，搞一次某种商品的推销模拟训练。老师注意引导和控制。

【课堂训练三】

将男女生各分成一组，进行三种语言表达形式的综合训练。

四、推销语言的运用技巧

推销语言的运用技巧，是决定推销成败的关键因素，必须注意学习和掌握。

1. 叙述式语言的运用技巧

有这样几种方法：

(1) 对比介绍法。即将两种事物或一件事物的正反两方面并列在一起介绍，让顾客在对照比较中确信介绍的正确性，明确购买目标。运用此方法时需注意两点：一是对正面观点和反面观点的分析要中肯，要实事求是；二是对正面观点必须态度鲜明，确定无疑，否则顾客会无所适从。

【范例四】

一推销员正在推销皮鞋，他这样向顾客介绍："40码男式皮鞋有两种式样：这个便宜些，式样旧；那个虽贵了些，但式样好，与您的身份和气质相符，穿起来显得气派。我是这样认为的，您自己决定吧。"

（2）描述说明法。采用此法能够增加产品的魅力，让顾客产生想象，激发购买欲望。

【范例五】

一加湿器推销广告："冬天，您冒着凛冽的寒风回到家，双唇干裂，您躺在沙发上，有一阵阵温暖湿润的雾气在您身边萦绕，那会是多么惬意啊！"

（3）结果、原因、对策法。即陈述现象，分析原因，提出对策，让顾客相信并作出购买选择。

【范例六】

一推销员推销胶卷说："现在国产胶卷销售较为困难，关键是国内不少人盲目崇拜洋货，洋货的广告攻势过猛的原因。其实，我国国产胶卷质量同国外品牌相比并不逊色，而且价格方面具有较大的优势。这种乐凯牌胶卷制作的电影胶片，在国际大赛中就获过大奖。"

(4) FABE法。FABE是特征、优点、利益、证据四个词的英文第一个字母的缩写。这种陈述介绍的方法清晰明了，说服力强。

【范例七】

一电冰箱厂家的推销商业用语："这种伊莱克斯电冰箱是低音无氟电冰箱，它不仅噪音小，而且不用氟利昂制冷，避免氟利昂对食物的污染，还具有杀菌除臭的功能。您看这是有关资料，还有获奖的情况。"

2. 提问式语言的运用技巧

主要有以下方法：

(1) 根据商谈目的选择提问形式。当对顾客需求不了解时，可选择一般性提问句，以获取有利的信息。当顾客对商品流露出赞成或反对意向时，可有针对性地提出看法，运用选择性问句或诱导性问句，坚定其购买决心。当顾客流露出成交的信号时，用直接性提问较为合适。

(2) 用肯定性诱导提问法。这是将肯定性正面语言与诱导性提问、一般性提问结合起来的方法。

【范例八】

"这种电饼铛是很受欢迎的（肯定性语言），它有全自动和半自动两种型号，不知您愿意选择哪一种？我想全自动型是我们厂的新产品，使用也更加方便（诱导性语言）。先生，您可以考虑后再决定。"

(3) 运用假设问句，会使推销效果倍增。

【范例九】

下面就是一个运用假设问句进行推销最终达成交易的成功例子。推销者："如果您要买的话，您愿要哪一种？"购买者："我现在还没决定买。""嗯，我知道。要是您需要我公司的产品，在这三种样品中，您对哪种最感兴趣？我没有强迫您买的意思，只是问问而已。""我看这种不错，外形美观大方，将那两种的优点都包括了。""您的眼力不错，这是我公司新开发的产品，在国内是一流的。""是吗？""如果您要买的话，您愿出多少钱？""最多100元，多一点我都不要。""如果您要买的话，您会买多少呢？看来您是大户，10000台怎么样？""我们那么小的批发单位，怎么能要那么多，2000台还是可以考虑的。""那您觉得什么时候取货比较合适？"……

3. 劝说式语言的运用技巧

（1）询问法。让顾客把意见说出来。

（2）转折法。同意顾客的一般认识，同时指出本产品的特殊性。可运用一些转折连词。

（3）附和法。附和与赞成一样，能使顾客产生认同和好感，利于成交。

（4）自我否定法。站在顾客立场上否定自己，实际上是在肯定自己。

（5）列举法。列举其他顾客购买的例子或引用其他顾客的评论来增加说服力。

【范例一〇】

一位推销员到一居民小区推销饮料。推销员说："大姐，这个小区的居民大部分给孩子买了这种乳酸菌饮料，反映不错，有的一下子买了一箱呢。您也来点吧!”这位大姐正在犹豫，一位女士走过来说：“小伙子，你又来了。我再买一箱。”这位大姐于是问这位女士：“这种饮料怎么样?”这位女士回答说：“不错。质量好，口感好，价格也便宜。”这位大姐终于决定购买，说道：“好吧，我也买一箱。”

【范例一一】

一位推销员到一居民小区推销商品，见两位年轻女士正在聊天。一位说道：“你这身衣服是刚买的吧？穿在你身上，你真是更漂亮了。”另一位女士说道：“昨天我刚在百货大楼买的。三百多块钱呢。”推销员趁机过来说道：“这位女士真是太漂亮了。可是如果您再配上一串珍珠项链，那就更漂亮了。”说着，便从包里取出几串珍珠项链。后来，其中一位女士爽快地挑了一条并买了下来。

【课堂训练四】

老师准备一些修正笔等商品，进行叙述式语言的技巧训练。

【课堂训练五】

准备一些袜子等商品，进行提问式语言的技巧训练。

【课堂训练六】

准备一些刮胡刀片或牙刷等商品，进行劝说式语言的技巧训练。

第二节　求职与应聘

改革开放近二十年来，中国的就业环境、就业制度和就业形势发生了很大的变化，就业观念也在不断更新。过去计划经济体制下的国家“统包统分”已不复存在，替代它的是市场经济体制下的自主择业和用人单位与求职者的“供需见面，双向选择”。求职与应聘已成为我国人才就业市场一道亮丽的风景线。面对日益激烈的人才就业竞争，作为求职者，尤其是对尚未毕业的学生来说，需要不断更新就业观念，掌握就业信息，把握和了解就业形势和人才市场的发展，学习求职应聘的基本要求和技巧，作好充分的心理准备和求职应聘准备，以期在较短时间内选择到理想的职业，寻找到满意的工作。

求职应聘的方式和手段很多，有信函求职、电话求职、登门求职、利用媒介广告求职、参加人才交流会求职、通过职业介绍所求职、应聘面试求职等。下面我们就电话求职和应聘面试中如何使用应聘语言的问题作详细介绍。

一、电话求职

电话求职，是利用电话这种快捷方便的通讯工具进行求职的一种方式。在通讯高度发达的今天，电话求职已经越来越受到人们的重视。

（一）电话求职语言的基本要领

1. 语言简洁明了

讲话时必须做到简洁明了，不要拖泥带水。时间太久，语言啰唆，求职者只给人留下表达能力欠佳的印象，反而对求职不利。如果确实需要详谈，可以在电话中主动提出约定面谈，以期让求职最终取得成功。

2. 礼貌用语

电话求职虽不像面试求职那样复杂，但也需讲究礼貌用语。一是要搞清楚对方的姓名和称谓。称呼错了，不但对别人失礼，也影响自己的形象。二是要注意控制自己的语气。讲话语速不要太快，以免显得急躁不安，也不要慢条斯理，显得拖拖拉拉，更不要用开玩笑的方式打求职电话。三是要注意尊称和礼貌用语贯穿通话的全过程，因为电话交谈同样可以反映一个人的修养和学识水平。一个懂礼貌善交谈的人肯定会得到招聘者的青睐。

3. 准备充分

打电话之前，一定要作好充分准备，对要谈的内容默熟于心，如果没有把握，可以写在纸条上，一一列出自己要讲的重点。另外还要调整好自己的心态，不要过于紧张，否则，容易说出颠三倒四的话或临时忘记了最重要的事情。要努力保持良好的心理状态，控制自己的情绪，使对方在电话中能感受到你语言的正确、清楚、流畅，感受到你的信心、勇气和足够的能力。

4. 字正腔圆

有的求职者普通话讲得不好，说话时带有家乡的地方口音，为了让对方听得明白，留下一个好印象，总是装出一副“正规”的腔调，结果往往是弄巧成拙，反而适得其反。如果你不是应聘播音员之类的职业，即使有点地方口音也不要紧，关键是说话要吐字清楚，声音婉转、真实、自然。

5. 调整好讲话的速度和音量

电话交谈过程中要注意调整好速度和音量。讲话速度一方面视自己讲话的语音特点和内容而定，要尽量讲得平稳、清晰，并有一定的抑扬顿挫，另一方面也要看对方听话的反应而定，如果对方讲话较快，你也要尽可能快一点，三言两语把事情讲完，以免对方失去耐性，不等你把话讲完就挂断了电话。如果对方提示你放慢说话速度，你就要随时调整，以期使双方保持一个比较愉快的谈话氛围。讲话的音量要保持适中，不要过高，也不要太低。

6. 把握好讲话过程

电话开始要简明扼要地讲明你自身的情况，即作一下自我介绍，讲清楚你来电话的原因。然后视对方反应再作出是否交谈的决定。如果秘书或经理助理坚持对你说“抱歉”而不肯将电话转给老板或主管接，你不要非坚持与其通话不可。如果方便可以把求职内容直接向此单位有关人员陈述，也可约定下次通话时间，切忌与秘书或其他工作人员长时间纠缠或无理取闹。我们往往希望打一次电话便可求职成功，这种心情可以理解，但现实并非如此。所以大家一定要把握每一次打电话的机会和过程，只要招聘方始终是善意的，充满耐心的，我们就会有求职成功的可能。

【范例一】

某中专计算机专业毕业生陈××通过电话来求职，在与B公司人事部经理通话结束时这样说：“希望能与您面谈，给我一个充分展示本人才能的机会，您同意吗？贵公司工作环境愉快，生产效率高，我相信自己一定能大有作为。能与您交谈，我深表荣幸。再见。”电话是联系的工具，通过电话求职只是求职的开始。这位陈××已经为自己求职成功打下了良好的基础。

【范例二】

一求职者C君在电话中说道：“李先生，真抱歉这个时候打电话打扰您，我正在求职贵公司电脑推销员的工作，如果您觉得我的条件还可以的话，能否约个时间谈一次，以便您作进一步的了解？”即使你打过多次电话才与招聘单位联系上，也应使用礼貌用语，并迅速单刀直入，切入正题，观对方之反应。

【范例三】

一求职者梁××用电话向某公司求职，因为紧张和准备不充分，导致说话语无伦次，反应迟钝。公司主管在电话中问：“你可以谈谈自己的情况吗?”这位梁××说:“我毕……毕业于……××……大学，我……希望……找一份……工作……不知贵公司能……否告知……详情……”没有问候语，语言不流畅，势必影响应聘。

【课堂训练一】

将学生分成几组，进行电话求职的礼貌用语训练。

【课堂训练二】

将学生分成几组，一组二人，一人扮作招聘者，一人扮作求职者，进行模拟电话求职训练。教师注意引导。

【课堂训练三】

教师设置多个问题，然后将学生分组，进行电话求职中应变能力的训练。

【课堂训练四】

教师先提前与某招聘公司接洽，待妥当后，挑选出一名或二名学生向该公司打电话求职。过程中注意录音。然后教师将反馈回的信息及时通知学生，检验此次电话求职中语言的使用，并作具体的分析，给予必要的指导。此练习若课堂上不能完成，可放在课下恰当的时间来进行。

二、应聘面试求职

招聘已成为目前大多数用人单位录用人员的主要形式，而招聘中的面试则是用人单位选择人才的普遍方式。因为通过面试，招聘者不仅可以对应聘者的履历材料进行验证，而且可以对应聘者进一步深入考察，了解其外表、仪态、语言表达能力及思维能力等方面的情况，从中判断应聘者是否具备胜任其所申请岗位工作的素质。正所谓“百闻不如一见”，用人单位相信自己的观察判断胜过相信档案的文字记载。因此，求职者应高度重视应聘面试，了解并掌握应聘面试用语的特点和基本要领。

（一）应聘面试中容易谈到的问题

1. 问你为什么希望到我们单位来

回答这类问题时，一般要以事业的发展为主题展开论述，也可以从兴趣、爱好等方面谈对这项工作的认识，切忌过多谈及福利待遇等问题。

2. 问你在学校学习了哪些课程

回答这类问题时，不要面面俱到，只要把自己所学的重要课程及与申请工作有关的课程谈出来即可。

3. 问你有哪方面的特长，有什么兴趣与爱好

回答这类问题时，应该实事求是，不能吹牛，更不能胡编乱造。否则你可能不仅会出洋相，还会给人以不诚实的印象。

4. 问你有什么优点，有什么缺点和不足

回答这类问题时，优点要讲清，要有毛遂自荐的精神，但不要夸夸其谈。弱点和不足往往是人们不愿提及的，但招聘者既然问了，你就不能回避或保持沉默。弱点和不足也要讲明，但应更着重强调为克服弱点和不足你已采取的行动。

5. 问你做的最为出色的事情是什么

很多人在回答这类问题时摔了跤。他们的通病在于只知道标榜自己的责任心强，而不懂用已有的事实说话，即不要炫耀自己的功绩而只谈尽心尽力做事。

6. 问你是否有失败的时候

回答这类问题的最好的答案是：“我从马上摔了下来。我知道问题出在哪里。我爬起来又骑了上去，比第一次好多了。”而

最糟糕的回答便是："我想我很幸运，我从未失败过。"

7. 问你会和你未来的老板相处得好吗

回答这类问题时有人建议这样："我会一心一意地扑在工作上，注重工作成效。然而，我也灵活多变，能和任何老板相处。"

8. 问你五年后想干什么

确定一个长远目标只是回答这类问题的一部分。除此之外，你一定还应当着重谈谈你的近期设想。

【范例四】

在应聘某公司广告部主任时，一位蹩脚的应聘者天花乱坠地说："我不仅亲自写广告词，还督促摄影工作，校对广告的设计。"一位老练的应聘者则会说："我们一般首先弄清公司的策略，然后在观众中作调查，最后估算我们将获取什么样的效益。"

【范例五】

小王到一公关公司应聘，当该公司经理问到"你五年后想干什么"时，小王答道："我现在22岁，我喜欢我将要从事的这份工作。我的最终理想是成为一名总经理。但是，我知道我应当先学点别的东西。很自然，我的近期目标是成为某一部门的经理。"务实而又不失理想的回答，赢得了该公司经理的赞许。

【范例六】

小李到一家营销公司应聘，当该公司总经理问到"你有什么弱点和不足"时，小李答道："我知道自己身上存在一个致命的弱点，就是太急于求成。我也试图改变它。比方，我十分担心不能按时完成领导交代的任务，所以我宁愿不吃饭、不休息，也要先把事办完了再说，不然的话我心中老是有事，干什么都不能集中精力。周围的人都叫我'不过夜'，今后这个毛病还是要改一改才好。”聪明的小李的回答让别人听起来像是缺点，又不是缺点，甚至是可爱之处。

【课堂训练五】

让学生自由发言，设想应聘面试中招聘者可能问到的问题。老师注意整理。

【课堂训练六】

模拟应聘现场，就上面所讲到的面试中容易谈到的话题进行分组试验。老师注意引导和指正，各组注意记录。

（二）应聘面试交谈的基本要领

1. 体现高度，展示水平

应聘者一方面要充分展示自己的政治、思想水平。交谈中，尤其是回答问题时，要反映出自己爱党、爱祖国、爱人民的深厚感情；要表现出自己爱专业、钻专业的强烈敬业精神；要表现出自己强烈的事业心和责任感。另一方面也要展示自己的业务水平。回答问题时，可多用一些专业术语。在表明自己的才能时，除言语表达外，还可借助于必要的演示或现场操作。

2. 选准角度，展示动机

应聘者总带有一定的目的与招聘者交谈。对于自己的意愿坦露得不要太直截了当。提问要巧，回答要妙，注意灵活辩答。另外，还要注意谈话需简明扼要，重点突出，要让招聘者在短时间内听清楚你讲话的要点和目的，不要漫无边际，泛泛而谈。

3. 增强可信度，展示真诚

希望通过交谈充分展示自己的能力水平，是应聘者的普遍心理，但如果把握不好，过分夸大自己，就会影响应聘的效果，达不到预期目的。避免这种情况，关键是要真诚，增强说话的可信度。首先，态度要诚恳。与招聘者交谈，不要心不在焉，言不由衷，更不要“一心二主”（一面与这家招聘者交谈，一面却看着另一家）。其次表达要准确。尽量少用“可能”、“大概”、“也许”等词。再者内容要实。对自己的优点特长不要说过头话，少用“绝对”等词。

4. 表现风度，展示气质

应聘者一方面要体现外在的仪表美，另一方面在交谈中要展示自己的风度气质。首先，在陈述自己的思想或看法时，要注意讲话的节奏和语气，不要给人盛气凌人的感觉。其次，无论面谈结果如何，在面谈结束时，都要做到言语简洁而有礼貌。在被婉言谢绝时，要道声“谢谢”；在被直言拒绝时，不要出言不逊；在可能受聘时，也不必欣喜若狂。再次，告别时要和来时一样恭敬有礼，要善始善终。

5. 保持热度，展示热情

在交际场合，尤其是遇到陌生人，热情是成功的重要前提。热情的人往往易于使人亲近，也常常受人欢迎。对此应聘者应注意：一是主动问候，体现自己的热情好客。二是精神饱满，在交谈过程中不论应聘成功与否，都要保持乐观向上、豁达大度的形象。三是悉心聆听，积极应答。当招聘者向你提问或介绍单位情况时，要专心倾听，不要东张西望或做其他事情，不要抢着说话。对于招聘者的提问要积极应答，热情对话，用热情与真诚来缩短双方距离。

6. 保持幽默，展示聪慧

幽默的语言会表现出你优雅的气质和风度，会显示出你的机智和聪明，也会使交谈增加轻松愉悦的气氛。善于微笑，谈吐风趣，往往能化险为夷，绝处逢生，收到意想不到的效果。

【范例七】

某一单位在一次人才交流会上招聘人员，对中专毕业生张××的业务水平很满意，但当招聘者问他“你对徐虎怎么看”时，张××却回答道：“这我不关心。”结果，张××被婉言谢绝。对一个有强烈责任感和无私奉献精神的时代模范人物都漠不关心的人，任何单位都不会欢迎他的。

【范例八】

B君是一位师范院校毕业生，他对当教师不是很感兴趣。在一次招聘会上，招聘者问：“你对当教师怎么看?”B君回答道：“我不喜欢当教师，但不得已。”显然，这种回答，会使招聘者感到你有不安心工作的嫌疑。

【范例九】

一工厂招聘员工，在招聘现场，厂方问一位应聘者：“我们这个厂，工作可是不好做。你了解吗?”应聘者道：“什么样的人，才能适应这个厂的工作?”厂方道：“需要吃得苦，蹲得下来，埋头苦干的人。”应聘者道：“你看我怎么样? 我就是想蹲下来，干出点名堂来。”对于一些没有把握的话，不妨试探性地再反问一句，弄清楚对方问话的实质内容，再决定怎么回答。

【范例一〇】

一位大学生张某拜会一位企业家，试图向这位总经理“推销”他自己——到该企业工作。这位总经理根本没把张某放在眼里，没搭上几句便以不容商量的口吻说：“我们这里没有适合你的工作。”这位聪明的小伙子眉头一皱，计上心来，他想起孔明激孙权的故事，于是转移话题来对付总经理。他若无其事地问：

"总经理的意思是，贵公司人才济济，已完全可以使公司得以成功，外人纵有天大本事，似乎也无需加以利用。再说像我这样刚毕业的学生能否有成就还是个未知数，与其冒险使用，不如拒之于千里之外，是吗?"他说到这里故意突然中断，只是微笑着直视总经理。沉默了一两分钟后，总经理终于开口："你能将你的经历、想法和计划告诉我吗?"小伙子又将了一军："抱歉，刚才我太冒昧了，请多包涵。不过像我这样的人还值得一谈吗?"说完，小伙子又沉默了。总经理此时反而催促道："请不要客气。"于是小伙子便将自己的经历、学历及对该企业经营发展规划的看法等系统地告诉了总经理。总经理听完后，态度立刻改变了，临走时总经理对他说："小伙子，我决定录用你，你明天来上班吧。"

【课堂训练七】

选择已经参加过应聘的学生上讲台讲述自己应聘的过程和体会。也可专门请参加过应聘的人员来课堂上讲述。

【课堂训练八】

分组进行应聘面试问答练习。有些题目老师可先设计出来，上课时分发给各组。

【课堂训练九】

模拟应聘现场。招聘者可由学生扮演，也可由老师扮演，老师注意控制和引导。

思考与练习

1. 老师搜集资料，整理出应聘面试中的一些常见问题，然后打印出来，分发给学生，让学生作答。

2. 观看某一人才交流会上应聘的现场录像，让学生感受应聘现场的气氛及应聘者的语言运用情况。

3. 带领学生到人才交流中心或人才交流会上现场体验和感受应聘的过程，进而增加感性认识，消化和吸收教材中所讲的内容。

4. 有条件的学校可选择适当时间，由老师带领学生到商品交易会现场观察体验。

5. 先由学校学管部门搞一次学生手工小制作比赛，待比赛结束后，将学生手工制作的产品作为商品召开一次推销展示会。展示会可由学生自己操作，自己推销。